Günther Ortmann
Noch nicht / Nicht mehr

Günther Ortmann

Noch nicht/Nicht mehr

Wir Virtuosen des versäumten Augenblicks

VELBRÜCK
WISSENSCHAFT

Erste Auflage 2015
© Velbrück Wissenschaft, Weilerswist 2015
www.velbrueck-wissenschaft.de
Printed in Germany
ISBN 978-3-95832-071-0

Bibliografische Information der Deutschen Nationalbibliothek
Die Deutsche Nationalbibliothek verzeichnet diese Publikation in der
Deutschen Nationalbibliografie; detaillierte bibliografische Daten
sind im Internet über http://dnb.ddb.de abrufbar.

Für Paul – und Iris, ein Frauenzimmer,
das *vielleicht* im Dunkeln rot wird.
Vier unsrer Gestern:
4. Februar 1990, Blick auf Wuppertal;
4. August 1997, Rothenbaumchaussee;
29. Januar 2004, Warburg-Haus;
31. Januar 2004, am Dammtor Bahnhof.

»Unverhofft oder vorhergesehen, der Augenblick, der sich festhalten
läßt und das unheilvolle Rieseln der Zeit entschärfen kann.«
Michel Leiris: *Das Band am Hals der Olympia*

Inhalt

Nachträgliches Vorwort: Noch nicht. Nicht mehr. Das Wort »noch« hat es in sich. Und nun erst jenes »noch nicht«, in dem die Erwartung, die Sehnsucht, das Begehren, die Hoffnung, der Trost oder die Verheißung mitklingt: *noch* nicht, *aber bald.* Noch ist die Zeit nicht reif. Noch ist nicht aller Tage Abend. Noch sind die Würfel nicht gefallen. Noch ist alles gespannte Erwartung. Und dann aber, *unversehens,* schockierend und rätselhaft: nicht mehr, niemals, nimmermehr, wo es doch hätte heißen sollen: endlich. Endlich angekommen. Endlich mein. Endlich erlöst. Immer bedroht die Furie des Verschwindens den Augenblick zwischen Noch Nicht und Nicht Mehr.

> »Zwischen Lipp' und Kelchesrand
> Schwebt der finstren Mächte Hand.«

Dass etwas dazwischen oder jemand einfach zu spät kommt, mag schon schlimm genug sein. »Tomorrow will be too late«, wie einst Elvis Presley sang? *Rien ne va plus?* Schlimmer ist, und nur darum geht es hier, eine *unmerklich* in die Logik der Sache respektive des Handelns eingebaute *notwendige* Vergeblichkeit – ein Schock für arg- und ahnungslose Akteure, denen das übergangslose Kippen des Noch Nicht ins Nicht Mehr unerwartet *widerfährt.* Die finstren Mächte, das waren für die Könige Tantalos, Midas, Ödipus, Krösus, Kreon, Sisyphos *et alios* die griechischen Götter. Manchmal sind es nur die Tücken der Objekte. Öfter noch sind es »die Anderen«, die dazwischen kommen, die, so muss es genauer heißen, mit einer hinterrücks wirkenden Notwendigkeit dazwischen kommen, manchmal arglos, manchmal als Konkurrenten oder gar Fallensteller. (Fallen sind Noch nicht/Nicht mehr-Vorkehrungen.) So manches Glück aber, wiewohl zum Greifen nah, verscheuchen oder verstoßen wir selbst wie die Pechmarie in *Frau Holle,* wenn und weil, ja, *indem* wir danach streben und zu greifen versuchen: das Objekt so mancher Begierde; die umworbene, durch das Werben vergrämte Frau; die Grazie Kleistischer Marionetten; die Seife in der Badewanne.

Monsieur Hulot ist darin ein Meister, den rechten Augenblick unweigerlich zu verfehlen, und der Zeiger, an dem Harold Lloyd hängt, wird auch nicht mehr anzeigen, was die Stunde geschlagen hat – vom *kairós* ganz zu schweigen. Logik des Misslingens: »Noch ist es zu der Verfehlung, dem Übel, dem Schlimmen nicht gekommen (aber bald?)«. Das Aber Bald ist dann Gegenstand nicht des Hoffens und Wünschens, sondern der Sorge, der Scheu, der Angst, der Warnung, der Drohung, oder, wie bei Tati und Lloyd, der Schadenfreude. Das ist Slapstick. Bei Kafka aber nimmt es diese Form an: »Was ich berühre, zerfällt«.

* * *

»Zitat ist Teil meiner Schreibmethode, dies alles habe ich entlehnt: Seht her und sieh da!« Das hat Friederike Mayröcker in *Das Herzzerreißende der Dinge* geschrieben, und so zitiere ich hier Kafka und manch' andere: Seht her und sieh da! »Ich habe nichts zu sagen. Nur zu zeigen.«

Von seinem Band *Das Neutrum* sagte Roland Barthes: »Jede Figur: wie wenn man einen Brückenkopf errichtete und dann alles auseinanderstöbe, in alle Richtungen.« Hier ist es nur eine Figur, Noch nicht/Nicht mehr, aber alles stiebt dann, hoffentlich, auseinander.

* * *

Friedhelm Herborth hat dieses Buch, wie schon »Organisation und Moral« und »Kunst des Entscheidens«, betreut und ist ihm treu geblieben. Das hatten wir nötig, das Buch und ich. Danke schön.

Die Gebrüder Lauenstein (»Balance«), Dr. Moritz Jäger vom Staatlichen Museum Schwerin (Oudry: »Ein Wolf in der Falle«), Suzanne Lloyd (»Safety Last«), Guido Schröter (Fußballgötter) und Marcus Weimer (Rattelschneck) haben freundlich dem Abdruck von Bildern zugestimmt, die ich hier zitiere. Auch dafür danke ich sehr.

I. Zeuggebrauch;
Noch nicht/Nicht mehr-Maschinen

Versiegendes Wasser. Ein Bistro in Paris, ein heißer Tag, ein winziges Waschbecken, gerade groß genug, um ein wenig Wasser mit den Händen zu schöpfen, und ein tückischer Wasserhahn, der eben dies versagt. Das Wasser kommt auf Knopfdruck, ich lasse den Knopf los, und *augenblicklich versiegt der Strom.* Meine Hände, meine Unterarme, geleitet von dem Wissen, dass nun das Wasser eine meist zu knapp bemessene Weile fließen wird und Eile daher ohnehin geboten ist, halten in ihrer Vorwärtsbewegung jäh inne, da sie ins Leere vorzustoßen drohen, kleines Indiz, dass es nicht einfach ein »Nicht« ist, das ich beklage. Auch nicht das »Noch Nicht«, obwohl ich gewiss kein geduldiger Mensch bin. Quelle meiner Qual ist das »Noch Nicht«, dem das »Nicht Mehr« *notwendig* und mit grausamer Unmittelbarkeit folgt, ein »Nicht Mehr«, dem das doch immerhin verheißungsvolle »Noch Nicht« vorausging.

Weit davon entfernt, das vernachlässigbare Beispiel einer Fehlkonstruktion zu sein, ist dieser Pariser Wasserhahn vielmehr eine mächtige Metapher: erst dieses Dürsten, dann das geheimnisvolle, aber unweigerliche Versiegen und Verschmachten; der Aufschub der Begierde, und augenblicklich der Verzicht; die Vertröstung, die doch eine Verheißung enthält, gefolgt von einer Leere anstelle der Erfüllung. Tantalos. »Denn so oft sich der Greis hinbückte die Zunge zu kühlen, schwand das versiegende Wasser hinweg....« (Odyssee XI, Z. 585 f; s. auch unten, »Alles fließt I-III«, S. 71 ff; zum Noch nicht/Nicht mehr des Wassers, das versickert und versiegt, auch »Once Upon a Time in the West«, S. 55 ff).

Störfälle. »Zeug« hat Martin Heidegger alles, was zuhanden ist, genannt. Werkzeug, Schreibzeug, Fahrzeug. »In den Stör- und Unfällen des alltäglichen Zeuggebrauchs, in denen sich das Zeug ... als beschädigt, unbrauchbar, unhandlich, undienlich oder fehlend erweist, und in den verschiedenen Modi der Auffälligkeit, Aufdringlichkeit und Aufsässigkeit auftritt,« schreibt Iris (in *Konfigurationen**), habe Heidegger etwas Wichtiges entdeckt: Es »steht mit der Störung eine unerschütterliche Vertrautheit mit der Welt in Frage, die sich in und mit der Störung überhaupt erst bemerkbar macht: In dem Moment, da die alltägliche Umsicht auf ein defektes Werkzeug trifft, ... sobald sich ein Zuhandenes als unbrauchbar oder fehlend erweist, ›[stößt] die Umsicht ... ins Leere und sieht erst jetzt, womit und wofür das Fehlende zuhanden war‹ (Heidegger). Mit

---

* Hier und überall: Literaturhinweise gibt es ab S. 215.

diesen Stößen ins Leere ... ›meldet sich die Welt‹.« Erst jetzt, »in den Anomalien und ›Brüchen‹ des alltäglichen Zeuggebrauchs«, leuchtet die Welt so recht auf. Buchstäblich dieses Ins-Leere-Stoßen ist mir an dem Pariser Wasserhahn widerfahren, und die Welt hat sich mit der Lektion gemeldet (und so hat alles angefangen):

> There is many a slip
> Twixt cup and lip.

Oder, in der etwas heftigeren Version Franz Grillparzers:

> Zwischen Mord und seinem Dolch,
> Zwischen Handlung und Erfolg
> Dehnt sich eine weite Kluft.

Erst viel später las ich bei Jean-Luc Nancy dies: »Vom Kelch zu den Lippen, vom Tarpejischen Felsen zum Capitol, von Charybdis zu Skylla, von einem Ufer zum andern, von einer Mauer zur andern, von einer Lippe zur andern, von Ihnen zu mir, von einer Zeit zur andern.«

Tücke des Subjekts. Der Kelch, der Dolch, es sind Objekte, die hier ihre Tücken zeigen. Das ist jedoch nur die harmlose Hälfte der Angelegenheit, wie ein anderer Denker des Noch nicht/Nicht mehr wusste, Charles Baudelaire:

> Der Mann der wert ist es zu sein
> Hat eine gelbe Natter wohnen
> Im Herzen; dort weiß er sie thronen;
> Auf sein »Ich will!« verfügt sie: »Nein!«

Doch zurück zu den Objekten.

Handtuchhalter. Diese Handtuchhalter auf Bahnhofstoiletten, die das zunächst strammgezogene Handtuch auf beidhändiges Ziehen hin freigeben, um *nach einer Weile* das Tuch mit einem lauten Knacken wieder stramm- und unserem Zugriff zu entziehen und einer geheimnisvoll surrenden, elektrisch angetriebenen Trommel im Inneren des Gehäuses zu überantworten – wen wundert es, dass jenes Exemplar, auf das ich damals stieß, so funktionierte: Ich ergreife das Handtuch an beiden Seiten, ziehe, es lockert sich, und da, so schnell, als würde der Mechanismus *durch* mein Zerren ausgelöst, kündigt ein schmerzliches »Knack!« das Strammziehen des Handtuchs an. Höhnisch summt der Handtuchhalter. Mit Heidegger: auffällig, aufdringlich, aufsässig.

(Variante: jene Papierhandtuchspender, die niemals spenden, ohne dass das Papier zerreißt, vorzugsweise an der Stelle, die man mit naturgemäß *nassen* Fingern ergreift, um daran zu ziehen.)

Fahrscheinautomat (Little Britain). Bis Herbst 2013 schrieb Christian Zaschke die Kolumne – sie hieß bei ihm »Little Britain« – auf Seite 2 der Wochenendbeilage der Süddeutschen Zeitung. In der Ausgabe vom 29./30.9.2012, S. V2/2 berichtete er von einem Besuch Brightons und den Schönheiten des Brighton Pier (Spielhallen, Fish & Chips-Buden, Karussels, Tarot-Kartenleserin, Pediküre-Salon).

»Als ich nach zwei Tagen leider abreisen musste,« so beendete Zaschke seinen Bericht, »bemerkte ich, dass die Touchscreens der Fahrscheinautomaten auf Berührung entweder allergisch oder gar nicht reagieren. Ein Automat schluckte meinen 20-Pfund-Schein, gab ein schredderndes Geräusch von sich und tat dann so, als sei nichts. Umgehend stieg eine bemerkenswert schlechte Laune in mir auf. Zum Glück eilte nach einigen Minuten eine uniformierte Frau mit blond gefärbtem Haar und einem sagenhaften Überbiss herbei. ›Ach, Love‹, rief sie, ›hat er wieder einen Schein gefressen?‹ Ich nickte. Sie öffnete zwei Sicherheitsschlösser, friemelte meinen zerknüllten Schein aus dem Inneren des Automaten und sagte mit dem freundlichsten Hasenlächeln der Welt: ›Zwanziger mag er am liebsten.‹ In diesem Moment machte sich auf Gleis 7 mein Zug daran, gen London zu knarzen.«

Zaschke hat hier eine sehr alte Erfahrung artikuliert, die einst der Dichter schon besang.

Durchsage

Zu Mannheim stand ein Automat
Um die Jahrhundertwende,
Der jeden an das Schienbein trat,
Der dafür zahlte. Ende.
F. W. Bernstein

Im Gebiet des Verkehrsverbundes Mittelthüringen gibt es jetzt, wie die Süddeutsche Zeitung (Nr. 104 vom 6.5.2013, S. 10) berichtet, so genannte Mobilitätskurse an Volkshochschulen, in denen die Bedienung von Fahrkartenautoamten gelehrt wird. An der VHS Jena heißt der Kurs: »Einfach mobil mit Bus und Bahn.«

Tür auf! Tür zu! Türen zwischen den Waggons älterer Eisenbahnen, die sich nach einer kleinen Weile mechanisch schließen, nachdem man sie geöffnet hat, bieten, wie jeder weiß, eine milde Variante des Schrumpfens der Zwischenzeit, die das Nicht Mehr vom Noch Nicht trennt. Ich gehe auf die Tür zu, in jeder Hand einen Koffer. Ich setze einen Koffer ab, um die Tür aufzuschieben. Ich greife nach dem abgesetzten Koffer, und ...? Genau. Slapstick.

Durchlauferhitzer. Elektrische Durchlauferhitzer mit zwei Heizstufen haben den Vorteil, dass sie auch im Winter, wenn das Wasser mit sehr niedrigen Außentemperaturen ankommt, heißes Wasser liefern – auf Heizstufe II. Im Sommer allerdings wird das Wasser auf dieser Stufe viel zu heiß, und man müsste, um es auf eine angenehme Duschtemperatur zu bringen, sehr viel kaltes Wasser beimischen. Das aber wäre Stromverschwendung, weswegen das Gerät, von dem hier die Rede sein muss, eine kleine Regelkreisschleife eingebaut hatte, die es in Abhängigkeit von zu starkem Wasserdurchlauf automatisch von Stufe II auf Stufe I hinunterschaltete. »Nicht erst zu hoch aufheizen und dann mit kaltem Wasser wieder runterkühlen«, lautete die weise Logik dieses Feedbacks, »sondern dann lieber gleich nur auf Stufe I heizen.«

In den Wintermonaten aber lieferte Stufe I Wasser, das zum Duschen entschieden zu kalt war. Also galt es Stufe II zu wählen. Nun kam zu heißes Wasser. Das stellt bei weniger raffinierten Geräten kein Problem dar – man mische kaltes Wasser hinzu. Mein Gerät aber schaltete, sobald ich das tat und just dann, wenn das Wasser genau die richtige Temperatur anzunehmen sich anschickte, auf Heizstufe I hinunter. Nun war es wieder zu kalt. Seine Konstrukteure haben eine Noch nicht/Nicht mehr-Maschine gebaut. (Zyklische Prozesse, die das rechte Maß ständig verfehlen, weil sie zwischen »overshooting« und »undershooting« oszillieren, unter anderem, weil das Feedback Zeit braucht, kennen wir auch aus der Welt des Sozialen. Man denke nur das Hin und Her zwischen Fasten und Völlerei, das der Politik zwischen zu viel und zu wenig Regulation oder das der Börse zwischen dem Run *auf* und der Flucht *aus* Aktien: Kluft zwischen Thomas Schellings *Micromotives and Macrobehavior*).

The Ultimate Machine. Wer hat diese Maschine gebaut, deren einzige Funktion es war, sich sogleich abzuschalten, nachdem sie eingeschaltet wurde? Marvin Minsky sagt: »Ich, zusammen mit Claude Shannon«, und er nannte sie »perhaps the most useless machine ever made so far«.

Neinsage-Maschine. Einem Freund, der nicht »Nein« sagen kann – er sagt genau genommen erst noch nicht »Nein«, und später geht es nicht mehr –, habe ich zum 60. Geburtstag eine Neinsage-Maschine geschenkt. Sobald man sie anstellt, schnellt ein Schild empor, darauf steht – »Nein!« Das hilft hoffentlich, weil er nun zwar erst immer noch nicht »Nein« sagt, dann aber die Maschine doch.

In Nullkommanichts (Herr Pong und der Widrigkeitsfänger). Der wunderliche Herr Pong, dem Sibylle Lewitscharoff jetzt eine zweite Erzählung gewidmet hat, Mondsüchtiger, Wünschelrutengänger und Schmied magischer Pläne, lag im Krankenhaus, Bein gebrochen, und erlebte da die üblichen Zuwendungen. »Jeden Morgen versetzte ihn die Putzfrau in Schrecken«, es roch, und die Schwester sagte gern einmal »Wie geht's uns denn heute?«.

Ein Objekt, das er jetzt gut hätte gebrauchen können, wartete in der Wohnung auf ihn. Sein Widrigkeitsfänger, der Widrigkeiten verschiedener Art auffing und neutralisierte, zum Beispiel schlechte Gerüche oder üble Gedanken, die man allerorten gegen ihn hegte. Ein aus zwei Teilen bestehendes Fanggerät mit umwickelten Drähten, die in die Höhe ragten, an den jeweiligen Enden zwei Blechfähnchen, die ein bißchen aussahen, als hätten Mäuse Löcher aus ihnen herausgebissen. Aber gerade auf diese Bißlöcher kam es an, denn in den Aussparungen sammelten sich die Widrigkeiten und wurden dann durch die gewickelten Drähte in den eigentlichen Doppel-Organismus überführt, wo sie nach dem Prinzip Positiv-Negativ, Negativ-Positiv unschädlich gemacht werden konnten. Der Apparat hätte ihm gerade jetzt gute Dienste leisten können, denn er hätte die üblen Essensgerüche in Nullkommanichts an sich gezogen und absorbiert.

Pong redivivus

Widrigkeiten? Erst noch nicht, dann (mit Hilfe dieses Wunderapparats) in Nullkommanichts nicht mehr.

Zuckerstreuer (»Süßer Heinrich«). Diese Zuckerstreuer in Restaurants und Cafés, die eigentlich eine wohlbemessene Portion durch die aus ihrem Inneren nach außen führende, oben abgeschrägte Metallröhre zuteilen sollen, dies aber erst noch nicht, dann nicht mehr tun, weil sie nämlich erst verstopft sind, um sodann, nachdem ich den nun erforderlichen Schlag mit der flachen Hand gegen ihren Boden ausgeführt habe, einen nicht enden wollenden Zuckerstrom in meine kleine Espresso-Tasse zu entlassen – welche Fügung hat ihnen ihre menschlichen Nachfolgerinnen in Gestalt jener Serviererinnen beschert, die mir stets erst ein Stück zu wenig Zucker zum Kaffee bringen, um dann, nachdem ich um *ein* zusätzliches Stück gebeten habe, unweigerlich eine ganze Handvoll nachzuliefern, sei es, um mich zu beschämen, sei es, um der eigenen Scham angesichts des befürchteten Eindrucks der Knausrigkeit in einem Akt der Überkompensation Herr zu werden, sei es einfach in Vollzug der geheimnisvollen Gesetzmäßigkeiten des Noch nicht/Nicht mehr? Und warum muss ich an dieser Stelle an die vielen Zwillinge denken, Kinder künstlicher Befruchtung, die neuerdings wie Pilze aus dem Boden schießen?

Das habe ich an einem Morgen vor über 17 Jahren geschrieben. Der Süße Heinrich funktioniert heute noch wie eh und je, was die zeitlose Geltung jener Gesetze bezeugt. Ich kann ihn nicht mehr benutzen, ohne das Noch nicht/Nicht mehr *zu erwarten*. Er ist für mich zu dessen Memento geworden, ein kleines Stück Reales à la Žižek, Zeichen und Trost, Unterpfand und Talisman für Ohnmachtskompensationsmacht. Am Mittag jenes Tages las ich, im Hamburger Abendblatt Nr. 69 vom 23.3.1998, S. 8, einen Bericht über eine Hommage an Robert Gernhardt auf Kampnagel, innerhalb derer das folgende Gedicht des Meisters eine wichtige Rolle gespielt zu haben scheint – es gibt Koinzidenzen, die sagen mehr als Worte:

Warnung an alle

In mir ist's nicht geheuer,
da schläft ein Zuckerstreuer.
Und wenn er mal erwacht,
Dann Gute Nacht.

II. Die schwarzen Löcher des Alltags

Natürlicher Schwund (Hommage à Murphy). Bücher, die Sie nicht finden können, tauchen augenblicklich wieder auf, sobald Sie Ersatz angeschafft haben? Eben konnten Sie das verschollene Exemplar noch nicht finden, jetzt brauchen Sie es nicht mehr – da fällt Ihr Blick darauf? Derlei gehorcht vielleicht einer Psychopathologie des Alltagslebens, vor allem aber den ehernen Gesetzen des Noch nicht/Nicht mehr. Es ist dasselbe Prinzip, nach dem eben noch empfängnis- oder zeugungsunfähige Partner es ohne weiteren Verzug zu erfolgreicher Schwangerschaft bringen können, die nämlich zuverlässig eintritt, sobald sie ein Kind *adoptiert* haben.

Tage und Bücher wie Wildpferde. Aus Bibliotheken verschwinden besonders oft die Bücher von Charles Bukowski. Sie stehen »laut einer 1999 vom *New York Observer* aufgestellten Liste auf Platz eins der meistgestohlenen Exemplare.« (Süddeutsche Zeitung Nr. 77 vom 3.4.2013, S. 10) Das schon ist irgendwie tröstlich. Noch versöhnlicher aber stimmt diese Meldung:

»Die Bibliothek des John-F.-Kennedy-Instituts für Nordamerikastudien der Freien Universität Berlin hat kürzlich ein anonymer Brief erreicht, zusammen mit einem Gedichtband von Charles Bukowski. Er habe das Buch 1976 ausgeliehen, teilte der Verfasser des Briefes mit, und er wolle es nun wieder zurückgeben. Er tue das lieber anonym, weil er nach eigenen Berechnungen eine Mahngebühr von 13.104 Euro erwarte.« (Ebd.)

Indes: »Das Buch wurde in den Achtzigern als verloren deklariert und längst ersetzt«. Die Lücke bestand nicht mehr – nur logisch, dass sie nun, wenn auch nach Jahrzehnten, gefüllt wurde.

Das Buch trägt – passenderweise, schrieb die *Süddeutsche* nicht zu Unrecht – den Titel »The Days Run Away Like Wild Horses Over the Hills«.

Wechselkopfsystem I. Andererseits, aber das ist nur die inverse Figur auf-, aus- und einfallender Präsenz, gibt es vieles, das ich *noch* nicht brauche – noch nicht, aber bald – und von dem ich nicht weiß, wohin damit. Solche Gegenstände bringen es zu einer manchmal monatelangen aufdringlichen Anwesenheit. Rechnungen, Formulare und Merkzettel liegen herum und stören, sind aber augenblicklich verschwunden, wenn ich sie brauche. Deswegen sind Zahnbürsten mit Wechselkopfsystem nicht, wie die Werbung sagt, »praktisch, einfach, abfallvermeidend«, sondern unpraktisch, kompliziert und abfallerzeugend. Die Ersatz-Bürstenköpfe, die zwar all die Monate neben der Zahnpasta lagen – mit unfehlbarer Sicherheit ist ihr Platz leer, sobald ich ihrer bedarf.

Wechselkopfsystem II. Vor einiger Zeit habe ich trotzdem wieder so ein Exemplar gekauft, weil es kein anderes gab. Ich sollte erwähnen, dass hier von herkömmlichen, nicht etwa von elektrischen Zahnbürsten die Rede ist. Auf der Verpackung steht zu lesen: »Auch der Griff ist einem normalen Verschleiß unterworfen. Um die Funktionsfähigkeit des Wechselkopfsystems zu erhalten, sollte auch der Griff bei Bedarf ausgetauscht werden.« Das ist eine anspruchsvolle Zahnbürste, eine, die einen auf Trab hält: Vor Gebrauch Bürstenkopf wechseln, nach Bürstenkopfwechsel Griff wechseln. Über die zitierten Sätze aber darf man nicht zu lange nachdenken. Wenn man erst damit beginnt, wird man alsbald von einer bestürzenden Flut von Fragen überwältigt. Wann ist mein letzter Zahnbürsten*griff verschlissen*? Wo hat es je im Laden Zahnbürstengriffe ohne Bürstenköpfe zu kaufen gegeben? Und gar diejenigen, die zu meinem ganz besonderen Bürstenkopf passen? Vor allem aber droht nun die Gefahr, dass Kopf und Griff in ihren respektiven Abnutzungsgraden *immerzu* erst noch nicht, dann nicht mehr zueinander passen und den Ersatz des jeweils im fortgeschrittenen Verschleißstadium befindlichen Teils erheischen, und so fort, *ad infinitum*.

Bald wird es vielleicht eine weitere Stufe der Innovation geben: Bürsten, bei denen Kopf und Griff fest miteinander verbunden sind. »Praktisch, einfach, abfallvermeidend: Kein Verschwinden, kein lästiges Austauschen der Einzelteile mehr.«

Die Wut über den verlorenen Groschen. Etwas suchen zu müssen, das nicht an seinem Platze ist, beginnt für mich mit der angstvollen Erwartung, es nicht zu finden, die sich schnell in alltägliche Panik steigert und dann in Wut umschlägt. Erst werde ich noch nicht fündig, weil es nicht an seinem Platze ist, dann nicht mehr, weil Panik und Wut die Bedingung der Möglichkeit zerstören, fündig zu werden: Ruhe. Hektische Suche, das heißt: Ich werfe Blicke in diese Ecke, unter jenen Stapel, aber noch habe ich nicht wirklich hingesehen, da wende ich mich schon der jeweils nächsten Möglichkeit zu.

Friederike Mayröcker (in *Das Herzzerreißende der Dinge*, einem Buch voller Erwartung und Verheißung und Verzweiflung und Noch nicht/ Nicht mehr, S. 100): »... ich suche ein Buch, aber ich finde das Buch nicht ... ich gehe in Achtern, wenn ich etwas suche ...«

Die Permanenz meines Chaos. Das Chaos auf meinem Schreibtisch und drum herum – im Umkreis von ein bis zwei Metern stapeln sich Papiere, Bücher, Schreibgeräte, zwei Zollstöcke vom letzten Umzug, Hustenbonbons, weil ich neulich erkältet war, Zettel mit Notizen zur Erinnerung an vom Vergessen Bedrohtes (Zettel, deren Menge in den letzten Jahren stark angewachsen ist, weil das – vermeintlich – vom Vergessen Bedrohte mehr und mehr wird, Folge der Befürchtung eines im Alter nachlassenden Gedächtnisses, Vorkehrungen gegen das Nicht-mehr der Erinnerung), Rechnungen, Beihilfeanträge, alte Fahrkarten, Steuerquittungen, zwei Scheren (eine davon als Redundanz für den Fall, dass ich die andere in diesem Chaos nicht finden kann), Videokassetten (dieser Text ist nicht mehr ganz aktuell), ein Paperweight aus Venedig, ein paar Telefonbücher (dieser Text ist schon *sehr* alt), das Telefon, eine Gebrauchsanweisung dafür, zwei Fahrpläne, ein Kästchen für Briefmarken, ein Brillenetui, etliche herausgerissene Zeitungsseiten, ein paar Handlexika, ungezählte Einladungen zu Tagungen und Workshops, Überweisungsformulare, eine Schale mit Büroklammern, ein Tacker, ein Locher, ein Kasten voller Adresskarten, diverse Mappen und Ordner, circa sechs bis acht Sub-Stapel mit Unterlagen, Notizen und Skizzen zukünftiger Projekte, eine mit Bleistiften, Kugelschreibern, Filzstiften, Batterien für dieses und jenes, Radiergummis, Bleistiftanspitzern und einigen rätselhaften kleinen Schlüsseln überfüllte Schatulle, und, nicht zuletzt, ein paar begonnene und ein paar fast fertiggestellte Manuskripte wie das, an dem ich eben jetzt schreibe – dieses Chaos scheint kein Ende zu haben. Ich betrachte es nämlich als Noch-nicht-Ordnung. Noch ist es nicht nötig, Ordnung zu schaffen, *aber bald.* Dieses »Bald« tritt auch tatsächlich von Zeit zu Zeit ein, weil inzwischen, wie der Ökonom sagen würde, meine Suchkosten prohibitiv geworden sind: Die Sucherei wird unerträglich. Dann räume ich auf – stets jedoch nicht, bis Ordnung herrscht, sondern nur solange, bis ich wieder ohne unerträglichen Suchaufwand arbeiten kann, denn dann sinkt die Dringlichkeit des Aufräumens wieder unter die Dringlichkeit meiner Arbeit. So oszilliert mein Chaos zwischen mittlerer und unerträglicher Intensität, und wirkliche Ordnung verliert sich in der Kluft zwischen Noch-nicht- und Nicht-mehr-nötig.

Wer Ordnung hält, ist nur zu faul zum Suchen? Genau müsste es heißen: Wer Ordnung hält, dessen Suchkosten enthalten niedrige Opportunitätskosten in Form von (geringem) entgangenem Nutzen *eigentlicher* Arbeit. *Vulgo*: Wer Ordnung hält, beweist, dass er nichts Besseres zu tun hat.

Infiniter Progress. Mehr Ablagefläche schafft *nicht,* wie naive Geister annehmen könnten, Abhilfe *gegen,* sondern nur mehr Platz *für* das tägliche Chaos. Die zusätzliche Fläche erzeugt eine Art Sog, in welchen eben noch Wohlgeordnetes unverzüglich gerät. Es nimmt dabei ohne jedes Zutun die Seinsweise des Chaos an, das mich nun auch noch umstellt und überbordet. Das hängt damit zusammen, dass neue Flächen – ein größerer Schreibtisch, ein Stehpult, ein zusätzlicher Sekretär – die Grenzkosten der Suche niedrig halten und also nur den Zeitpunkt der Prohibitivität der Suchkosten hinauszögern.

Ich kannte einen Historiker, Hans-Martin Barth, der hatte neben seinen Schreibtisch drei *Tapezier*tische platziert. Dadurch indes hatte er nur das Chaos-Potential vergrößert – einschließlich der Fußbodenfläche, die das Kriterium »Reichweite in Armlänge« für um die Tische angeordnete Bücherstapel erfüllte. Selbstverständlich war, wie man zwischen den überfüllten *vier* Tischen sehen konnte, das ganze Arbeitszimmer knietief voll mit Büchern.

Diesen Text lege ich jetzt in einem der beiden großen Regale ab, die ich mir neulich gekauft habe – es sind Designermöbel, und sie tragen, ich schwöre es, den Namen FNP (Flächennutzungsplan) –, und gedenke ein weiteres Mal Anthony O. Cinas, des Hans-Martin Barth von San Diego, Meister des versäumten Augenblicks der Ordnung:

Unter Büchern begraben

SAN DIEGO, 14. Juli (dpa). Seine Leidenschaft für Bücher ist einem 86 Jahre alten Mann in San Diego während eines Erdbebens fast zum Verhängnis geworden. Zwölf Stunden hatte Anthony O. Cina in seinem Ein-Zimmer-Appartement unter einem Bücherberg gelegen, bis ihn Feuerwehrleute bargen. Sie gruben sich zum verschütteten »Bücherwurm« hindurch, indem sie die Bücher aus dem Fenster und vor die Tür warfen.

Hefte, Magazine, Zeitungsausschnitte und dicke Wälzer waren bis zur Zimmerdecke gestapelt. Cina blieb in seinem Zimmer nur ein winziger Gang von zwei Metern. Er schlief auch auf seinen Büchern. Als bei dem Beben der Stärke 5,3 (Richter-Skala) alles auf ihn herabstürzte, konnte er sich noch auf den Bauch rollen und den Kopf über den Bettrand hängen. Die Luft im Zwischenraum rettete ihm das Leben. (Frankfurter Rundschau vom 15.7.1986)

Nachtrag, ohne Kommentar:

Diese Professoren

Bücher haben einen Mathematik-Professor aus der kroatischen Hauptstadt Zagreb für drei Tage in Bann geschlagen. Als der Mann ein Buch aus dem Regal nehmen wollte, stürzten zahlreiche weitere Exemplare auf ihn herab und klemmten ihn zwischen seinem Bett und dem Regal ein. Drei Tage lang rief der Gefangene um Hilfe, ehe ihn die Nachbarn hörten. Das berichteten Zagreber Medien. Der Mathematikprofessor konnte erschöpft – da er die ganze Zeit weder getrunken noch gegessen hatte – aber ohne Verletzungen geborgen werden. dpa
(Süddeutsche Zeitung vom 29.4.2003 Nr. 98, Seite V 2/14)

Nachtrag II:

Das Herzzerreißende der Dinge

»… die bedenklich sich neigenden, in sich zusammenzustürzen drohenden Schränke und Gestelle mit Seilen an Wandhaken festgezurrt, damit
hier im Hause nicht alles gleichzeitig zusammenkracht…«

Friederike Mayröcker

Procrastination. Es gibt in Sachen »Aufräumen« noch eine andere Theorie. Die stammt von George Akerlof, Nobelpreisträger für Wirtschaftswissenschaft und handelt von »procrastination«, »hinauszögern, ver-
schleppen«. Die Theorie erklärt, warum wir Dinge aufschieben, obwohl
das teuer werden kann. Das ist verzwickt, und Akerlof behauptet *nicht*,
dass die Leute sich darüber im Klaren sind, wie es dazu kommt – im Gegenteil. Sie merken gar nicht, dass die Sache so funktioniert: Es gibt eine
menschlich-allzu menschliche Neigung, die »Kosten« – die Mühe, die
Last, das Leid – des Aufräumens heute »zu hoch« zu veranschlagen – viel
höher als die Kosten des Aufräumens morgen. Warum? Weil die drohende Mühe-heute viel stärker ins Auge springt als die Mühe-morgen. Dies
nennen die Psychologen »salience«, »Hervorspringen«, und die um den
entsprechenden Faktor erhöhten »gefühlten Kosten« unverzüglicher Erledigung heißen daher »salience costs«. Die Leute sagen sich also heute:
»Machen wir morgen«, denn die heute gefühlten Kosten-morgen sind
ja geringer. Das aber sagen sie sich auch morgen. Sie sagen es sich jeden
Tag – bis der Stressabbau heute oder, siehe oben, die befürchteten Such-
kosten-morgen die ganze Milchmädchenrechnung kippt, was bei manchen Messies nie passiert, zumal deren »mess« und daher die »salience
costs« ja besonders heftig ins Auge springen. Messies geraten schleichend
vom »Noch nicht nötig« ins »Nicht mehr möglich« (s. auch unten, S. 30,
»Unliebsame Erledigung«).

Sie fragen sich vielleicht, warum sich große Ökonomen mit derlei be-
fassen. Nun, Akerlof erklärt mit Hilfe seiner Procrastination-Theorie
nicht nur, warum Süchtige weiter Drogen nehmen, obwohl sie genau
wissen, dass sie das ins Verderben führt. (Sie sagen sich nicht: »Schluss«,
sondern: »Diesmal ist das letzte Mal, *morgen* ist Schluss.« Heute machen
sie noch nicht Schluss, aber morgen auch noch nicht, und…). Die Theorie
erklärt auch, warum die Leute nicht genug für das Alter sparen; warum
in Organisationen Projekte nicht rechtzeitig begonnen und nicht rechtzeitig beendet werden; ja, sogar, warum es in Sekten und ganz normalen Organisationen eine so erstaunliche und sogar eskalierende Gehor-
samsbereitschaft gegenüber Autoritäten gibt – *memento* Milgram! Der
Trick der Gehorsamheischenden ist: maßvolle, geringfügige Befehlses-
kalation, denn dann bleibt das erwartete, das heute gefühlte Leidens-
des-Gehorsams-morgen geringer als die gefühlten »salience costs« des

Gehorsams-heute. Die Versuchsperson Milgrams sagt nicht »Nein«, sondern: »Diesen Stromstoß gebe ich noch, den nächsthöheren nicht mehr.« Das sagt sie, bis sie nicht mehr zurück kann, denn bald droht das Argument: »Jetzt habe ich schon dies getan, da kann ich das nicht mehr ablehnen«, und schließlich das endgültige Nicht Mehr: »Jetzt auszusteigen, hieße, eine Schuld anzuerkennen, die ich nicht tragen kann.«

Vulkanprinzip. Der Psychologe Mark Lansdale, damals Loughborough University, lese ich in »Die Zeit« (Nr. 38 v. 11.9.1992, S. 34), hat ein besonders effektives Archivsystem vom Schreibtisch auf den Computer übertragen, das, so hat er es genannt, dem »Vulkanprinzip« folgt: »Wichtige Schriftstücke werden in dem kleinen Krater in der Mitte abgelegt, verdrängen die unwichtigen weiter nach außen und schließlich über den Rand in den Abfalleimer. Seine ›Memory-Software‹ soll die Dokumente chronologisch nach Themen und Eigenschaften wie Farbe und Form erfassen und ungeordnet ablegen.« Noch, so hieß es seinerzeit in der Meldung, war die Software nicht marktreif. Ich selbst brauchte sie schon damals nicht mehr, denn ich hatte sie schon vom Computer auf den Schreibtisch übertragen, als ich noch gar keinen Computer hatte.

Frühstück. In Wuppertal, einer Stadt, in deren Gaststätten man Frühstück erst, nämlich bis ungefähr zehn Uhr morgens, *noch nicht* und bald, ab etwa halb zwölf, *nicht mehr* bekommen kann, was aber immerhin eine Zeitspanne statt der hier überall drohenden Zeitspalte bedeutet, eine Spanne von eineinhalb Stunden, in Wuppertal versuche ich, ein reiner Tor, diese anderthalb Stunden zu *treffen* – »Gewiß! Im Fluge treff' ich, was fliegt!« Nun widerfährt mir die Schrumpfung der Spanne zur Spalte auf folgende Weise: Ich komme pünktlich um zehn Uhr, aber das Turmcafé hat noch nicht geöffnet. Ich mache einen kleinen Spaziergang um die Häuser, kehre nach einer Viertelstunde zurück – und inzwischen sind die Brötchen »aus«. Meine Gedanken aber wandern nach Oldenburg zurück, zum »Casablanca«, wo ich einmal eineinhalb Stunden auf ein Frühstück gewartet habe, das erst *noch nicht* kam, *weil das Café so voll war*, und dann *nicht mehr*, weil inzwischen die Brötchen ausgegangen waren, was einer übermächtigen, tränentreibenden Logik folgte, denn die Brötchen waren selbstverständlich ausgegangen, *weil es so voll war*. Warum passieren immer mir solche Sachen?

Bei Tisch. »Greifen Sie doch zu,« sagte die Hausfrau, »bei uns wird *nicht* genötigt.«

Nach Tisch. »Fühlen Sie sich *ganz* wie zu Hause.« (Spätestens jetzt nicht mehr, denkt der Gast.)

How to Be a Jewish Mother I. Vor über 50 Jahren erschien zum ersten Mal Dan Greenburgs Anleitung, die er mit der Klarstellung eröffnete: Es gehöre mehr dazu, eine jüdische Mutter zu sein, als jüdisch und Mutter zu sein. Andererseits müsse man weder jüdisch noch Mutter sein, um eine jüdische Mutter zu sein. Ich füge hinzu: *Eine* Voraussetzung ist aber die Beherrschung der Kunst, erst noch nicht und dann nicht mehr von Ermahnungen, Vorwürfen und Hinweisen auf eigene Opfer und eigenes Leiden zu lassen.

Die erste praktische Übung geht so: Schenken Sie Ihrem Sohn Marvin *zwei* Sportshirts. Wenn er das erste Mal eines davon trägt, fragen Sie ihn im sogenannten Basiston in der Stimme, also in einem Ton, dem man *die Mühe anhört*, die Sie sich gegeben haben, *nicht* vorwurfsvoll zu klingen: »Das andere gefällt dir nicht?«

How to Be a Jewish Mother II. Die wichtigste Technik der Darstellung basalen Leidens besteht darin, Sachen zu sagen wie: »I'm fine, it's nothing at all, *it will go away.*« (Hervorh. G. O.)

How to Be a Jewish Mother III. Zur Basisphilosophie gehört, wie man an I und II schon sehen konnte: »Making Guilt Work«. Lassen Sie Ihr Kind jeden Tag Seufzer hören. (Siehe dazu die folgende Darstellung.)

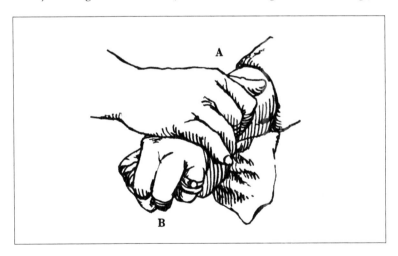

Fig. 1: PROPER POSITION OF HANDS
DURING EXECUTION OF DAILY SIGH.
Note: (A) Cross-Over Grip of Right Hand on Left Wrist,
(B) Edge of Plain Linen Handkerchief tucked around
Index Finger to facilitate tear-dabbing.

How to Be a Jewish Mother IV (oder Die Noch-nicht-und-noch-nicht-und-noch-nicht enden wollende Sorge für Nachschub beim Essen). Ich übersetze aus Greenburgs Ratgeber:

Strategie zur Essenszeit: Erste und zweite Portion

Stellen Sie zur Essenszeit einen kontinuierlichen Fluss an Nahrung vom Herd zur Schüssel zum Teller zum Mund sicher. Wenn irgendwer so albern sein sollte, eine einzelne Speise (z. B. Kartoffeln) abzulehnen, verfahren Sie wie folgt:

1. Finden Sie heraus, ob der Mann irgendwelche rationalen Einwände hat:

   » *Wie* – keine Kartoffeln, Irving. Glaubst du, ich will dich vergiften?«

2. Schlagen Sie vor, dass er als Kompromiss nur eine kleine Portion nimmt:

   »Dann nimm jedenfalls einen *Schnitz* Kartoffeln.«
   »Na gut. Aber denk dran, nur einen Schnitz.«

3. Nun können Sie fortfahren, seinen Teller mit Kartoffeln zu beladen. In dem Augenblick, in dem er die letzte reingestopft hat, müssen Sie bereit sein für den nächsten Schritt:

4. Offerieren Sie eine zweite Portion:

   »Da, ich hab's doch gesagt, du wirst es lieben, wenn du es erstmal probiert hast. Also, gut, bereit für eine zweite Portion?«
   »Gott, nein.«

An dieser Stelle müssen Sie wirklich auf Zack sein. Zwischen Ihrer Frage und seiner Antwort wird kaum mehr als eine Mikrosekunde vergehen. Innerhalb dieser Mikrosekunde müssen Sie den ganzen Rest der Kartoffeln auf seinen Teller schaufeln und in die Küche zurückgehen. ... Das Schaufeln muss exakt zwischen Ihrem »– bereit für die zweite Portion?« und seinem »Gott, nein« kommen. Einige wenige Stunden Übung mit einer Stoppuhr in der Privatheit Ihrer Küche sollte überraschend zufriedenstellende Resultate erbringen ...

Wie die dritte Portion handhaben?

Wenn – unter vagen Hinweisen auf die Not in der Dritten Welt – der letzte Krümel von allen Tellern geputzt ist, sind Sie bereit für die wahre Prüfung Ihrer Kunst. Beginnen Sie mit einer allgemeinen, umfassenden Warnung:

»Ich kann jetzt gleich die dritte Portion servieren.«

Stellen Sie dann unmittelbar vom Allgemeinen auf das Besondere um:

»Eddie, ich weiß, du bist bereit für eine dritte Portion Hähnchen.«

»Glaub' mir, Sylvia, wenn ich noch ein Stück Hähnchen mehr nehme, sprießen mir Federn.«

Der nächste Schritt im Ritual erfordert ein Statement über Ihr Opfer, adressiert an die Zuschauer:

»Eddie mag nicht, wie ich Hähnchen koche.«

»Ich bin *verrückt* nach deinen Hähnchen, Sylvia. Ich kann einfach kein bißchen mehr essen, sonst platze ich.«

»Seht ihr, zufällig weiß ich, dass Hähnchen Eddies Leibgericht sind. Ich habe es extra für ihn gekocht – aber glaubt ihr, das kümmert ihn?«

Beachten Sie bei diesem Austausch, dass Sie es nicht *zu* ihm sagen, sondern *über* ihn. Nun sind Sie bereit, sich an den Augenblick der Wahrheit heranzuarbeiten:

»Eddie, sag', du magst doch Hähnchen?«

»Ja.«

»Und du magst *meine* Hähnchen?«

»Jaja.«

»Du bist zu satt, um noch mehr zu essen?«

»Jajaja.«

(Jetzt, in diesem scheinbar finalen Augenblick, gilt es sicherzustellen, dass Ihre noch nicht zu Ende gebrachte Fürsorge nicht etwa mit dem Ende dieser Mahlzeit zu Ende geht:)

»Na gut. Das kann ich verstehen. Wenn ein Mann zu mir sagt ›Ich bin zu satt‹ – das kann ich verstehen. Das ist ja schließlich nicht, als ob Du mich bittest, es wegzuwerfen. Na gut. Ich werd's einpacken, und du kannst es für später mitnehmen.«

(Möglich allerdings, dass Eddie nie mehr Hähnchen essen wird; nicht möglich, dass Sylvia ihre Bemühungen einstellt.)

Dämmerung. Nachts, vor dem Einschlafen, mehr noch: *um* einzuschlafen, lese ich Kriminalromane. Wenn sie sehr spannend sind, rauben sie mir allerdings manchmal den Schlaf. Wenn sie es nicht sind, droht indes dies: Ich lese eine Seite, dämmere dabei ein, was ja an sich auch der Sinn der Sache ist, nehme aber eben deshalb vom Inhalt dieser Seite nurmehr schemenhaft Notiz und stelle am nächsten Abend fest, dass ich mich nicht mehr daran erinnern kann. Ich lese also die Seite noch einmal, aber leider ... So manchen Krimi habe ich dann nicht mehr zu Ende gelesen.

Bei Christian Zaschke artete dieses Problem, wie ich (in der Süddeutschen Zeitung vom 6.10.2012) lesen musste, einmal zu einem, wie ich es nennen möchte, Rückwärts-voran-Syndrom aus. Er hatte sich schon bis zur Mitte eines Romans von John le Carré vorgearbeitet, um einige Tage später zu merken: Ihm fehlen *mehrere* Seiten. Also hieß es: zurückblättern. Die Re-Lektüre indes war ermüdend, und er schlief mittendrin ein. Am nächsten Tag musste er noch etwas weiter zurückblättern, und so fort. So keimte in ihm die Hoffnung, bald damit zu einem Ende zu kommen, nämlich durch Erreichen des Anfangs.

Bücher, die man noch nicht kennt. Ein Problem erlaubt und verlangt hier eine Verallgemeinerung. *Jedes Mal,* wenn man sich entscheidet, ein Buch zu lesen, kennt man es, das liegt in der Natur der Sache, gewöhnlich noch nicht. Aber mittendrin aufhören, wenn es sich als öde erweist …? Die Verallgemeinerung dieser Verallgemeinerung erstreckt sich auf den neuen Film, das neue Restaurant, das neue Objekt jedweder Begierde, mehr noch: auf alles Planen, Entscheiden und – o je – Handeln. Sie erstreckt sich auf das Buch des Lebens.

Da wäre es vielleicht besser, gar nicht erst geboren zu werden, wie schon Silen zu König Midas sagte? Indes, wie Kurt Tucholsky – oder war es Alfred Polgar? Oder Freud?* – richtig eingewandt hat: »Wem passiert das schon?«

Das Murmeln des Brunnens I. »Murmeln des Brunnens vor dem Hause«, notiert Hans Carossa. »Wenn er für einige Augenblicke verstummt, so weiß man, dass jetzt jemand trinkt.« Soll heißen: Man hört nicht eigentlich das Murmeln – erst noch nicht, weil es nie verstummt und wir das Geräusch kraft Gewöhnung überhören, dann nicht mehr, weil es nun verstummt ist. Man hört sozusagen das Verstummen. (Hans Blumenberg: *Die Vollzähligkeit der Sterne*)

Großstadtlichter. Wenn der Strom einmal ausfällt in New York, weiß man, dass jetzt einer einen erschlägt.

Großstadtlärm. Als ich einmal auf dem Lande lebte, klagten meine Besucher aus Berlin, die immer ankündigten, auch aufs Land zu ziehen, weil sie den Lärm endgültig leid wären, über die lauten Vögel in der Morgendämmerung, die ihnen den Schlaf raubten.

---

* Bei Freud, in *Der Witz und seine Beziehung zum Unbewussten*, StA Bd. 4, Frankfurt a. M. 1982, S. 56, wird die Variante aus der anonymen Erzählung vom Wettstreit zwischen Homer und Hesiod dargeboten: »Aber unter 100 000 Menschen passiert das kaum einem.«

»Nacht ist es: nun reden lauter alle springenden Brunnen.« Also sprach Zarathustra.

Fliehende Stirn. Springende Brunnen? Als Kind hat es mich verstört, wenn es hieß: »Er hat eine fliehende Stirn.« Schon mit einer hohen Stirn tat ich mich schwer. Eine Stirn auf der Flucht, noch nicht geflohen, nicht mehr an ihrem Platze, schien mir beunruhigend. *Dieses* Partizip Präsens ist das sinkende Schiff der Sprache. Viele verlassen es stehenden Fußes.

Das Murmeln des Brunnens II. »Es ist mir immer fürchterlich«, notiert Ludwig Wittgenstein am 26.4.1930 in seinem Tagebuch, »wenn ich denke, wie ganz mein Beruf von einer Gabe abhängt, die mir jeden Moment entzogen werden kann. Ich denke sehr oft, immer wieder, hieran & überhaupt daran wie einem alles entzogen werden kann & man gar nicht weiß was man alles hat & das aller Wesentlichste eben erst dann gewahr wird wenn man es plötzlich verliert. Und man merkt es nicht eben weil es so wesentlich, daher so gewöhnlich ist. Wie man auch nicht merkt, dass man fortwährend atmet ...«. Hans Carossa:

> *Wir hörens nicht, wenn ewige Weise summt,*
> *Wohl aber schaudern wir, wenn sie verstummt.«*

Vagheit in den Bergen (Gefahr, allmählich jäh und abrupt). Vagheit hat eine zunächst nicht ins Auge stechende Noch nicht/Nicht mehr-Struktur. Vagheit bedeutet: Es fehlt an einer Grenze, die einen Begriff oder ein Prädikat trennscharf umreißt. Um hier eine Noch nicht/Nicht mehr-Struktur zu sehen, muss man sich nur die Bewegung von hier nach da vorstellen, die ja in und mit der Zeit statthat: vom vollen Haar zur Glatze, vom Hellen ins Dunkle, vom Hoch zum Tief. Eben noch machten wir uns keine Sorgen, dann war es nicht mehr zu übersehen: Das ist kein schütteres Haar mehr, sondern eine Glatze. Jäh ist es zappenduster, nie mehr komme ich raus aus diesem Tief.

Oder aus dieser Höhe. Das einschlägige Paradigma der Philosophen ist ja der Haufen – daher: Haufenparadox. Nehmen wir nun »die Berge« als Beispiel. Sie sind mal flacher, mal steiler. Wenn sie auch nur mäßig steil ansteigen, wird mir früher schwindlig als jedem anderen mir bekannten Wanderer. Wir sind im Bergell. Der Wanderweg steigt sanft an. Dann wird es *etwas* steiler, bald »eigentlich« zu steil für mich, aber ich sage mir: Hinter der nächsten Biegung wird es besser. Wird es aber nicht – im Gegenteil. Gern würde ich den entwürdigenden Zustand übergehen, in dem ich mich wenig später befand: auf allen Vieren krauchend, weil anders ich meinem Schwindelgefühl nicht Herr werden konnte, von meiner gemsengleichen Gattin mit gönnerhaftem Lächeln bedacht. Wie kann man in so einen Zustand geraten, wenn doch der Anstieg so sanft ist? Wie kann man allmählich in eine jähe Gefahr geraten? Das ist leicht: Erst dachte ich: *noch* kein Problem, dann aber gab es kein Zurück mehr (denn dort, hinter mir, drohte ja eben jener Schwindel, den ich schon durchlitten hatte und auf keinen Fall noch einmal erleben wollte).

Den Gipfel meiner Erniedrigung (*sic*) erreichte ich schließlich, als zwei zarte, ungefähr fünfundsiebzigjährige Damen leichten Fußes an mir, der ich in diesem Augenblick keuchend am Wegesrand darniederlag, vorbeizogen, *taktvoll* über meine Lage hinwegsehend: »Grüezi wohl!«

Rothenbaumchaussee 34. Ich siedle nach Hamburg über und wohne vorübergehend im Gästehaus der Universität. Am Fahrstuhl klebt ein Zettel – ein Aushang, auf dem die Leiterin des Gästehauses die Gäste über anstehende Reparaturarbeiten informiert. Die letzte Zeile lautet:

»In eigener Sache: Frau Wuttke heißt infolge ihrer Verheiratung jetzt Frau Schulz.«

Seit ich den Geheimnissen des Noch nicht/Nicht mehr verfallen bin, bringen mich solche Sachen ins Grübeln. Wenn Frau Wuttke Frau Wuttke ist und daher auch heißt, wie kann sie dann *jetzt* Frau Schulz heißen? Wenn sie aber jetzt Schulz heißt, wie kann es dann Frau Wuttke sein, die so heißt? Die übrigen Gäste, da bin ich mir sicher, stoßen sich nicht daran. Sie sind sich sicher, und, des walte Gott, sie *können* es sein, dass Frau Schulz, vormals Wuttke, existiert. Die Identitätsbeweise sind nachdrücklich. Frau Wuttke war, Frau Schulz ist eine energische Frau. Im Rasen vor dem Haus steckt ein Schild, darauf steht nicht nur: »Betreten verboten«, sondern auch: »Eltern haften für ihre Kinder«. An der Haustür, innen, außen sowie neben dem Fahrstuhl, habe ich bis zu fünf Aushänge gleichzeitig gezählt, die zum zweimaligen Abschließen der Haustür – »auch tagsüber!«, »besonders nachts!« – auffordern.

Manchmal ist die Tür trotzdem nicht abgeschlossen. Vielleicht waren es zu wenig Zettel, und einige Gäste haben die Aufforderung *noch nicht* gelesen. Ich glaube, einigen waren es auch zu viele, und die schließen deshalb *nicht mehr* ab.

Catch 22. In Joseph Hellers *Catch 22* ist die Lage so: Der Wunsch, Kampfeinsätze in Vietnam zu fliegen, wäre an sich Beweis genug, dass man geisteskrank ist, daher auch Grund genug für eine Befreiung vom Militär. Nach Hause geschickt wird man aber *noch nicht*, weil man dazu erst einen Antrag stellen muss. Tut man das, beweist man jedoch durch eben diesen Akt der Vernunft, dass man geistig gesund ist, und darf deswegen *nicht mehr* nach Hause.

Observer, 17. Februar 1980. Jon Elster, der vertrackte Verhältnisse wie *Catch 22* analysiert hat, steuert dazu (in *Subversion der Rationalität*) folgenden Bericht aus dem *Observer* bei: »Ein einbeiniger Mann, der sich um eine staatliche Beihilfe für Behinderte bemühte, musste sich vier Treppen zu dem Raum heraufquälen, in dem über seinen Anspruch entschieden wurde. Als er es geschafft hatte, wurde sein Antrag abschlägig beschieden, weil er die Treppe ja bezwungen hatte.« Es scheint, als ob die Zeitfalle zwischen »Noch Nicht« und »Nicht Mehr« besonders gut bei den Mühseligen und Beladenen funktioniert. »Ohne Aufenthaltserlaubnis keine Arbeit.« »Keine Arbeit? Dann können Sie in diesem Lande nicht mehr bleiben.«

Mildernder Umstand (I): Unter alten Leuten, denen es schwer fällt, schnell und sicher über die Straße zu kommen, ist ein Verhalten recht verbreitet, das man nicht unvorsichtig nennen kann, obwohl es so aussieht. Sie überqueren die Straße in einer Art strategischer Ignoranz. Sie schauen nicht nur nicht nach links und rechts. Sie schauen *ostentativ* nicht. Damit schlagen sie zwei Fliegen mit einer Klappe. Sie signalisieren dem herannahenden Autofahrer schon von weitem: »Bin ein altes Mütterlein, gucke nicht nach links noch nach rechts – Vorsicht«, was womöglich eine bessere Sicherheitsvorkehrung ist als die *eigene* Vorsicht, *und* treffen schlaue, wenn auch nicht wirklich überzeugende Vorsorge für die Schuldverteilung im Falle eines (Un-)Falles: »Ich – in meinem Alter! – habe das Auto gar nicht gesehen.«

Sie hoffen: Früher waren wir noch nicht gefährdet, wenn wir vorsichtig waren, heute nicht mehr, wenn wir offensichtlich unvorsichtig sind. Sie sind vorsichtshalber unvorsichtig.

In der Schuldfrage müsste man diese listigen Alten eigentlich in ein *Catch* 22 verstricken: »Dass ihr so alt und müde seid, befreit euch von der Schuld; dass ihr es aber ins Feld führt, lehrt, dass ihr noch wach genug seid, weshalb wir euch euer Alter als mildernden Umstand nicht mehr zubilligen können.«

In just a moment. Derjenige Teil des Wortschatzes meines Sohnes, in dem er die möglichen Antworten auf freundliche Bitten und energische Aufforderungen verwahrt, enthält als wichtigstes Element das Wort »gleich«. »Räumst du mal auf, Paul?« »Gleich!« Und merkwürdig: »Gleich« heißt: jetzt noch nicht (und nachher nicht mehr). Er weiß es. Ich weiß es. Er weiß, dass ich es weiß. Und ich, das ist das Schlimmste, weiß, dass er weiß, dass ich es weiß.

Gleich: Blutgrätsche. Der Bundesliga-Spieler Uli Borowka, Werder Bremen, seinerzeit genannt »die Axt«, soll einst den Kollegen Olaf Thon, Schalke 04, zu Beginn des Spiels, von Kumpel zu Kumpel, so begrüßt haben: »Ich brech' dir *gleich* beide Beine.« (Hervorh. G. O.) Auch dieses »gleich« heißt: »jetzt noch nicht«. Es heißt sogar: »… und nachher ist es hoffentlich nicht mehr nötig, weil du da einen großen Bogen um mich machen wirst.« Das ist das inhärente Noch nicht/Nicht mehr der Drohung, deren Sinn in der Selbsterübrigung des Angedrohten liegt. Dazu später mehr. Borowka hat trotzdem gern einmal zugetreten, aber das war nur, um die Glaubwürdigkeit der Drohung von Zeit zu Zeit zu erneuern und ihre selbsterübrigende Kraft zu stärken.

Es war auch einmal ein Spieler, der hieß Heribert Finken. Seine Formel der Begrüßung ging dem Ondit zufolge so:»Mein Name ist Finken, und du wirst *gleich* hinken.« (Hervorh. G. O.)

Der Blitz der Reflexion I. Jener Mann mit dem langen, langen Bart, der gefragt wurde, ob er den beim Schlafen über oder unter die Bettdecke tue, und der seither keinen Schlaf mehr fand, bezeugt die Besonderheit einer bestimmten Art impliziten Wissens. Explizit konnte sein Wissen nicht werden, ohne dabei zu vergehen.

Blackout. Prüfungsangst:»Eben konnte ich es, weil ich noch nicht musste. Jetzt muß ich und kann es eben deshalb nicht mehr.« Harry Rowohlt als Penner in der»Lindenstraße«:»Viel Text habe ich ja glücklicherweise nicht, aber auch wenig Text kann ich mir nicht merken. Hauptsache, es ist Text: Schon kann ich ihn mir nicht merken.« (*Pooh's Corner II,* Zürich 1997, S. 105)

Fünf Karrieren. »Kritische Sachen«, sagte der vielversprechende junge Kollege,»schreibe ich erst, wenn ich die Professorenstelle habe.« Dann aber schrieb er sie nicht mehr.

»Erstmal den Job«, sagte der andere,»für High Life ist immer noch Zeit.« Heute sagt er:»Ich lebe im goldenen Käfig.«

»Wer etwas bewirken will«, sagte der dritte,»braucht Macht.« Dazu opferte er, was er bewirken wollte. (Nicht einmal Macbeth genießt seine Macht, nachdem er sie erst errungen hat.)

»Gib mir für den Job *carte blanche*, gib unserer Liebe Zeit,« sagte die Vierte, bis unsere Zeit abgelaufen war.

»Die Geschichte der Zivilisation«, sagen Horkheimer und Adorno in der *Dialektik der Aufklärung,* »ist die Geschichte der Introversion des Opfers.«

Unliebsame Erledigung. Morgens: Ist noch nicht so dringend. Mittags: Lohnt sich heute nicht mehr. (Für Näheres siehe John Perry: *The Art of Procrastination.*)

Familie Kapielski. »Im Osten besaß die Familie Kapielski eine Tante Inge und den verhängnisvollen Onkel Orje ... Sie wollten dann 1961 eigentlich auch flüchten, waren aber zu blöd ... blieben dann doch lieber in ihrer Bude in Johannisthal hocken und sagten sich: ›Ditte wird schon wern, wa, Inge?‹ – ›Klar, Orje! Ditte wird schon!‹ – Später wurde es dann ja auch.« Erst noch nicht, aber dann …! Nix Noch nicht/Nicht mehr. Kein Geist, der stets verneint.

Schon, aber die zitierten Zeilen finden sich in einem zweibändigen Werk, dessen erster Band – Achtung! – »Davor kommt noch« heißt, sein zweiter Band aber, folgerichtig, »Danach war schon«. Haben Sie's? *Erst* »Davor kommt noch«, *dann* »Danach war schon«. Das schon ist verwirrend genug. Nun aber dies, und da wird es vollends verstörend: »Davor kommt noch«, das heißt ja, »Davor« war *noch nicht*. Es kommt ja erst noch. Danach aber kann es *nicht mehr* kommen, denn, das sagt schließlich klar und deutlich der Titel des zweiten Bandes, »Danach« war ja schon. Das ist mit Menschenverstand kaum noch zu begreifen. Es hilft aber, hier an diese Variante der Lügner-Paradoxie des Epimenides zu denken, die von Douglas Hofstadter stammt:

Der folgende Satz ist falsch.
Der vorhergehende Satz ist richtig.

Hommage à Pooh. »Entweder es passiert nichts, und dann hat man nichts zu berichten, oder es passiert ständig was, und man ist mittendrin und hat keine Hand frei«, klagt Harry R., der rasende Reporter. Da hilft nur: schneller oder langsamer werden.

»Ente« Lippens. Nicht nur Fußballer, auch Schiedsrichter bringen es manchmal zu Virtuosität in der Disziplin des Noch nicht/Nicht mehr. Der Niederländer Willi Lippens spielte meist in Deutschland (Rot-Weiß Essen, Borussia Dortmund) und wollte auch am liebsten in der deutschen Nationalmannschaft spielen. Da habe sein Vater jedoch gesagt: Dann brauche er »nicht mehr nach Hause kommen«. Ente machte dann ein einziges Spiel für die Niederlande, schoss auch gleich ein Tor, wurde aber wegen seiner Affinität zu Deutschland von der Mannschaft nicht akzeptiert. Ein Spiel, ein Tor lagen für ihn zwischen dem Noch-nicht-für-Deutschland und dem Nicht-mehr-für-Holland.

Berühmt aber und von den Fans heiß geliebt wurde und wird er nicht nur und nicht in erster Linie wegen seines trickreichen Spiels und der entengleichen Eleganz seines Gangs, sondern vor allem wegen eines auf ewig unvergessenen Wortwechsels mit einem deutschen (*sic*) Schiedsrichter, welcher mangelhaftes Deutsch selbst eben noch nicht zu vermeiden, im nächsten Augenblick indes bei einem Holländer nicht mehr zu tolerieren wusste:

»Herr Lippens, ich verwarne Ihnen!«

»Herr Schiedsrichter, ich danke Sie.«

Dafür hat der Schiedsrichter Ente vom Platz gestellt.

Das Noch nicht/Nicht mehr des Glücks. Fußballkundige mögen es mir nachsehen, dass ich auch Jürgen Wegmanns feine Unterscheidung hier noch einmal anführe – Fans kennen sie alle so gut wie Ente Lippens' kleinen Konter. Wegmann (Rot-Weiss Essen, Borussia Dortmund, Bayern München), genannt Kobra, erklärte eine Niederlage nach dem Spiel so:

>»Zuerst hatten wir kein Glück, und dann kam auch noch Pech dazu.«

Darin artikuliert sich ein implizites Wissen um den zweiten, den negativen Teil des Matthäus-Prinzips, den Teil für Pechvögel, der ja lautet:
»... wer aber nicht hat, dem wird auch, das er hat, genommen werden.« (Mt. 25, 29)

Vorsicht, différance! »Stummfilmkomödien«, sagt Erving Goffman, »wimmelten natürlich von Rücksichtskundgaben, die sich am ausgeprägtesten wohl bei Chaplin finden. Der Held, der versucht, an das Essen, den Brief, das Mädchen oder den Schädel von jemandem heranzukommen, bemerkt, dass das Opfer ihn erblickt hat und ihn beobachtet, was der Anlaß dazu ist, die prekäre Absicht hinter der ausgiebigen Zurschaustellung einer harmlosen Beschäftigung zu verbergen... Da der Eindringling erst im letzten Augenblick entdeckt wird, muss die Bekundung einer harmlosen Absicht blitzschnell und unter fast aussichtslosen Bedingungen zustande gebracht werden.« Auch Jacques Tati spielt in nahezu jeder Bewegung dieses Spiel mit den Konventionen von Rück-sicht, Vorsicht und Ab-sicht – schon Monsieur Hulots Gang ein sprechendes Beispiel für jenes Zögern, Verschieben, Es-recht-machen-Wollen und dann doch Danebenliegen und Anderssein, für jenes Stolpern zwischen Ab- und Rücksicht, zwischen Konvention und Chaos, das den rechten Augenblick unweigerlich verfehlt.

Tücke des Objekts? Der Anthropomorphismus, der erst der Rede von der *Tücke* des Objekts Sinn verleiht, enthält ein Körnchen Wahrheit. Wenn schon nicht tückisch, so sind die Dinge doch eigensinnig, wie die jüngere Kulturwissenschaft lehrt und Monsieur Hulots Kampf mit dem Liegestuhl aber schon längst endgültig bewiesen hatte. »Tolpatsch« kommt aus dem Ungarischen und bezeichnete dann in Österreich ungarische Soldaten, die eine unverständliche Sprache sprechen. Die Dinge verhalten sich störrisch, solange wir ihre Sprache nicht sprechen.

Jacques Tati aber versteht sich wie kaum ein anderer auf die Sprache der Dinge, auf ihren Aufforderungscharakter – »affordance« sagen die Soziologen – und darauf, dass die verzweifelte Komik nicht schon im Kannitverstan liegt, sondern erst im Kontrast zwischen ahnungslosem,

treuherzigem oder dünkelhaftem Glauben an die eigene »Sprachfähig-
keit« und dem unweigerlichen Verfehlen des Eigensinns der Dinge. (Man
erinnere sich nur, wie der Hulot aus *Playtime* im futuristischen Paris dem
von den ausgelegten Steinplatten vorgeschriebenen Pfad durch den Desi-
gner-Vorgarten folgt, erst noch nicht, dann nicht mehr auf dem rechten
Weg, sondern eben: linkisch.)

Gehen. Von Monsieur Hulot bekommen wir vorgeführt, was schon
Schelling wusste: dass Gehen ein »beständig verhindertes Fallen« ist
(Näheres in: Andreas Mayer: *Wissenschaft vom Gehen*, Frankfurt a. M.
2013). Wie Laurie Anderson bemerkte: »Mit jedem Schritt ... fällst du.
... Du fällst immer wieder und fängst dich im Fallen auf.« (Zit. bei Gabriele Brandstetter, *Über Gehen und Fallen*, S. 179) Der *vermiedene* Augenblick, das ist der *absichtlich* versäumte. Nicht nur beim Gehen bleibt
er meist ganz unauffällig. Virtuosität des vermiedenen Augenblicks, Ge-
staltkreis aus Probieren, Wahrnehmen, Erleben und Korrigieren: Erst
fallen wir noch nicht, dann nicht mehr. Daraus besteht das halbe Leben. Das halbe.

Stolpern I (Der Blitz der Reflexion II). Sobald Zeno Cosini, Ich-Erzäh-
ler in *Zenos Gewissen* von Italo Svevo, eigens auf sein Gehen – vierund-
fünfzig Muskeln in Bewegung! – achtete, geriet er wie Monsieur Hulot
ins Stolpern. »... noch heute, da ich darüber schreibe, geniert es die vier-
undfünfzig Bewegungsabläufe, wenn mir wer beim Gehen zuschaut, und
ich bin drauf und dran hinzufallen.«

Stolpern II. Der Mensch ist »das Tier, das selbst die Linien zieht, über
die es stolpert.« (Piet Hein)

Slapstick. Das Lexikon übersetzt »Slapstick« mit »Narrenpritsche.« In
»slap« steckt aber auch »Schlag«, »Klaps«, und, als Adjektiv, »plötzlich«, »zack«, »patsch«. Vor allem deshalb ist die Kunst des Slapstick
zu allererst eine Kunst des Timing: weil es ihr um Schlagfertigkeit zu tun
ist – darum, dass das unweigerliche Verfehlen des rechten Augenblicks
schlagartig zu Tage tritt. Slapstick ist ein Spiel um Noch Nicht und Nicht
Mehr, und wir schöpfen aus dem Schaden Freude, dass nicht nur wir uns
in den Zwickmühlen der Zeit verfangen.

Dinner for one. Ach, dieses deutsche Silvesterritual, darauf zu warten –
es kommen zu sehen –, wie Freddy Frinton in »Dinner for one« auf das
Tigerfell zusteuert, das zwischen dem Esstisch und der Anrichte seine un-
widerstehliche Anziehungskraft entfaltet, und wie er sodann unweigerlich über den Tigerkopf stolpert! Der Gipfel des Vergnügens liegt selbstverständlich in dem Kitzel der Erwartung, die Erwartung des Stolperns

werde, nachdem sie in einigen Spielrunden hinreichend befestigt worden ist, enttäuscht, und in der Erfüllung *dieser* Erwartung. Freddy, im fortgeschrittenen Stadium beginnenden Deliriums, hebt beim vierten oder fünften Mal, überraschend und doch so herbeigesehnt, mit größter Grazie den Fuß und übersteigt das Hindernis – nicht ohne Kichern. Dieses Kichern gilt dem Sieg über die Tücke des Objekts. Und schon in der Grazie, mit der er den Fuß hebt, lesen wir die Spuren einer stillen Siegesgewissheit: Diesmal werde ich dem Schicksal, den rechten Augenblick unweigerlich zu verfehlen, ein Schnippchen schlagen. Das Tigerfell ist seine Narrenpritsche. Er aber hebt den Fuß nicht. Noch nicht. Immer noch nicht. Jetzt.

Das fatale Requisit. Das Gegenstück zu Tatis Liegestühlen, Faltbooten und Vorgarten-Platten und zu Freddy Frintons Tigerkopf ist das fatale Requisit des deutschen Trauerspiels in der Lesart Walter Benjamins – paradigmatisch: der Dolch. Das fatale Requisit ist für Benjamin »nichts als die seismographische Nadel, die Kunde gibt von ihren (der Menschen, G. O.) Erschütterungen.« Fatal heißt es, weil sich in ihm die Natur des Menschen *und der Dinge* »in dem blinden Zufall unterm gemeinsamen Gesetz des Schicksals« ausspricht. Der Dolch ist Mittel *und Zeichen* des Unheils, Zeichen mit performativer Wirkung. Erst liegt er nur harmlos herum. Sobald er zur Hand ist, weist er der Eifersucht den Weg, nicht mehr abweisbar. Schicksal.

Beim Friseur. Friseure, und nicht nur sie, wie man in Kapitel XII noch sehen wird, sind im Noch Nicht/Nicht mehr-Geschäft tätig. »So?« fragt mein Friseur. »Ich ...« versuche ich zu sagen, aber, schnipp, da ist die Ecke schon abgeschnitten.

»Nein« hatte ich noch nicht sagen können, weil ich noch nicht wusste, was »so« bedeuten würde. Nun weiß ich es, weil er es mir gezeigt hat, und kann »nein« eben deshalb nicht mehr sagen. Er aber konnte nicht warten. Die Schere war sein fatales Requisit.

»Es liegt mir auf der Zunge«. – »Warte. Warte. Ich komme gleich drauf. Nein, jetzt ist es weg.«

Vergessen und Erinnern. Dass die Schrift nicht die Arznei, sondern Gift für die Erinnerung ist, weil »diese Erfindung ... den Seelen der Lernenden vielmehr Vergessenheit einflößen (wird) aus Vernachlässigung der Erinnerung, weil sie im Vertrauen auf die Schrift sich nur von außen vermittels fremder Zeichen, nicht aber innerlich sich selbst und unmittelbar erinnern werden«, hat Platon im *Phaidros* (275a) behauptet. Über Platons Schriftfeindlichkeit kann man streiten, aber die Erfahrung von Erinnerungsstützen, die tilgen, was sie stützen sollen, mache ich andauernd mit meinen Merkzetteln und im Telefon gespeicherten Telefonnummern. Früher konnte ich sie mir nicht gut merken, heute gar nicht mehr. Ich habe Platon nach Agamben, *Die Macht des Denkens*, zitiert, aus dem Kapitel *Ursprung und Vergessen*. Dort ist der Gedanke eingerückt in eine Reflexion jener unvordenklichen Zeiten, da es noch keine Buchstaben gab. Da hatten die Menschen noch magische Mittel und Wege des Erinnerns – etwa »eine Garbe geflochtener Schnürchen, deren Knoten er (ein Rezitator der Maori), unablässig sprechend, zwischen seinen Fingern abhaspelte«, und die als »Ursprung-des-Wortes« genommen wurde –, Mittel und Wege, die es heute nicht mehr sein können. Dafür haben wir: Datenbanken.

Betteln und Hausieren verboten. »Has' ma' 'ne Mark, für 'n Stück Brot?« – »Nein, nein, *wir geben nichts*, solange die noch nicht mal die Wahrheit sagen.«

»Has' ma' 'ne Mark, für den nächsten Schuß und ein neues Besteck?« – »Dafür nicht.«

In der Badewanne. Ich greife nach der Seife, nach der Ente im Badewannenwasser, und sie entschlüpfen mir, eben weil ich nach ihnen greife. Die Bedingung, sie zu erwischen, ist zugleich die Bedingung der Unmöglichkeit, sie zu erwischen. Das nenne ich ein operatives Paradox, das allerdings beim Enten-, Seifen- und übrigens auch Fliegenfangen keine ganz strenge Form annimmt, wie wir Enten-, Seifen- und Fliegenfänger wissen. Erst zu weit weg zu sein und dann unvermittelt zu dicht dran, diese Zeitfalle ist bei Enten und Seifen in der Wanne durch Langsamkeit, im Falle von Fliegen durch Schnelligkeit, im Falle von Menschen gar nicht zu vermeiden. Menschen? Man denke nur an scheue Rehe wie Audrey Hepburn, und an Schopenhauers frierende Stachelschweine.[*] (Dass beim

---

[*] »Eine Gesellschaft Stachelschweine drängte sich an einem kalten Wintertage recht nah zusammen, um sich durch die gegenseitige Wärme vor dem Erfrieren zu schützen. Jedoch bald empfanden sie die gegenseitigen Stacheln, welches sie dann wieder voneinander entfernte. Wann nun das Bedürfnis der Erwärmung sie wieder näher zusammenbrachte, wiederholte sich jenes zweite Übel, so dass sie zwischen beiden Leiden hin und her geworfen wurden, bis sie eine mäßige Entfernung voneinander herausgefunden hatten, in der sie es am besten aushalten konnten. So treibt das Bedürfnis der Gesellschaft, aus der Leere und Monotonie des eigenen Innern entsprungen, die Menschen zueinander, aber ihre vielen widerwärtigen Eigenschaften und unerträglichen Fehler stoßen sie wieder voneinander ab. Die mittlere Entfernung, die sie endlich herausfinden, und bei welcher ein Beisammensein bestehen kann, ist die Höflichkeit und feine Sitte. Dem, der sich nicht in dieser Entfernung hält, ruft man in England zu: keep your distance! – Vermöge derselben wird zwar das Bedürfnis gegenseitiger Erwärmung nur unvollkommen befriedigt, dafür aber der Stich der Stacheln nicht empfunden.«

Jagen und Fangen das Timing entscheidet, weiß übrigens jede Falltür-spinne, jeder Pistolenkrebs – dazu später –, die ihre Beute überfallartig zur Strecke bringen, und jeder Löwe, der sich erst leise und langsam anschleicht, um dann … Und jeder Löwenjäger, aber auch dazu unten mehr.)

Scheues Reh.

Der Kuckuck ist ein scheues Reh,
man sieht ihn selten aus der Näh'.
Kommt wer, egal von welcher Seite,
so sucht der Kuckuck stets das Weite.

Heinz Erhard

Negative Dialektik I. Da fällt mir Adorno ein: »Leben, das Sinn hätte, fragte nicht danach; vor der Frage flüchtet er.«

Storch und Stachelschwein (Hommage à Robert Walser). »Keep your distance?« Die mittlere Entfernung, die Schopenhauer seinen frierenden Stachelschweinen empfiehlt – Höflichkeit und Sitte? Um wieviel schärfer ist da Robert Walser in dem kleinen Text »Storch und Stachelschwein«, der so endet: »Wie gerne würde der Storch mit seinem Schnabel die Stacheln des Stachelschweins geküßt haben. Was das für ein Küssen gegeben hätte! Wir erschauern angesichts solcher Vorstellung.«

Slippery slope. »Ein Schlückchen in Ehren…« – »Auf einem Bein kann man nicht stehen.« – »Ist der Ruf erst ruiniert, …«.
   Auch hier indes, wie bei der Seife in der Badewanne, ist alles eine Fra-ge des wohldosierten Tempos, wie man von Lennie Seltzer lernen kann, Zechkumpan von Spenser, dem Detektiv in Robert B. Parkers Kriminal-romanen. Lennie trinkt, wie es in *Mortal Stakes* heisst, so: »He sipped some beer, holding the glass in the tips of his fingers with the little fin-ger sticking out. When he put the glass down, he took the handker-chief from his breast pocket and whipped his mouth carefully.« (p. 50) Das kann man wohl nicht anders als distinguiert nennen, für einen al-ten Schluckspecht wie Lennie. Als Spenser seine Einladung, ihm dabei Gesellschaft zu leisten – »a shot and a beer, okay?« – ablehnt: »Not at ten in the morning, Len. … I got enough trouble staying sober now«, da antwortet Lennie (und zeigt sich derart als ein Meister des versäumten Augenblicks): »It's pacing, kid, all pacing, ya know. I mean, I just sip a little beer and let it rest and sip a little more and let it rest and I do it all day and it don't bother me. I go home to my old lady, and I'm sober as a freaking nun, ya know.« *Bedächtig* saufen, sich bedächtig nüchtern sau-fen, das ist Lennies Geheimnis. *Sober as a freaking nun.*

Auf dem Wege nach Swim-two-Birds. »Der Wirt von Killeen's in Shannonbridge hat eine alte Schiffskarte gefunden, auf der Swim-two-Birds verzeichnet ist... Der Wirt hat nicht nur eine Schiffskarte, er hat auch Liam entdeckt, und Liam hat ein Boot. Liam hat auch einen Nachbarn, und der hat ein Auto, aber auf den Nachbarn müssen wir noch warten. ›Wann kommt der denn?‹ Der ist schon da, aber er muß erst austrinken. Einen Mietwagen habe ich selber; insofern brauchten wir auf den Nachbarn gar nicht zu warten, aber Liam und ich setzen uns zum Nachbarn, um abzuwarten, dass der Nachbar ausgetrunken hat, woraufhin der Nachbar wartet, bis Liam und ich ausgetrunken haben.« (*Pooh's Corner*) Eine Trajektorie bahnt sich ihre Bahn – Karl Valentin, dieser *Lucky-Luke-Look-Alike* (dazu ebd., S. 55), hätte gesagt: unerbitterlich.

»Irgendwann haben wir Tritt gefaßt und den richtigen Rhythmus gefunden, niemand wartet mehr auf keinen, Mary O., die Attraktion des Abends, stimmt ihre Geige, und so ein kleines Inselchen läuft einem ja nicht weg.

Zu einer solchen Virtuosität des versäumten Augenblicks hat es wohl niemand sonst gebracht, dass er es fertiggebracht hätte, *das Warten zu versäumen.* Und das Inselchen? »... läuft einem ja nicht weg. Und selbst wenn: Weit kann es nicht kommen; wir holen es jederzeit ein, Liam mit dem Boot, der Nachbar und ich mit dem Auto und Mary O. auf der Geige.«

Inside Llewyn Davis. Oder Llewyn Davis mit der Gitarre, der nicht zu spät, sondern zu früh kam, als die Zeit für Folksongs noch nicht reif war, und der, als Bob Dylan loslegte, nicht mehr im Geschäft war, weil er nämlich immer alles in den Sand setzte, Jobs, Auftritte, Vorsingen beim Impresario Bud Grossman (F. Murray Abraham), dessen Urteil lautet: »I don't see a lot of money here«, Freundschaften und, versteht sich, die Liebe. Seine, wie man heute sagt, Ex sagte zu ihm: »Everything you touch turns to shit, like King Midas's idiot brother.«

Naturgedichte und Tatsachen. Die Säufer, die Musikanten und Harry Rowohlt sind also die Meister der Saumseligkeit – und die Dichter! Das hat vielleicht am genauesten Christian Enzensberger beobachtet und beschrieben – in seinen einleitenden Worten zu einer Reihe von Gedichten, die unter dem Titel *Eins nach dem andern. Gedichte in Prosa* 2010 posthum im Carl Hanser Verlag, München, erschienen sind. »Ich erzähle zuerst,« so lautet der Anfang des kleinen Bandes, »wie es mit diesen Stücken anfing.« Nämlich so:

»Zu einem gewissen Zeitpunkt war meine ausschließliche Tätigkeit die, dass ich tagelang am Fenster saß und zu diesem Fenster tagelang hinausschaute, und zwar deswegen, weil es mir so vorkam, als wären andere

Tätigkeiten, als sitzen und hinausschauen, noch weniger lohnend als diese. Während dieser Tätigkeit befand sich, wegen der gegebenen Verhältnisse, vor dem Fenster, ebensoviele Tage lang, die von mir betrachtete Natur, sodass ich mir schließlich sagte, wenn du schon dasitzt und schaust, am Fenster und zu ihm hinaus, warum schreibst du dann eigentlich kein Naturgedicht, Naturgedichte sind doch etwas Schönes und gehen nicht schwer, du musst nur aufpassen, dass es nicht geht wie meistens, und es kommt zum Schluß in dem Gedicht keine einzige Tatsache vor.« (S. 5)

Enzensberger ist dann aber, so behauptet er wenigstens, haarscharf am Noch nicht/Nicht Mehr der Tatsachen vorbeigeschrammt:

»Ich folgte dann dieser Aufforderung und stellte in dem Gedicht einen Vergleich zwischen drei verschiedenen Pflanzen an, der sich an die Tatsachen hält.« (Ebd.)

Es sind dies: die arme, amorphe Kartoffel (s. dazu das Stück »Ruinen«, S. 76 f), die ordentliche Bohne (s. auch »Dies ist keine Bohne«, unten, S. 147 f) und der weniger ordentliche Pilz.

Das war ihm, wie er weiter hinten schrieb, anfänglich »durchaus sinnvoll erschienen …, aber dann …« hielt er »das Ganze für sinnlos, … auch die vielen Schritte …, die ich innerhalb des Ganzen unternommen hatte, über Jahre hinweg, mit soviel Überlegung. Ich hörte also auf mit diesen Schritten … und unternahm nichts mehr.« (Enzensberger S. 57)

Der ganze Band, »das Ganze«, ist eine Abfolge von Versäumnissen: Ein Noch nicht/Nicht mehr nach dem andern.

Domino. Die Dominosteine zeigen vielleicht: links drei, rechts fünf Augen. Nun brauche ich einen Stein, der ebenfalls eines von beiden zeigt. Außerdem zeigt er vielleicht sechs Augen, so dass ich … So sind hier, das haben Sie vielleicht schon gemerkt, nicht immer, aber oft, die Stücke des Texts angeordnet. Leider kommt man so vom Höckchen aufs Stöckchen – erst noch nicht, dann nicht mehr in eine feststehende Ordnung und Richtung. Dafür ist es, »wie wenn … alles auseinanderstöbe«.

Golden Rules. Die zehnte der zehn goldenen Regeln Elmore Leonhards für Autoren lautet: »Try to leave out the part that readers tend to skip.« Sie sehen das Noch nicht/Nicht mehr-Problem? (Die zweite Regel heißt: »Avoid prologues«).

Wenig und viel. Traurig ist das Schicksal eines Löwenjägers, der Löwen liebt. Erst hat er noch keinen vor der Flinte, dann mag er nicht mehr abdrücken. Odo Marquard aber berichtet von dem Zuspruch, der einem zuteil wurde, der, als er, gefragt, wie viel Löwen er schon erlegt habe, gestehen musste: »Keinen«, und darauf die tröstende Antwort erhielt:

»Bei Löwen ist das schon viel.« Man denke hier auch an jene *trouble shooter* in Wirtschaft und Politik, deren Wege von Leichen gepflastert sind. Hätten sie doch die Menschen geliebt und keinen je erlegt, dann könnten wir sie mit dem Hinweis trösten: »Bei Menschen ist das schon viel.«

Oder an Friederike Mayröcker mit Kescher und Botanisiertrommel, die nie einen Schmetterling fangen mochte – »nie niemals hätte ich einem solch zarten Wunder nachstellen wollen«. (*Das Herzzerreißende der Dinge*, S. 49)

Oder an Dichter von Gedichten, die, wie Christian Enzensberger ...

Oder an Eroberer: »But thou wilt loose the style of conqueror, If I, thy conquest, perish by thy hate.« (John Donne), (»Doch du verlörst Ruhm als Eroberer, verfiele ich, deine Beute, deinem Haß«).

Design (Der Schliff der Steine). Steine, so steht es in Christian Enzensbergers *Nicht Eins und Doch* (S. 94), »haben ihre Zeit gebraucht, um *rund* zu werden.«»Rund« hat in diesem Buch eine hohe, idiosynkratische Bedeutung, es kreist irgendwie um vollständig, einfach, geworden, knapp, wahr, alles in sich einschließend, vollkommen (aber nicht: perfekt). Man darf dabei an Steine denken, wie Jan Peter Tripp sie gemalt hat (obwohl die vielleicht zu perfekt sind). Sicher ist: Die Rundung der Steine Enzensbergers hätte von Design, das ja unter der Herrschaft dieser oder jener Zweckmäßigkeit steht, nicht hervorgebracht werden können. *Diese* Rundheit hat etwas von einem Elster-Zustand (s. unten, *Frau Holle*). Alles Design aber intendiert. Das Absichtslose ist ihm Hekuba. Es entzieht sich ihm.

Business-Hemden. Ein Business-Hemd ist »nicht etwa ein besseres oder gar schöneres *Hemd* als seine Vorläufer, sondern ein auf ein *Regelverhalten* genauer zugeschnittenes, für alle sonstige Verwendung eher unbrauchbar und auch von kaum jemand gebraucht, er wollte hier lieber gleich sagen *kein Hemd mehr*, denn sein Beschaffensein und So-Gemacht-Sein bestand nur noch aus dieser *Geregeltheit* ...« (*Nichts Eins und Doch*, S. 473). Das, sagt Christian Enzensberger, teilt es »mit allen anderen Hervorbringungen des *Bewußtseins*« (ebd.). Sagen wir einschränkend: »Hervorbringungen des Bewußtseins, soweit es Absichten verfolgt.« Das wiederum stört oder zerstört nur dann, wenn wir etwas (direkt) intendieren, was nicht (direkt) intendiert werden kann – was sich ohne und jenseits unserer Intentionen entwickeln und ergeben muss, wie das Kopfsteinpflaster, »nur *fast* Regelrechtes und Gesetzliches, in den Fugen, den Abständen, der Zuschleifung zum *Halbrunden und doch nicht ganz Eckigen* ...« (S. 121).

Frau Holle. Zustände, die *wesentlich Neben*produkt sind, »Elster-Zustände«, zerfallen mir unter der Hand – unter der zielstrebig zugreifenden Hand, unter dem Zugriff direkten Intendierens. Ich sehne mich nach Unbefangenheit, Schlaf, Vergessen, Vertrauen, Liebe, Glück, Natürlichkeit, weil ich sie noch nicht erlangt habe. Ich trachte und greife nach ihnen – und kann sie eben deshalb nicht mehr erlangen. Stendhal, wie er bei dem Versuch ganz natürlich zu werden, immer mehr verkrampfte. Pip in Charles Dickens' *Great Expectations*, der danach strebte, ein Gentleman zu werden, und es nicht wurde, weil und solange er es erstrebte. Pechmarie: »Das Pech aber wollte, so lange sie lebte, nicht abgehen und blieb an ihr hängen.«

Gegenprogrammm, zen-buddhistisch. Der Weise rollt wie eine Kugel.

Gegenprogramm, niederdeutsch. Nimm di nix vör, denn slait di nix fähl.

Die Göttin der Gelegenheit. Occasio, die Göttin der Gelegenheit, hat in mittelalterlichen Beschreibungen »einen nach vorne fallenden Haarschopf, an dem man sie zu ergreifen hat; wer diesen Augenblick verpasst, hat keine zweite Chance, denn von hinten ist die Dame kahl.« (Aleida Assmann). Die Dame war bei den alten Griechen ein Herr: *Kairós*, und auch der war bereits hinten kahl (und hatte geflügelte Füße). In seiner rechten Hand hielt er ein Messer, wie in »auf des Messers Schneide«. Der karge Haarwuchs am Hinterkopf des *kairós* und der Occasio, das ist die kahle Stelle zwischen Noch Nicht und Nicht Mehr.

Jede Sekunde die kleine Pforte, durch die der Messias... Den *kairós* auf die günstige Gelegenheit zu reduzieren, die man beim Schopfe packen soll, ist Ausdruck einer nachträglichen Instrumentalisierung. Wie anders dies: Den Juden wurde, nach dem Wort Walter Benjamins, die Zukunft zu einer Zeit, in der »jede Sekunde die kleine Pforte (war), durch die der Messias treten konnte.«

III. Ökonomie des Begehrens

Meine Tante Lotte. »Siehste woll«, pflegte meine Tante Lotte zu sagen, wenn ich ihre höflichen Fragen nach meinem Wohlergehen, nach meinen Schulzeugnissen oder nach dem Verlauf des Tennisturniers am letzten Sonntag höflich mit kleinen Erfolgsmeldungen beantwortete. Daran stoße ich mich noch heute, und ich weiß auch, warum: weil sie mir durch ihr angeblich wohlgefällig gemeintes, aber noch jedes Mal selbstgefällig geratenes »Siehste woll« meine kleinen Erfolge raubte. »Siehste woll, ich hab's ja gleich gesagt.« »Siehste woll, wenn Du nur spurst ...« Eben noch schien der Erfolg mein, doch war ich's *noch nicht* zufrieden. Ich lechzte nach Anerkennung. Tante Lotte aber verstand sich auf eine Kunst der Anerkennung, die im Augenblick der Erteilung, nein: durch den Akt der Erteilung entzogen, nämlich ihr selbst zugeteilt wurde. Auch hatte sie einen so mächtig wogenden Busen.

Hans im Glück. Erst den Goldklumpen, dann das Pferd, dann die Kuh, dann das Schwein, dann die Gans, dann den schweren Wetzstein solange gegen das zu tauschen, was er noch nicht hat, bis er nichts mehr hat, und damit glücklich zu werden: das nenne ich Virtuosität des versäumten Augenblicks. »›So glücklich wie ich‹, rief er aus, ›gibt es keinen Menschen unter der Sonne.‹ Mit leichtem Herzen und frei von aller Last sprang er nun, bis er daheim bei seiner Mutter war.«

Saure Trauben. Zu hoch? Zu grün! Erst sind sie noch nicht zu haben, dann heißt es: »Die sind für Lumpen gut!«

Post decision regret. Das Gegenstück zu den sauren Trauben sind ja die verbotenen Früchte, die Kirschen in Nachbars Garten. Girards mimetisches Begehren: Wir begehren, was der andere begehrt. Gerade das, was wir nicht haben. *Noch nicht.* Wenn wir es dann in die Finger kriegen, haben wir es – und begehren es *nicht mehr.* »Und Alines Vater (Traugott Buhre), der Kneipenwirt in Barmbek, trauert seiner vor acht Jahren verstorbenen Frau nach und wäre außerdem lieber in Florida, wo er glaubt, mal glücklich gewesen zu sein«, schreibt Harry Rowohlt in seiner Filmkritik zu Jan Schüttes »Winckelmanns Reisen«. »So sind wir. ... zum richtigen Zeitpunkt ist alles zu spät.« (*Pooh's Corner*)

Ode auf eine griechische Urne. Erst, aus unerreichbarer Ferne, schien sie so begehrenswert. Als er sie aber haben konnte, wollte er sie nicht mehr. »Heard melodies are sweet, but those unheard are sweater«? (John Keats, *Ode on a Grecian Urn*).

Tiefe Trauben (I). Groucho Marx, der in keinem Club Mitglied sein möchte, welcher einen wie ihn aufzunehmen bereit sei, spielt La Fontaines Fuchs als Snob.

>»Doch unerreichbar hing die süße Traubenglut.
>Drum rief er: ›Pfui, wie grün! Die sind für Lumpen gut‹.«

Groucho indes gibt vor, die Trauben zu verschmähen, weil sie *zu tief* hängen – erst zu hoch, dann zu tief. Eben durfte er noch nicht. Nun will er nicht mehr, *weil* er darf. Er verschmäht den Club, weil der heute nicht mehr von gestern ist. Und wirklich – was für eine Idee: ein Club der Ewig-Gestrigen, der *mit der Zeit geht*. Da möchte ich auch nicht Mitglied sein. Nicht mehr.

Meine Gedanken aber wandern von Groucho Marx zu Victor Mature, der in seinen Filmen zwar chargierte wie in Kyritz an der Knatter, aber grouchoeske Größe bewies, als sein Antrag auf Mitgliedschaft in einem Country Club mit der Begründung abgelehnt wurde, Schauspieler würden als Mitglieder nicht akzeptiert. Matures unsterbliche Antwort: »I'm not an actor – and I've got sixty-four films to prove it.«

Wunschzeit à la Faust. Mephistos Verführung (im *Studierzimmer II*):

>Euch ist kein Maß und Ziel gesetzt.
>Beliebt's Euch überall zu naschen,
>Im Fliehen etwas zu erhaschen,
>Bekomm' Euch wohl was Euch gesetzt.
>Nun greift mir zu und seid nicht blöde!

Faust hatte bekanntlich, in einer Umkehrung der Pascalschen Wette, den Preis, den er zu zahlen haben würde, nämlich dräuende Kalamitäten im Jenseits, für unerheblich erklärt:

>Das Drüben kann mich wenig kümmern …
>…
>Die Uhr mag stehn, der Zeiger fallen,
>Es sei die Zeit für mich vorbei.

Mephisto aber sieht nach dem Noch Nicht ein Nicht Mehr kommen und antwortet:

>Bedenk es wohl, wir werden's nicht vergessen.

Wunschzeit à la Otto Waalkes. Los. Stopp. Schade.

Aufschub der Begierde. Das Prinzip der Ökonomie ist es, in der Zeit zu sparen, um in der Not zu haben. Wie Lord Keynes sagte: Wir lieben das Kätzchen, nicht die Katze – die Marmelade von morgen, nicht die

Marmelade von heute. Das ist die moderne Version des Diktums, Arbeit sei gehemmte Begierde. Aber Vorsicht, Zeitfalle:

> Zwischen Lipp' und Kelchesrand
> Schwebt der finstren Mächte Hand.

Gier. Ich schlinge manchmal beim Essen. Das finden meine Freunde eklig. Sie verstehen nicht: dass es der Hast geschuldet ist, den scheuen Augenblick zwischen dem Noch-nicht- und dem Nicht-mehr-genießen-können festzuhalten. »Gerade durch Deine Hast zerstörst Du den Augenblick«, erklären sie mir – als bedürfte es dieser Belehrung. Sie bedenken nicht, dass es für den, der von der Furie des Verschwindens des rechten Augenblicks einmal ergriffen ist, keine andere Möglichkeit gibt, ohne Reue zu genießen. *Entre bouche et cuiller – Avient souvent grand encombrier?* Davon, von der finstern Mächte Hand zwischen Lipp‹ und Kelchesrand, ahnen sie nichts. Sie wissen nichts von dem Genuss, den Krug in einem Zug zu leeren; eine Tafel Schokolade zu *fressen wie ein Brot*. Es ist der Genuss, den flüchtigen Augenblick *ein* Mal zwischen die Zähne zu kriegen. Die selbsterfüllende Besorgnis, er werde mir entgleiten, beschleunigt noch die Hast. Sie kann sogar den Wunsch gebären, es hinter sich zu bringen. »Ich esse gierig aus Gier nach dem Nichtessen.« (Karl Kraus).

Ein Trost. »Aber Freß-Sucht? So ein Quatsch. Wenn man Hunger hat?« (*Pooh's Corner II*)

Zille sein Milljöh. »Satt? Kenn ick jar nich. Entweda ick ha Hunga, oda mir is‹ schlecht.«

I can't get no satisfaction. Der Faustischen Qual: »So tauml‹ ich von Begierde zu Genuß, / Und im Genuß verschmacht ich nach Begierde« hat Oscar Wilde den letzten Dreh gegeben. Die Zigarette, bemerkte er, sei der vollendete Genuß. »Denn sie schmeckt und läßt einen unbefriedigt.«

Entscheidender Augenblick. In »Dennis« zieht Walter Matthau eine unerhört seltene und kostbare Orchidee heran, die »Nachtblühende Scheinorchidee«, die in ihrem ganzen Leben ein einziges Mal, und nur für Sekunden, zur Blüte kommt, für jenen allzu knapp bemessenen Augenblick, den Züchter Matthau so herbeisehnt und erwartungsgemäß verpasst, weil der Nachbarsjunge, Dennis, mal wieder stört.

Ein Happy End musste her, und so gewinnen sich die beiden schließlich noch lieb. Matthaus Verbitterung aber existierte schon vor dem versäumten Augenblick, in Erwartung des Versäumnisses, einer Erwartung, die, versteht sich, das Versäumnis heraufbeschwor.

Schaler Genuß. Die Art der Vorlust, die durch Werbung erzeugt wird, zerstört die Bedingungen der Lust.

Warum aber das Nicht Mehr der Lust beklagen, wo doch die Verheißung der Lust im Schwebezustand ihres Noch Nicht um so viel schöner ist?

Gespannte Erwartung. Eine Spannung aufzulösen, ein Geheimnis zu offenbaren, hinterlässt eine Schalheit. Eben noch konnten wir es nicht abwarten, nun enttäuscht des Rätsels Lösung. Erst leiden wir am unerträglichen Noch Nicht des Wissens, dann am unerträglichen Nicht Mehr des enigmatischen Zaubers.

Wunschlos unglücklich. Ziele, Zwecke und Wünsche zeigen Präsenz im Modus des Noch Nicht. Wenn sie erreicht/erfüllt sind, hören sie auf, Ziele, Zwecke oder Wünsche zu sein. Dann wünschen wir uns Wünsche.

Rache ist süß? Vollstreckte Rache ist schal. Das eine Pfund Fleisch: »Sättigt es sonst niemanden, so sättigt es doch meine Rache«, sagt Shylock, aber selbst wenn er am Ende nicht leer ausgegangen wäre: was hätte es ihm gegeben? »Ein Pfund von Menschenfleisch, von einem Menschen/ Genommen, ist so schätzbar, auch so nutzbar nicht.« (I/3, Z. 164 f.)

Mimesis des Begehrens. Wie, wenn wir Menschen einander in unserem Begehren nachahmen, wie es René Girard annimmt? Und uns über das Objekt O der Begierde des je anderen, nach folgendem Muster irren, nach dem Muster eines Irrtums, der für seine Wahrheit nachträglich selbst sorgt: »A *glaubt*, dass B O begehrt, macht den ersten Schritt auf O zu und bedeutet auf diese Weise B, dass O begehrenswert ist. Wenn nun B seinerseits sein Begehren zum Ausdruck bringt, hat A den Beweis, dass er sich nicht geirrt hat.« (Dupuy/Varela)

Dann führt eine Trajektorie leicht in Konflikt, Krieg, und Gewalt, und erst, wenn es zu spät ist, heißt es: Nie wieder Krieg. Beziehungskrieg, Rosenkrieg, Weltkrieg.

Vertigo I. Ein Schwindel ergreift uns, wenn wir das Begehren des Begehrens denken müssen – wenn und weil sich das Begehren auf sich selbst bezieht und dabei »*retroaktiv seine eigene Ursache postuliert*, d. h. ein Objekt, das nur mit einem durch das Begehren ›verzerrten‹ Blick wahrgenommen werden kann« (Žižek, *Mehr-Genießen*). Dann scheinen wir es mit einem vom Nichts gezeugten Objekt zu tun zu haben, das Lacan – der Lacan Žižeks – *objet petit a* genannt hat. Die geheimnisvolle

Unberührbarkeit des Fremden, der in die bedrohte Western-Gemeinde einreitet; die gefährliche, aber phantasmatische Leidenschaftlichkeit der kühlen Blondinen Hitchcocks von Eve Marie Saint bis Kim Novak; das »Panama« in Janoschs »O wie schön ist Panama«; die Aura des Kunstwerks; das Paradiesische verlorener Paradiese: sie alle lösen sich unter einem »objektiven«, soll heißen: nicht das je besondere Begehren begehrenden Blick in Nichts auf. Dabei mag Betrug oder Selbstbetrug im Spiel sein, Schwindel im Sinne von Täuschung und Illusion. Das aber berührt nicht den Kern der Sache. Was Žižek ein »eitles Kreisen« nennt: dass nämlich die Realisierung eines Begehrens in der Reproduktion des Begehrens liegt; dass sich das Begehren im Aufschub des Genießens, in der Suche realisiert; dass es geradezu *fürchten* muss, des Mangels verlustig zu gehen, also das Verschwinden des Begehrens zu erleiden – das ist vielmehr Moment eines in rekursiven Schleifen seinen Weg sich bahnenden Lebens, dessen Wesen der Aufschub ist (Derrida). Dieser Aufschub indes ist ein Noch Nicht, das ein »*Nun* Aber«, ein »Jetzt!« verheißt *und versagt*. Wenn wir die Wahrheit, die Schönheit, die Gerechtigkeit, die verlässliche Wiederholung begehren, dann müssen wir deren Mangel begehren. Wenn wir das Begehren begehren, dann müssen wir den Mangel begehren.

Ich bin ein Berliner. Der Berliner, wenn er hohes Lob aussprechen will, sagt bekanntlich: »Da kannste nich meckern.« Zufriedenheit fällt für ihn mit einem leisen oder auch lauten, jedenfalls unüberhörbaren Bedauern in eins, seiner Neigung zum Meckern nicht länger nachgehen zu können. Der Berliner *in uns* begehrt nicht die Ruhe, sondern das Begehren der Ruhe, also den Mangel an Ruhe, die Unruhe; nicht den Genuss, sondern das Begehren des Genusses. Ruhe, Genuss, das hieße ja: nichts mehr zu meckern.

Meckern, das heißt für den Berliner den Mangel an Genuss genießen.

Achill und die Schildkröte. Dass Achill die Schildkröte nicht überholen kann, wie es Zenon lehrte, fasziniert bis heute, trotz offensichtlicher Abwegigkeit. Warum? Žižeks Lacan-Lesart zufolge, weil es einen Ort gibt, ich würde lieber sagen: *besonders* einen Ort gibt (denn es gibt viele, wie man hier in fast allen Kapiteln sehen kann), an dem sich die Dinge ganz zwanglos der scheinbar absurden Logik des Zenon fügen. Ein erstes Beispiel kennt wohl fast jeder – jenen Alptraum, in dem man zu fliehen versucht, aber nicht von der Stelle kommt. Žižek zitiert aus der Ilias (XXII, Z. 199) die inverse Figur: »Wie man im Traum umsonst den Fliehenden strebt zu verfolgen«. Žižek:

»Wie soll man nicht in einem solchen paradoxen Verhältnis des Subjekts zum Objekt die wohlbekannte Traumszene wiedererkennen, in welcher

45

man sich unaufhörlich dem Objekt nähert, welches trotzdem seine Distanz wahrt? Wie schon Lacan betont hat, ist das Objekt unerreichbar, nicht weil Achill die Schildkröte nicht überholen kann (er kann sie wohl *überholen* und hinter sich lassen), sondern weil er sie nicht *einholen* kann. Das Objekt ist eine bestimmte, immer verfehlte Grenze, zwischen einem ›zu früh‹ und einem ›zu spät‹ gelegen, – man erinnere sich des wohlbekannten Paradoxons vom Glück in Brechts *Dreigroschenoper*: Wenn man es zu heftig verfolgt, überholt man es und das Glück bleibt zurück. Mit einem Wort, die Topologie dieses Zenonschen Paradoxons ist die paradoxe Topologie des Objekts des Begehrens, das uns entgeht, das sich unserer Annäherung entzieht.«

»Van den Fischer un siine Fru« scheint das in Szene zu setzen. Allerdings sieht es in Grimms Märchen so aus, als ginge es nur um den Sonderfall der Gier. Žižek aber mach sich anheischig, es als allgemeine Topologie jedweden Begehrens einzukreisen, sofern dieses auf das phantasmatische Objekt gerichtet ist, das zugleich selbst seine eigene Ursache ist – Objekt-Ursache. Žižeks Zenon ist ein von/mit Lacan rehabilitierter Zenon. Dessen stehender Pfeil ist nur eine andere Version der Traumerfahrung der unbeweglichen Bewegung. Die Martern der Tantolos und Sisyphos sind einschlägige Mythen, und M.C. Eschers Trepp auf, Trepp ab ist ein passendes Bild.

Crowding out. Der Chef denkt: Die Leute zeigen zu wenig Einsatz – es braucht materielle Anreize. Geld aber *verdrängt* intrinsische Motivation. Folge: »In fact, ist ja dieser ›produktive‹ Arbeiter grade ebenso interessiert an dem Scheißdreck, den er machen muß, wie der Capitalist selber, der ihn anwendet und der auch den Teufel nach dem Plunder fragt.« (Karl Marx)

Schönheit im Zeitalter technischer Reproduzierbarkeit. Vergeblich der Versuch, mittels Bodybuilding, Schönheitschirurgie und Genmanipulation *die Menschheit* zu verschönern. Im Maße des Gelingens muss es misslingen, weil es die Maßstäbe der Schönheit mit verschiebt.
Wer es aber *als Einzelne* versucht, schließt einen Pakt mit dem Teufel der externen Effekte. Eine Frau betritt die Klinik mit der Frage: Wer ist die Schönste im ganzen Land? Aber Schneewittchen ist auch schon da.

Fortschritt. Die Produktion dient der Befriedigung unserer Bedürfnisse, heißt es. Fast *jede* Produktion aber evoziert Konsumtion und erzeugt dabei, indirekt, als mitlaufendes Resultat, eine Befestigung oder Veränderung, also: die Konstitution, Modifikation und/oder Reproduktion von Bedürfnissen und Präferenzordnungen. Das kriecht wie die Ameisen auf Eschers Möbiusstreifen. Erst die tägliche Zeitungslektüre erzeugt das

Bedürfnis nach täglicher Zeitungslektüre. Es *erzeugt* die Produktion daher jene Knappheit, der sie abhilft, und die also, kraft jener Produktion, stets erst noch nicht und dann nicht mehr behoben worden sein wird. Nicht nur Drogen wirken wie Drogen.

Bedarfsdeckung. Albert Speer zitiert in den *Spandauer Tagebüchern* Hitler: »Hat mir doch jemand vor vier Jahren, als Doktor Todt und ich die Trasse der Autobahn von München nach Rosenheim festlegten, gesagt, dass dort kein Verkehr sei. ›Glauben die denn‹, habe ich diesem kleinen Geist geantwortet, ›dass da kein Verkehr ist, wenn wir erst die Autobahn fertig haben?‹«. Also: »der Bedarf wird durch die veränderten Umstände geprägt«, durch Umstände, die wir selbst verändern, um den Bedarf zu decken.

Straßen befriedigen *den* Bedarf, den sie erzeugen. Dass es Hitler war, der dies schon wusste, mag für Verkehrsminister Grund genug sein, sich daran nicht mehr zu erinnern.

»Induzierter Verkehr« heißt so etwas heute. Mehr Straßen zu bauen, ist wie der Versuch, Übergewicht loszuwerden, indem man den Gürtel lockert, oder vielmehr: in dem man den Magen vergrößert.

Schlangestehen. Wenn die Knappheit groß genug ist, wie damals in der DDR, stellen sich die Leute *auf Verdacht an*, sobald sie eine Schlange sehen – die Schlange an sich ist schon Beweis genug, dass es an ihrem Anfang etwas Begehrenswertes zu ergattern gibt. Was das ist, weiß man am Anfang noch nicht, denn man kann es am Ende der Schlange noch nicht sehen, weil sie so lang ist. Nicht gering ist die Gefahr, dass man es am Ende, wenn man am Anfang der Schlange angekommen ist, nicht mehr zu sehen bekommt, und zwar wiederum, weil die Schlange so lang war. So lang aber war die Schlange, weil die DDR-Bürger es angesichts solcher Knappheit zu einer Artistik des Noch Nicht und Nicht Mehr bringen mussten: immer auf dem Quivive, ein Angebot, und das hieß: den rechten Augenblick nicht zu verpassen. Die Spanne aber zwischen dem Noch Nicht und dem Nicht Mehr eines Angebotes wurde umso kleiner, je stärker ihr Schrumpfen ins Bewusstsein trat, und es trat umso stärker ins Bewusstsein, je mehr die Spanne schrumpfte.

So avancierten die Bananen zum Symbol – weil ihre Präsenz aufblitzte, immer bedroht vom Umschlag des Noch Nicht ins Nicht Mehr.

Erst kommt das Fressen, dann kommt die Moral? Falsch. Manchmal aber kommt zuerst die Moral: »Erst kommt das Fressen, dann kommt die Moral.«

Du machst mich schwach. Ihre Augen, ihre verächtlich hinuntergezogenen Mundwinkel, ihre Erwartung seines Versagens machen, dass sie, gerade sie es sein muss – und er es mit ihr nicht kann. Er begehrt sie, so-lange sie nicht zusammen sind. Beieinanderzuliegen, tötet sein Begehren. »Der Blick der Anderen ist der Tod meiner Möglichkeiten.«

Sich zeigen. Sich zu zeigen – in seiner Trauer, Wut, Geilheit, Angst – ist manchmal schwer. Zum Zeigen gehören zwei, aber wenn der andere da ist, kommt die Scham.

Oder die Rache, wie in Julian Barnes' »In die Sonne sehen« für Rachel, die ihren Liebhaber dabei erwischt, wie er sie beim Liebemachen *beobachtet.* »Als wäre ich ein dressiertes Tier – Wie geht's da unten vo-ran? Aus dem Augenwinkel. Es war unheimlich. Da hab' ich mir vorge-nommen, es ihm heimzuzahlen.«

Sie hat dann angefangen, so zu tun, als ob sie *nicht* käme. Nicht mehr. Das hat ihm schwer zu schaffen gemacht.

»*Sei doch spontan!*« Michael, irritiert durch Jeans Vorkehrungen in Er-wartung einer Liebesnacht, findet: »Es sollte eigentlich spontan sein.« Aber wie dann rechtzeitig das Diaphragma ...? Die Lösung: »wenn sie beschlössen, dass sie an bestimmten Tagen ... ihr Ding reintun würde; was, natürlich, nicht unbedingt ...; sie stimmte zu. Samstags und mitt-wochs, sagte sie sich, samstags und mittwochs sind wir spontan.« (Ebd.)

Als dann die Lust kam.

> Als dann die Lust kam, war ich nicht bereit.
> Sie kam zu früh, zu spät, kam einfach nicht gelegen.
> Ich hatte grad zu tun, deswegen
> war ich, als da die Lust kam, nicht bereit.
>
> Die Lust kam unerwartet. Ich war nicht bereit.
> Sie kam so kraß, so unbedingt, so eilig.
> Ich war ihr nicht, nicht meine Ruhe, heilig.
> Da kam die Lust, und ich war nicht bereit.
>
> Die Lust war da, doch ich war nicht bereit.
> Sie stand im Raum. Ich ließ sie darin stehen.
> Sie seufzte auf und wandte sich zum Gehen.
> Noch als sie wegging, tat es mir kaum leid.
> Erst als sie wegblieb, blieb mir für sie Zeit.
>
> *Robert Gernhardt, Die Lust kommt*

Four-lettered words I. Die Sexualorgane, meint Michel Serres in *Die fünf Sinne*, seien nicht zu benennen wegen der Unsäglichkeit der umgangs-sprachlichen und der wissenschaftlichen Bezeichnungen. Das scheint mir das Problem zu verfehlen, denn es wirft ja die Frage nach den Gründen dieser Unsäglichkeit auf. Tatsächlich leidet jede Benennung diesen Mangel der Unsagbarkeit, der nur an unsrem Liebesleben so besonders auffällig wird, weil diesmal unser Sensorium noch ausreicht, um die Unerreichbarkeit unserer Sinnesempfindungen durch Sprache zu verspüren: Noch wissen wir kein Wort. Nun nehmen wir eines, das aber sofort sein Ungenügen offenbart. Prüderie tut ein Übriges, kommt aber nur als Sekundäres hinzu. Im Innersten geht es um den metaphorischen Charakter von Sprache, auch übrigens und erst recht dort, wo sie der Lautmalerei entspringt, weil sie da Geräusche als *partes pro toto* nimmt. Schmachten, Schmatzen, Schmusen, das evoziert Geräusche, auch Feuchtigkeit, es evoziert vielleicht »klatschnaß«, und der Duft »bezaubert die Liebe«. »Die Liebe leuchtet inmitten der fünf Sinne,« das hat niemand schöner erläutert als Serres. Jeder Name dafür *muss* das Schicksal erleiden, dieses Leuchten noch nicht und nicht mehr zu spiegeln – und auch die Rede vom Leuchten bedient sich ja einer Metapher.

Four-lettered words II.

What you can do without vowels

kss

fck

lck

sck

pss

sht

Ernst Jandl

Mängel. »Zur Vollkommenheit fehlte ihr nur der Mangel.« Und: »Es gibt Frauen, die nicht schön sind, sondern nur so aussehen« (Karl Kraus). Denen fehlt ein innerer Mangel, das Leuchten eines Begehrens oder das Schwarz einer Nacht.

Haupt- und nebentreu. Von einer, die, wann immer sie zwischen Glanz und Liebe eine Wahl zu treffen hat, den Glanz wählt, lässt sich wohl sagen: Sie bleibt sich treu. Treu bleibt sie auch ihren Getreuen, solange diese sie glänzen machen.

Sehenden Auges (ad R.E.M). »If this is what you're offering, I'll take the rain.«

Madame de Staël. Was sie unbedingt braucht, sind entbehrliche Menschen, die immer da sind. Benjamin Constant sagte über Madame de

Staël: »Sie gibt mir das Gefühl, immer notwendig zu sein und niemals genügend.« Das ist, was wir Grouchos der Anerkennung suchen. Wenn wir es aber gefunden haben, finden wir doch kein Genügen an diesem Ungenügen.

Begehren der Anerkennung (Van den Fischer un siine Fru). Unstillbar ihre Sehnsucht nach Anerkennung, rastlos die Jagd: noch nicht und noch nicht genug, bis das Wild verjagt ist. Der Lindwurm in ihr: erst nicht satt zu kriegen, dann nicht mehr zu bezähmen.

Ikarus. Vielleicht, dass Ikarus nicht den Göttern, sondern nur dem Glanz der Sonne näher und näher kommen wollte?

Aporia. Ihr Begehren der Anerkennung wird nur von ihrer Angst vor Abhängigkeit übertroffen. Beide wachsen aus ein und derselben Wunde. Sie braucht so verzweifelt, und muss ihr Brauchen so verzweifelt verleugnen, weil sie erfahren hat: zu brauchen ist hoffnungslos. Daher zieht sie Ersatz vor, der den Vorzug hat, stets erhältlich zu sein und niemals durch Mangel an Echtheit zu enttäuschen.

Fear of breakdown. Die nie weichende Angst, fallengelassen zu werden, rührt von einem Absturz her, der, weil zu früh erlebt, nicht erfahren und erinnert wird (Winnicott). Hochmut ist die Verleugnung dieser Angst vor einer unfassbaren, bodenlosen Tiefe. Hochmut kommt *nach* dem Fall.

Hochmut, Demut. Für Hochmütige ist Demut: demütigend.

Sekundärer Krankheitsgewinn: aus der eigenen Wunde Gold schlagen, Katzengold, ein Leben lang. So elegant zu leiden, bedarf jahrelanger Psychoanalyse. *Die* Wunde schließt kein Speer. Erst ist der Wundschmerz, dann der Goldrausch zu stark. Das verdient Erbarmen.

Jäher Wortwechsel. Das Adjektiv zu ›Erbarmen‹ lautet allerdings: erbärmlich.

IV. Das Noch Nicht und Nicht Mehr der Liebe

Wie Schatten flieht die Lieb,
indem man sie verfolgt;
sie folgt dem, der sie flieht,
und flieht den, der ihr folgt.

(*William Shakespeare:*
Die lustigen Weiber von Windsor)

Zu früh, zu spät (Romeo und Julia). Julia muss sagen: Ich fiel in Liebe, als ich noch nicht wissen konnte, dass er ein Montague ist, und nun ...

JULIA: So ein'ge Lieb' aus großem Haß entbrannt!
Ich sah zu früh, den ich zu spät erkannt.
Oh, Wunderwerk! ich fühle mich getrieben,
Den ärgsten Feind aufs zärtlichste zu lieben.
(I/5, Z 139–142)

Nun will sie keine Capulet mehr sein, und Romeo nicht mehr Romeo. Jedes Treffen ist fortan vom Nicht Mehr der Liebe bedroht. Noch das berühmte »Es war die Nachtigall, und nicht die Lerche« dreht sich ums Noch Nicht. »Willst Du schon gehen? Der Tag ist ja noch fern.« Und so fort, bis zum bitteren Ende: Sie ist noch nicht tot, aber das weiß er nicht und trinkt den Giftbecher. Als sie aus todesähnlichem Schlaf erwacht, lebt er nicht mehr, und ihr bleibt nur der Dolch. »Die Sonne scheint, verhüllt vor Weh, zu weilen.«

»Nie sollst Du mich befragen.« Wenn Lohengrin zu Elsa sagt: »Drum wolle stets den Zweifel meiden«; »Nie soll dein Reiz entschwinden, bleibst Du von Zweifel rein!«, dann ist die Konstruktion der unmöglichen Berührung des Unberührten – siehe unten – einmal mehr fertig, die sich in die bekannte Bewegung des Zurückweichens auflöst, des Zurückweichens, das *Folge* des Versuchs der Berührung ist.

> »So hehrer Art doch ist des Grales Segen,
> enthüllt - muß er des Laien Augen fliehn;
> des Ritters drum sollt Zweifel ihr nicht hegen,
> *erkennt ihr ihn, dann muß er von euch ziehn.«*

Lohengrin sagt: »Ich knüpfe meine unbedingte Liebe an die Bedingung deiner unbedingten Liebe. Ich zweifle nicht an dir, bleibst du von Zweifeln rein.«

Elsa aber, wiewohl von Ortrud angestachelt, muss Lohengrins Namen vielleicht nur deshalb unbedingt erfahren, weil sie es so gar nicht darf. Notwendigkeit, gezeugt durch Unmöglichkeit.

Elsa und Lohengrin können einander noch-nicht-und-nicht-mehr berühren. Die Leere dazwischen füllt Wagner mit dem Klirren der Schwerter.

Lohengrin, Superman, Batman. Das Paradox des weiblichen »Begehrens zu wissen« in den Männerphantasien nicht nur bei Wagner lautet: Ihn zu erkennen, heißt, ihn zu verlieren. (Žižek, *Verweile beim Negativen*) Wie Alois Hahn, sinnigerweise im Handbuch *Vom Menschen*, Stichwort »Geheimnis« (S. 1112) bemerkte: »Wer kein Geheimnis hat, kann gleich den Schwan bestellen.«

Vertigo II. Scottie (James Stewart) kann »Madeleine« (Kim Novak), die sich Madeleine nur nennt und mit der geheimnisvollen Aura der Carlotta Valdes umhüllt, erst noch nicht erringen, weil sie – ihr ganzer Auftritt – ein *fake* ist, dann nicht mehr, weil und solange er, ein getäuschter Pygmalion, Judith in Madeleine zurückverwandeln will. In Madeleine, die Objekt-Ursache seines Begehrens. Und Traum der schlaflosen Nächte Alfred Hitchcocks.

Vertigo III. Schließlich, auf dem Glockenturm der Mission San Juan Bautista fährt sie, erschreckt von *der* Bewegung, mit der er sie ergreifen und retten will, zurück, verliert das Gleichgewicht und stürzt in die Tiefe.

Diese ganze Annäherungs- und Liebeshinsicht. Dass Christian Enzensberger ein Virtuose des versäumten Augenblicks war, sah man bereits. Man betrachte nur diese, die Liebe betreffende Abfolge aus »noch nicht« und »dann aber«, »dann weiter«, »wieder nicht«, »sondern«, »immer weniger« und »nicht weiter«, die, wie es sich gehört, in einem »nicht mehr« endet:

> »Ich bemerkte zu dieser Zeit dann wie ich anfing, ziemlich sonderbare Vorstellungen zu haben in der ganzen Annäherungs- und Liebeshinsicht, ich hatte dann schon ziemlich lange angefangen, diese Vorstellungen zu haben, eigentlich schon seit jeher, diese Vorstellungen betrafen dann diese dauernde unangenehme Trennung von der Zweitperson, sie drehten sich darum, dass jede Annäherung jede noch so kompakte Anfassung nicht nah nicht kompakt genug war, dass im Gegenteil diese Trennung nur immer noch deutlicher wurde je näher je kompakter sie waren. Das war noch nicht sonderbar. Ich hatte dann aber den Einfall, die Trennung könnte weggehen, wenn einzelne Teile von mir von der Zweitperson aufgenommen und umschlossen würden, und das wurden sie dann auch gelegentlich, sogar mehr als gelegentlich, aber die aufgenommenen umschlossenen Teile standen dann in seinem sehr ungünstigen Größenverhältnis zum Personenhauptteil, und der Erfolg war dann eigentlich nur der, dass ich in meiner Vorstellung *zusammen* mit diesen

53

Teilen von der Zweitperson getrennt war. Das war dann auch noch nicht sonderbar. Ich hatte dann aber eine Wunschvorstellung nach einer vollständigen Aufnahme einer Totalumschließung, bei der ich dann für Drittpersonen unerreichbar incomunicado wäre, und das war dann schon etwas sonderbarer, ich hatte dann weiter die Vorstellung, die Umschließung genügte wieder nicht, sondern es müßte eine Vermischung eine gleichmäßige Durchdringung von Erst- und Zweitperson stattfinden, ich wollte dann weiter nicht nur diese Durchdringung, sondern eine Verdrängung Verdrückung der Zweitperson aus ihrem Aufenthaltsort, ich wollte dann weiter nicht nur eine solche Verdrängung, sondern eine Einschlüpfung Unterwanderung Aneignung *Innewohnung* in dem früheren Aufenthaltsort dieser Zweitperson, ich wollte dann weiter nicht nur die Innewohnung sondern die Überschreibung der anderen Leibsubstanz auf mich, ihre Verwendung und Nutznießung von *innen* heraus, ich wollte dann weiter die Verwandlung dieser Körpermasse in meine eigene Körpermasse, ich wollte dann weiter die restlose Ersetzung meiner Person durch die andere. Das war dann schon ziemlich sonderbar. Es war dann aber so, dass immer weniger Zweitpersonen diese Vorstellungen mit mir teilten, dass sich immer weniger Zweitpersonen für meine Vorstellungen interessierten, dass immer weniger Zweitpersonen mich und meine Vorstellungen überhaupt noch wahrnahmen, es war dann also so, dass ich in dieser ganzen Annäherungs- und Liebeshinsicht durch diese Vorstellungen immer unscheinbarer unsichtbarer wurde, ich hörte dann also förmlich auf in dieser ganzen Hinsicht für irgendjemanden zu *existieren*, es war dann also so, dass Annäherungen ganz von fern und Anfassungen der vorläufigsten Art für mich nicht weiter möglich waren, es war dann also von Trennung deswegen nicht weiter zu reden, weil etwas anderes als eine Nichttrennung nicht mehr vorstellbar war.«
(*Eins nach dem andern*)

Oder dieses Stück, das gleich darauf kommt, ein kleinerer Versuch über das Kommen, dieses Noch-nicht-gekommen-Sein – noch nicht, aber bald. Hoffentlich.

»Ob er kommt. Ob er nicht kommt weil er nicht kann. Ob er nicht kommt weil er keine Lust hat. Ob er zuerst Lust gehabt hat und dann nicht mehr. Ob er keine Lust hat und doch kommt. Ob er verschlafen hat, ob er vergessen hat wann, ob er später kommt. Ob er kein frisches Hemd, kein Geld für die Straßenbahn hat. Ob ich gehe. Ob er zu faul, zu müde, zu niedergeschlagen ist. Ob er gekonnt hätte wenn er gewollt hätte. Ob es etwas im Fernsehen gibt, ob er sich betrunken, einen Streit angefangen, verletzt hat, über dem Auge, am Bauch. Ob er glaubt ich bin nicht mehr da. Ob er nur gesagt hat er kommt. Ob ich ihn schlecht verstanden habe, ob es falsch war dass ich gekommen bin.«

Casablanca. Das Noch nicht/Nicht mehr der Liebe zwischen Ilsa (Ingrid Bergmann) und Rick (Humphrey Bogart) in *Casablanca* zu erläutern, das ist, als würde man erklären, dass Dürers *Betende Hände* beten.

Once Upon a Time in the West. Das »Es war einmal« im Titel dieses Films, das ja bedeutet: »damals noch, aber heute nicht mehr«, bezieht sich auf »den Westen«. Damit, versteht sich, war der Westen des Western gemeint, aber mir gefällt es, dabei an den Westen als Schauplatz einer von Europa ausgehenden Zivilisation zu denken – einer Zivilisation, die noch stets auf Kolonisation, Landnahme und gewaltsame Aneignung angewiesen war.* In »Spiel mir das Lied vom Tod« geht es von Anfang an um den Komplex Gewalt, Eigentum und Geld, der alles zunichte zu machen droht. Hier, in diesem Kapitel, soll ja das Noch nicht/Nicht mehr *der Liebe* Thema sein, aber Sergio Leones Film, Ennio Morricones Musik, das Mundharmonika-Spiel von Franco de Gemini und die von John Cage inspirierte Geräusch-Collage der Eröffnungsszene – Stille; Schweigen; ein Windrad quietscht; ein Schaukelstuhl knarrt; Schritte über Bohlen; das Rattern eines Telegrafen; Wassertropfen platschen auf eine Stirn, prallen dann mit sattem Plopp auf einen Hut; ein Hund winselt; Fingergelenke knacken; das nervtötende Summen einer Fliege quält; und, kaum zu glauben, ein Hahn kräht – das alles setzt ein Warten, die lust- und angstvolle Erwartung einer Ankunft, sei es eines Heils, sei es eines Unheils in Szene, das eben *bevorsteht.* Das damals, *once upon a time,* bevorstand, und zwar »dem Westen«, nicht nur denen, die an jenem einsamen Bahnhof, mitten im John-Ford-Land, *promised land,* Monument Valley, auf die Ankunft des Zuges und des Namenlosen (Charles Bronson) warteten. Und ehe der Hahn dreimal krähte ... Biblisches Noch nicht/Nicht mehr, da der Film noch kaum begonnen hat.

Eines der ersten Bilder zeigt eine Kreidetafel mit der Überschrift: DELAYS. Nach Flagstone sind es vier Stunden Verspätung. In Flagstone dann sind Uhren zu sehen, an Gebäuden, am Arm von Claudia Cardinale, sechs oder sieben Mal auch gemalte Ziffernblätter am Laden vom »watchmaker«, mal mit allen, mal mit nur von XII bis IV reichenden römischen Ziffern und immer ohne Zeiger. Ziffernblattfragment. Einmal wirft ein bedrohlich gereckter Gewehrlauf einen Schatten auf das Ziffernblatt. Das sieht aus wie ein Zeiger. Er steht auf 12 Uhr.

---

* Zur maßgeblichen Rolle der *Railroad Companies* bei der Etablierung der modernen *business corporations* und ihrer zunehmenden Rechte als korporative Akteure s. Ted Nace: Gangs of America. The Rise of the Corporation and the Disabling of Democracy, 2005 – ein Buch, spannend wie ein Kriminalroman; s. unten, S. 159 f, *Über die Falte II. (Der Zauberlehrling »korporativer Akteur«).*

Wasser und das Noch nicht/Nicht mehr des Wassers spielen eine wichtige Rolle. Alles fließt, alles sickert, alles versickert. Dürre. Jedoch nicht in Sweetwater. Morton, der todkranke Eisenbahn-Mogul, sagt: »Die Strecke muss fertig werden, bevor es mit mir zu Ende geht. Ich muss diesen herrlichen blauen Pazifik« – Schnitt auf das Ozean-Gemälde an der Wand seines luxuriösen Eisenbahnwaggons – »erreichen mit *meiner* Eisenbahn ... Ich hab' nicht mehr viel Zeit.« (Er verendet dann in einer Wasserlache.)

Ein »*jetzt aber*«, ein »jetzt endlich« setzt der Warterei oft ein Ende. Der Griff und Ruck, mit dem der Telegraf gewaltsam zum Schweigen gebracht wird; am Bahnhof das explodierende Kreischen des einlaufenden Zuges; die endlich *mit* und *in* dem Revolverlauf gefangene Fliege; das plötzliche Auftauchen des namenlosen Fremden (Charles Bronson), eines Kleistischen Helden, hinter dem wieder abfahrenden Zug, das sich durch bedrohliche Mundharmonikatöne ankündigt; tödliche Schüsse.

Später immer wieder Bilder und Musiken des Aufbruchs: die Stadt im Aufbau, die nach Jills Ankunft, für den Zuschauer ganz überraschend, in einer Kamerafahrt über den Bahnhof Flagstone gezeigt wird; der Eisenbahnbau, ein- und aufdringliche Metapher für Zivilisation, Kolonisation, Landnahme und den Frontier-Mythos. Und gegen Ende – wir kommen zum Thema »Liebe« – Charles Bronson, der schließlich in das Farmhaus kommt, in dem ihn Jill (Claudia Cardinale) in verhohlener, gebändigter, aber doch ersichtlicher Sehnsucht erwartet.

Leone, Meister der Langsamkeit und der Verzögerung, hat *diesem* Warten – es ist ja auch ein Lechzen des Zuschauers – vierzehn lange, lange Minuten gewährt, eine Viertelstunde, *nachdem* das gehörige Showdown eines Western, das Duell, schon hinter uns liegt. Die Rechnung ist beglichen. Der Namenlose (Bronson) hat Frank (Henry Fonda) längst die Mundharmonika in den vor Todesqualen und später Erkenntnis ächzenden Mund geschoben, Schnitt, im Haus warten Cheyenne (Jason Robards) und Jill. Bronson wird doch wohl, er muss doch wohl kommen, zu ihr kommen, bei ihr bleiben und Sweetwater zusammen mit ihr aufbauen?

Cheyenne aber warnt schon: Das wird nichts mehr. Der Namenlose wird gehen. »Männer wie er können nicht anders. Sie leben mit dem Tod.«

Jill, die inzwischen von der Hure zur fast heiligen Mutter mutiert ist – sie hatte schon Kaffee gekocht, schwarz und stark –, deckt den Tisch mit rot-weiß karierter Tischdecke. Horcht auf Geräusche draußen, denen ihr Blick folgt. Aber: immer noch nichts.

»Und wenn er jetzt hier reinkommt, dann nimmt er seine Sachen vom Nagel, verschwindet und dreht sich nicht mal um«, sagt Cheyenne.

Dann endlich: laute Schritte. Er kommt. Er kommt herein. Ihr Gesicht ist hell vor Hoffnung. Sie lächelt. Ihre Augen leuchten. Er lächelt *schwach*, wissend, vielleicht bedauernd. Sie blickt nun fragend, immer noch hoffnungsvoll. Langsam geht er in ihre Richtung – und dann an ihr vorbei zu den Garderobenhaken an der hinteren Wand und nimmt seine Sachen vom Haken. Cheyenne guckt ernst. Bronson: »Tja, ich muss gehen.« Jill scheint schier zu erstarren. Cheyenne guckt noch ernster. Sie atmet scharf ein. Bronson guckt ohne Regung, dreht ab, öffnet die Tür, den Blick nun unbewegt geradeaus, auf das entstehende Sweetwater gerichtet, das nun ins Bild kommt.

»Das wird mal 'ne schöne Stadt, Sweetwater«, sagt er. Neue Hoffnung kommt auf. Man fühlt: Wenn schon *diese* Frau es nicht schafft, ihn zu halten – Sweetwater ist zu süß zum Gehen.

»Sweetwater wartet auf dich«, antwortet Jill mit, man muss es sagen, raunender Stimme.

Pause. Was wird er jetzt sagen?

»Irgendeiner wartet immer.« Abgang. (Das ist ausnahmsweise in der deutschen Synchronfassung stärker als im Original. Dort äußert Jill die Hoffnung, den Namenlosen eines Tages – *once* – wiederzusehen, und er antwortet: »Someday«). Jill senkt den Blick. Cheyenne: »Siehst du, ich hab' recht gehabt.« Sie blickt der offengelassenen Tür nach, steht starr. Cheyenne klopft ihr auf den Hintern: »Du wirst es überleben, hm?« Dreht bei, geht seinerseits ab. Sie schreitet ans offene Fenster, sieht beide langsam, unerträglich langsam davonreiten, aus Sweetwater hinaus. Keine Hoffnung mehr.

Keine Hoffnung mehr? Abwarten. Es ereignet sich nun dies: Unterhalb eines Abhangs, für Jill außer Sicht, steigt Cheyenne vom Pferd, sinkt nieder, offenbar verwundet. Bronson hält an, reitet ein Stück zurück, steigt ab, um sich zu kümmern. Cheyenne stöhnt. »Ich kann nicht mehr weiter.« Bronson sieht: da ist eine Schusswunde seitlich, in Bauchhöhe, und sagt nur: »Ja«. Sonst sagt er gar nichts, aber der Zuschauer denkt sich: *Das* wenigstens wird ihn so sehr berühren, dass er zur Besinnung kommt; dass er es sich mit seinem Abgang doch noch anders überlegt. Cheyenne sagt: »Hau ab. – Na geh' schon. Lass mich allein. Ich will nicht, dass du siehst, wie ich krepiere.« Bronson steht auf, dreht Cheyenne den Rücken zu, der fällt und stirbt. Bronson dreht sich zu ihm um, man hört, jäh und ganz unpassend, ein lautes Pfeifen der Eisenbahn und: Aufbruchmusik. Schnitt, Sweetwater kommt wieder ins Bild, Sweetwater im Aufbau. Die Eisenbahn kommt über die neu gelegten Schienen herangefahren, hält, Männer springen ab, laden Fässer und Gerät ab, machen sich wieder an den Bau. Mehr Aufbruch geht nicht. Nun wird er doch wohl …?

Bronson nimmt beide Pferde, auf einem liegt tot Cheyenne, der Männerfreund, und reitet davon, in der Schlussszene hinter der Kulisse Sweetwaters kleiner und kleiner im Bild und schließlich nicht mehr zu sehen.[*]

Der dritte Mann. Größer und größer dagegen kommt Anna Schmidt (Alida Valli) in der Schlussszene von *Der dritte Mann* ins Bild – zunächst nur ein winziger Punkt ganz entfernt auf der Allee des Wiener Zentralfriedhofs, auf dem Harry Lime (Orson Welles), ihr Geliebter, dem sie Treue bewahrt, eben begraben wurde. Im Vordergrund, gegen einen Holzwagen gelehnt, wartet Holly Martins (Joseph Cotten) auf sie. Dazu hat er sich gerade entschlossen – wider besseres Wissen in schwacher Hoffnung. Die Minute, in der nichts geschieht, außer dass Anna/Alida ganz allmählich, Schritt für Schritt, näher kommt, quält sich unendlich lange hin. Nun ist sie schon ein dunkler Strich, dann erkennt man eine menschliche, schließlich die Frauengestalt. Das zieht sich. Valli ist jetzt ganz nahe, dann in Höhe von Cotten, und – geht wortlos an ihm vorbei, ihn keines Blickes mehr würdigend. Es spielt die berühmte Zithermusik von Anton Karas.

Tiefe Trauben (II). »Eine Frau, die mich liebt, kann ich nicht lieben.« Wenn die Selbstentwertung hinlänglich stark ist, spricht sie: »Wer so etwas Wertloses wie mich liebt, muß es aber *sehr* nötig haben – und der ist meiner nicht wert.« Deshalb gibt es in Paul Watzlawicks *Anleitung zum Unglücklichsein* ein Kapitel mit dem Titel »Wer mich liebt, mit dem stimmt etwas nicht.« Ich bin verliebt, noch hat sie nicht erwidert, nun erwidert sie meine Liebe, die eben deswegen erlischt. »Wenn Sie mein werden, so verliere ich, eben dadurch, dass ich Sie dann besitze, Sie, die ich ehre«, zitiert Watzlawick Rousseaus Brief an Madame d'Houdetot. Und Sartre: »So verlangt der Liebende den Schwur und ist über den Schwur unglücklich.« *Der* Liebende? Oder der liebende Rousseau?

Josef K. in Kafkas *Der Prozeß*: »Sie bietet sich mir an, sie ist verdorben ...«.

---

[*] Für eine kleine Analyse des Films im Geiste Lacans s. Žižek, *Mehr-Genießen*, S. 50 f. Zum Frontier-Mythos siehe auch Robert B. Pippin, *Hollywood Westerns and American Myth*, New Haven, London 2010; zum Narrativ des rätselhaften Fremden, der in die gefährdete Siedlerkolonie einreitet, sie rettet und dann, trotz Verlockung durch eine Frau, wieder gehen muss, weil nur so – im Wege regressiver Gruppenkonstitution – wieder Normalität einkehren kann, s. Grant Johnson: *Organisationskrise und Gruppenregression*, in: A. Krafft, G. Ortmann (Hrsg.): Computer und Psyche. Angstlust am Computer, Frankfurt a. M. 1988: Nexus, S. 147–183. Johnson liest dort Tracy Kidders Buch über den Bau eines neuen Computers, *Die Seele einer neuen Maschine* (deutsch 1984), als Western-Geschichte.

Wie ich einmal einer schönen Frau den Hof machte. Wie ich einmal einer schönen Frau den Hof machte, ist, wie ich viel später lernte, viel früher von James Thurber ins Bild gesetzt worden, von dem auch die beiden anderen Illustrationen in diesem Kapitel stammen:

Ehrgeiz. Der Wunsch, geliebt zu werden, und die Überzeugung, Liebe nur durch Leistung gewinnen zu können, sei vergeblich, versichern uns die Therapeuten, denn geliebt werden möchte man um seiner selbst willen, und jenen Getriebenen, selbst wenn sie in ihrem Ehrgeiz Erfolg haben, zerrinnt der Erfolg unter dem ehrgeizigen Zugriff: Erst wurden sie *noch nicht,* dann nicht *um ihrer selbst willen* geliebt. Diese Kritik übersieht, dass viele keine andere Wahl haben, vor allem aber, dass Erfolg uns verändert und verschönt, so dass wir am Ende vielleicht doch um unserer selbst willen geliebt werden – um unserer selbst, wie wir *nun* sind. Sie übersieht, dass der Irrtum seine eigene Wahrheit *erzeugen* kann.

Das Quietschen am Rad der Tigerente. »Das Quietschen am Rad der Tigerente soll mir sagen: ›Sie liebt mich‹«, denkt der Frosch. Falsch, aber das macht ihn so schön, dass sie wirklich in Liebe zu ihm fällt, in wahre Liebe.

Gesetz des Lebens. »Fand ich eine Frau schön, so wurde sie's, wo ich verehrte, war auch schon Verehrungswürdiges vorhanden. Es ist dies ja einfach ein Gesetz des Lebens.« (Robert Walser, *Aus dem Bleistiftgebiet*)

Wie ein adlernasenbegabter Mädchenbändiger. Nicht ohne Missgunst berichtet Robert Walser an dieser Stelle auch über einen adlernasenbegabten Mädchenbändiger und »seine sich an seine Unerreichbarkeiten anschmiegende Geliebte«. Jedoch, er selbst war auch kein Kind von Traurigkeit.

»Zwar verehrte ich eine Musikalienhandlungsinhaberin, meine Absichten gingen aber selbstverständlich weiter. … Ich war sehr emsig in dem Empfangen von Damenbesuchen. Keine einzige ahnte etwas von der Vielfältigkeit meiner Empfindungen sowohl wie Beziehungen. Jede hielt sich auf Grund der Kunst, die ich in der Maskierung an den Tag legte, jeweilen für die Einzige. Cäsar, mein Diener, half mir wacker beim Glätten und Ausgleichen holprig werden wollender Situationen. ...«.

Holprig werden wollend, aber noch nicht holprig und dann, dank des Dieners Cäsars, auch nicht mehr holprig geworden.

»Ich liebte die Zweite, weil ich die Erste liebte, indem ich zur Zweiten ging, um ihr die ergebene Mitteilung zu machen, die Erste sei mir das liebste, was es für mich auf der Erde gäbe. Sie putzte mich aber ab, und ich begriff das. So ging ich denn wieder zur Ersten, um ihr zu erzählen, wie ich an der Zweiten mit der Berichterstattung abprallte. Die Erste wollte nun natürlich zunächst lieber auch nichts mehr von mir wissen, aber da gab es ja zum Glück noch so viel, so viel anderes, worüber ich Sie vielleicht das nächste Mal unterrichte, falls Sie wünschen würden, dass ich's täte.« (Walser, *Aus dem Bleistiftgebiet*)

Noch nicht die Erste, nicht mehr die Zweite, aber da gab es ja zum Glück noch so viel ...

Just tell me what you want. »Sag' mir doch, was Du magst«, sagt er verheißungsvoll zu ihr – sie aber möchte, dass er es ohne ihr Sagen herausfindet. So kommt es, dass er es zwar noch nicht tun kann, weil und solange sie es ihm nicht sagt, aber nicht mehr, wenn sie es ihm sagte – weil »es« eben das Tun ohne Sagen ist (Film von Sidney Lumet 1979).

Klammern. »Verlaß mich nicht – nicht jetzt.« Aus diesem »Noch *nicht*« wird bald ein »*Noch* nicht und *noch* nicht und *noch* nicht«, bis es heißt: »Jetzt nicht mehr – in meinem Alter«; bis dass der Tod Euch scheidet.

»Erzähl' mir etwas!« – »Ich kann nicht.« – »Warum nicht?« – »Weil ich es soll.«

Es klemmt. »Machen Sie mir ein Kompliment,« sagt Helen Hunt in »As Good as it Gets« zu Jack Nicholson, dem schwer verklemmten Griesgram, »und *meinen* Sie es!«
»– – –. Können wir erst bestellen?« fragt Jack Nicholson.

Schüchtern. »Die Schüchternheit, die der Schande vorbeugt, diese kurze, zeitweilige Scham,« so zitiert Erving Goffman aus »Of Bashfulness« von Samuel Johnson, »die uns vor der Gefahr dauernder Vorwürfe schützt, kann deshalb eigentlich nicht als unser Unglück angesehen werden.« Das ist ein zarter Gedanke – der Gedanke eines *sehr* Schüchternen? –, aber er hat etwas von Selbstmord aus Angst vor dem Tod: vor dem gesellschaftlichen Tod.

» Willst Du mich heiraten?« »– –.« » Zu lange gezögert.«

Gespräch einer Hausschnecke mit sich selbst.

> Soll i aus meim Hause raus?
> Soll i aus meim Hause nit raus?
> Einen Schritt raus?
> Lieber nit raus?
> Hausenitraus
> Hauseraus
> Hauseritraus
> Hausenaus
> Rauserauserauserause ...
> Christian Morgenstern

Freundschaft. Vom Freund zu fordern, die Freundschaft zu pflegen, verstrickt nicht nur ihn, sondern auch mich in Paradoxien. Er kann nicht mehr geben und ich kann nicht mehr nehmen, was in einer Freundschaft zu geben und zu nehmen wäre: das unaufgeforderte Geben.

Unheilbar I. » Mangel an Vertraulichkeit unter Freunden «, sagt Nietzsche, » ist ein Fehler, der nicht gerügt werden kann, ohne unheilbar zu werden.«
Sagte ich zu meinem Freund.

Zarte Regung. Du siehst sie zum ersten Mal und denkst: » Ah, da ist sie ja.« Beiläufige Gewissheit, Wiedererkennen, wie in einem Spiegel. Darin irrt man nicht. Darin kann man nicht irren. Wie kann man darin irren?

Schneeköniginnen. Nichts ist gefährlicher als jener besondere Glanz von Frauen, dem man sogleich ansieht, dass er eine Düsternis überstrahlen soll. Noch bist du dem Glanz nicht erlegen, da verfällst du schon der überwältigenden Hoffnung, du könntest ihre Schwärze mit deiner zum Leuchten bringen, und sie deine mit ihrer. Diese Hoffnung trifft einen mitten ins Herz. Solche Frauen indes » drängen sich zum Lichte, nicht um besser zu sehen, sondern um besser zu glänzen.« (Nietzsche) Darin besteht die optische Täuschung: dieses Drängen mit jener Liebe zu verwechseln, die gleich darunter wohnt, unerreichbar wie der Mond.

Unheilbar II. » Du verstrickst mich in Paradoxien,« sagte sie, als er sie mit Bitten und dann Vorwürfen eindeckte.
» Ich weiß,« sagte er. » Mangel an Achtsamkeit unter Liebenden ist ein Fehler, der nicht gerügt werden kann, ohne unheilbar zu werden.«

Gradiva, beschwingt. »Sei meine Gradiva«, sagte er. Dadurch beschwingt, schritt sie davon, im Schreiten glänzend, von ihrer trüben Schwärze nicht länger betrübt.

True lies. Die Augen des Freundes, der bei Baudelaire dem Bettler Falschgeld gab und sich dafür der Großherzigkeit rühmte, »leuchteten von unbestreitbarer Treuherzigkeit«. *Das falsche Geldstück* handelt von einem Oxymoron, von treuherziger Lüge, und von einem Paradox: Gutgläubigkeit, Blindheit, *fehlende* böse Absicht, gemeinhin Entlastungsgründe, verschärfen das Urteil des Erzählers über seinen Freund.
»Was vergibt der Erzähler seinem Freund nicht? Treuherzigkeit? Torheit? Dummheit? Er verweigert ihm nicht die Vergebung für das Verbrechen, das er begangen hat.« (Derrida, *Falschgeld*)
Was dann? Die Treuherzigkeit, insofern sie unter den intellektuellen Möglichkeiten des Freundes lag, der verstehen könnte, sollte, *müsste*; der für seine Unverantwortlichkeit verantwortlich ist.
»Der Fehler des Freundes,« sagt Derrida, »sein nicht wiedergutzumachender und ›das Böse aus Dummheit‹ genannter Fehler, besteht darin, dass er sich als der ihm von der Natur verliehenen Gabe nicht gewachsen erwiesen hat«.
Aber da ist noch mehr, und darauf kommt es an: Der Erzähler hätte dem Freund vergeben. Er hätte diese Nachsicht als Liebesgabe gegeben, die eigene Moral verletzend, sie der Freundschaft opfernd. Von der Nachsicht des Erzählers zu zehren und *dafür* blind zu sein, dieser Mangel, Liebe zu erkennen, wo sie als diese unmögliche Gabe gegeben wird, ohne Blick auf eine Gegengabe, das ist es, was der Erzähler dem Freund nicht vergeben kann – die selbstgefällige Ignoranz gegenüber dieser Hin-Gabe. Darin aber liegt, so scheint es, ein Rest an Berechnung auch auf Seiten des Erzählers, der seine Hingabe nicht geben will/kann, ohne ein Äquivalent zurückzubekommen. Müsste wahre Liebe darüber nicht erhaben sein? Unter Heiligen vielleicht. Für uns Unheilige gilt, bis auf Weiteres, dass wir uns der Verletzung nicht schämen müssen, die Achtlosigkeit und Selbstgerechtigkeit unserer Liebe zufügen.

Hände in Unschuld? Und doch mag sich der Erzähler beschmutzt und beschämt fühlen: sich schämen für seine Neigung, das Schamlose, und sei es auch aus Freundschaft, in mildes Licht gerückt und so an diesem Schamlosen teilgehabt zu haben. Erst wollte er den Schmutz nicht wahrhaben, dann wurde er ihn nicht mehr los. So kann uns die Liebe in den Schmutz ziehen.

Falschgeld. »Man ist niemals entschuldbar, wenn man böse ist,« sagt Baudelaire, »aber es liegt ein gewisses Verdienst darin, zu wissen, dass

man es ist; und es ist das ärgste von allen unheilbaren Lastern, das Böse
aus Dummheit zu begehen«; nicht: dem Glanz nachzujagen, aber dem
Glanz nachzujagen in der treuherzig-verlogenen Überzeugung, dem Vol-
ke zu dienen. Davon gibt es nur eine Steigerung: dem Glanz nachzujagen
in dem Wahn, der Liebe zu dienen, die dadurch verraten wird.

Die Gabe der Liebe. »Danke«, sagte sie manchmal, wenn es nicht gesagt
zu werden brauchte, Derrida hätte vielleicht gesagt: nicht gesagt werden durfte. »Damit es Gabe gibt, *ist es nötig*, dass der Gabenempfänger
nicht zurückgibt ... Letztlich darf der Gabenempfänger die Gabe nicht
einmal als Gabe *an-erkennen* ... Warum? Weil sie, die Anerkennung, anstelle ... der Sache selbst ein symbolisches Äquivalent zurückgibt.« (Derrida) Dank wird abgestattet, und manchmal zu Recht, aber in der Liebe,
und vielleicht nur da, bleibt nichts zu erstatten. Wie sie nicht empfangen
konnte, ohne Anerkennung zurückzugeben, so konnte sie nicht geben,
ohne durch die Art des Gebens Anerkennung zu heischen und so das Geben und die Gabe zurückzunehmen. Und seine Liebe reichte nicht, um
diese zurückgenommene Gabe als die ihr einzig mögliche zu nehmen.

Mildernder Umstand II. Ich konnte nicht anders, sagte sie. Eben, sprach
da die Stimme meines Herzens. *Ultra posse nemo obligatur* gilt nicht in
der Liebe.

Love Story. Liebe hieß für sie, nie um Verzeihung bitten zu können.

Mildernder Umstand III. Dass ich ihr das nicht verzeihen kann, fand
ich lange unverzeihlich. Jetzt nicht mehr. Jetzt sage ich mir: *ultra posse
nemo obligatur.*

Vergebliche Warnung. Es müsste Bettlerzinken für Liebende geben. Mir
allerdings wäre so nicht zu helfen gewesen: erst noch nicht, und dann
war es ja zu spät.

Schwacher Trost. Mit dem ihr eigenen Pathos der Liebe täuschte sie zuerst sich selbst. Deswegen wirkte es täuschend echt. Es erfüllte ja *nicht
mehr* den Tatbestand der Lüge.

Carte blanche, oder: Neunundneunzig Nächte. »Ein Mandarin«, erzählt
Roland Barthes in den *Fragmenten einer Sprache der Liebe*, »war in Liebe zu einer Kurtisane entbrannt«. ›Ich werde Euch anhören‹, sagte sie,
›wenn Ihr in meinem Garten, unter meinem Fenster, auf einem Schemel
sitzend, hundert Nächte meiner harrend verbracht habt.‹ Aber in der
neunundneunzigsten Nacht erhob sich der Mandarin, nahm seinen Schemel unter den Arm und machte sich davon.« Hundert Nächte brauchte

die Produktion der Bedingung der Möglichkeit ihrer Liebe für die Kurtisane. Neunundneunzig Nächte brauchte, unterhalb dessen und nicht gut sichtbar, die Produktion der Bedingung der Unmöglichkeit für den Mandarin.

In dieser Falte der Zeit verschwand *diese* Liebe. Nur diese? »Die fatale Identität des Liebenden«, meint Barthes, »ist nichts anderes als dieses *ich bin der, der wartet.*« (In denkbar krassem Gegensatz dazu der drängende Elvis: »It's now or never/my love won't wait.« Möglich, dass die Drängelei – »tomorrow will be too late« – das Wild vergrämt. Das ist ein anderes »too late« als das des Mandarin.)

Schmeichelsalbe (Hamlet III/4 Z. 151). »Zum Scheitern einer Liebe«, sagte sie, »gehören immer zwei.« »Allzu wahr,« antwortete ich, »ungefähr so wahr wie: ›was lebt, muß sterben‹. Das sprach ausgerechnet die Königin von Dänemark.« (I/2 Z. 73)

Man erinnert sich: Der Gatte war eben dahingeschieden, nicht ganz freiwillig, vielmehr von des neuen Gatten Hand, was jener Binsenweisheit die besondere Note gab. Das Leben aber geht ja weiter:

«... in einem Mond!
Bevor das Salz höchst frevelhafter Tränen
Der wunden Augen Röte noch verließ,
War sie vermählt!« (I/2 Z. 156–159)

Auch dazu gibt es einen tröstlichen oder vielmehr höhnischen Gemeinplatz für die, die seiner bedürfen (gesprochen, ausgerechnet, vom König, allerdings dem im Schauspiel innerhalb des Schauspiels):

»Die Welt vergeht: ist es nicht wunderbar,
Dass mit dem Glück selbst Liebe wandelbar.«
(III/2 Z. 209–210)

Swann und Odette. Bernhard Waldenfels zufolge bemüht sich Swann, »in der Gegenwart der Liebe das Noch-nicht der Liebe festzuhalten und das Nicht-mehr, den Abschied von der Liebe, selbst noch vorwegzunehmen«:

»Und ebenso wie er vor seinem ersten Kuß versucht hatte, sich Odettes Gesicht einzuprägen, wie es so lange für ihn gewesen war, ehe die

Erinnerung an diesen Kuß es für immer verwandeln sollte, so hätte er jetzt gern, in Gedanken wenigstens, während sie noch existierte, von jener Odette Abschied genommen, die ihm Liebe und Eifersucht eingeflößt hatte, die ihm Leiden bescherte und die er nun niemals wiedersehen würde.« (Proust *Auf der Suche nach der verlorenen Zeit*)

Waldenfels' Interpretation ließe sich umkehren: Wenn, wie er selbst mit Proust sagt, es Angst ist, resultierend aus der Urszene des Verlustes, »die später in die Liebe auswandert«; wenn diese Angst dem Verlust dessen gilt, was man nie gehabt hat und nie haben wird: dann haben wir es vielleicht mit dem verzweifelten Versuch zu tun, im Noch Nicht und Nicht Mehr der Liebe ihre Gegenwart festzuhalten. Dann allerdings ist Eifersucht die Wahrheit der Liebe. Haben wollen, aber als verrücktes Sehnen nach dem Noch Nicht und dem Nicht Mehr.

Dankbar registriert man, dass Waldenfels zu bedenken gibt, hier sei nicht von *der* Liebe, sondern von einer bestimmten Art der Liebe die Rede, die eben von Anfang an schon Eifersucht *ist*. Nicht schwer fällt es, die Urszene des Verlusts mit *dieser* Liebe in Verbindung zu bringen, die aus dem Gefühl erwächst, aus diesem Leben ausgeschlossen zu sein, aber in es eintreten und einen Platz darin umso dringlicher einnehmen zu wollen. Der Irrtum, es für *die* Liebe zu halten, nährt sich nur davon, dass es viele sind, die sich noch nicht und nicht mehr ins Leben eingeschlossen fühlen. Er nährt sich aus uns Liebenden selbst.

Erste Liebe. Nie werde ich meine durch und durch seltsame Angst nach meiner ersten durchtanzten Nacht mit meiner ersten Liebe vergessen: sie am nächsten Tag unter den vielen Leuten inmitten eines Tennisturniers *nicht wiederzuerkennen.* Eben hatte ich noch nicht zu hoffen gewagt, schon befürchtete ich, mich nicht mehr erinnern zu können; das Bild ihres Gesichts in meiner Erinnerung nicht festhalten zu können.

Gewiss erwies sich diese Angst – nein: nicht als grundlos, aber – als übertrieben. Swann aber erinnert mich von Ferne an mich, auch darin leider, dass er, »sobald er nicht mehr unglücklich war … fast empört zu sich selbst [sagte]: Wenn ich denke, dass ich mir Jahre meines Lebens verdorben habe« mit einer wie der. (Und sobald er/ich das sagen konnte, waren wir erst recht nicht mehr unglücklich.)

Dazwischen I. So kommentiert Jacques Derrida einen Text Mallarmés, *Mimique*, in dem es um Nachahmung und die Differenz zum Nachgeahmten, zwischen Bild und Sache geht, eine Differenz, für die auch die Figur eines kaum wahrnehmbaren Schleiers steht. Und:

»›Hymen‹ …signiert zunächst die Verschmelzung, den Vollzug der Ehe, die Identifizierung der beiden, die Vereinigung zwischen beiden. *Zwischen* zweien besteht keine Differenz mehr, sondern Identität. In dieser

Vereinigung gibt es keine Distanz mehr zwischen dem Wunsch (der Erwartung der vollständigen Gegenwärtigkeit, die kommen und ihn ausfüllen, ihn erfüllen sollte) und der Erfüllung der Gegenwärtigkeit, zwischen der Distanz und der Nicht-Distanz, keine Differenz des Wunsches zur Befriedigung.«

Da wird man an die zarte Membran der kühlenden Kamelien-Blütenblätter erinnert, die Malte Laurids Brigge sich auf die Augen legt, zwischen Blick und Angeblicktes, das in seinem Fieber heiß gegen das betrachtende Auge andrängt. Die Kamelienblüten stammen von der Mutter, Insignien einer Liebe, die erst aus dem Auge ein Organ der Weltorientierung in einer Welt zunächst unbegreiflicher, unsagbarer Ereignisse macht (Gerhard Neumann). Aber Derrida zitiert Mallarmé: »*Hymen ...*, *todbringend, aber geheiligt, zwischen dem Wunsch und der Vollendung, dem Verüben und seiner Erinnerung: hier vorausgehend, da wiedererinnernd, in die Zukunft, in die Vergangenheit, unter einem falschen Schein von Gegenwart.*«

Dazwischen II. Bei Rilke gibt es das vielleicht schönste Bild für diesen Schutz vor einem frieren machenden Außen. Malte sagt einmal: »Die Kälte drang immer dichter an uns heran, und schließlich sagte Maman, wenn die kleinen, ganz feinen Klöppelspitzen kamen: ›Oh, jetzt bekommen wir Eisblumen an den Augen‹, und so war es auch, denn es war innen sehr warm in uns.« So warm, dass noch das Bild der Eisblumen an den Augen, noch nicht innen, nicht mehr außen, wärmte.

Dazwischen III. In die Eisblumen an den Fenstern der *vis-à-vis* gelegenen Dachluken schmelzen die beiden Nachbarskinder Kay und Gerda in Hans Christian Andersens Märchen *Die Schneekönigin*, um einander sehen zu können, runde Gucklöcher – mit einem Kupferdreier, den sie auf den heißen Ofen gelegt hatten. Durch so ein kleines Loch aber blickt die Schneekönigin Kay an – und ist vielleicht einer der hundert Millionen Splitter, in die ihr Zauberspiegel zerborsten war, ins Auge des Jungen geflogen, und einer mitten ins Herz. »Das wird nun bald wie ein Eisklumpen werden. Nun tat es nicht mehr wehe, aber es war da.« (Bei Mallarmé heißt es, wie Derrida zitiert: »Derart operiert der Mime, dessen Spiel auf eine fortwährende Anspielung sich beschränkt, ohne den Spiegel/das Eis zu (zer)brechen.«)

Phantomschmerz. Trennung von einer heftigen Liebe in einer kleinen Stadt. Barthes: »Und noch lange, nachdem die Liebesbeziehung sich abgekühlt hat, halte ich an der Gewohnheit fest, das einst geliebte Wesen zu halluzinieren: manchmal bange ich noch bei einem verspäteten Telefonanruf, und bei jedem Zufallsanrufer glaube ich die Stimme zu erkennen, die ich liebte: ich bin ein Kriegsversehrter, der auch weiterhin in seinem amputierten Bein Schmerzen verspürt.« Scottie Ferguson (James Stewart), der in »Vertigo« überall Madeleine (Kim Novak) zu sehen glaubt. Am Anfang aber geht es so, in dieser kleinen Stadt: Du hoffst *und fürchtest*, sie zu treffen. Der Tag ist nicht geheilt, bevor Du sie nicht wenigstens gesehen hast. Du siehst sie – und der Tag ist zerstört. Aus dieser Stadt bin ich weggezogen.

Allmähliche Verstrickung. Der Vorleser aus Bernhard Schlinks Roman hat Hanna, seine seltsame Liebe, verleugnet. »Ich habe mich nicht zu ihr bekannt. Ich weiß, das Verleugnen ist eine unscheinbare Variante des Verrats.« Das ist wahr, aber sie ist so unscheinbar nur anfangs, da es noch anders ginge: da der Vorleser den Freunden noch von Hanna hätte erzählen können. Da aber schienen unscheinbare Gründe zu genügen, es lieber zu lassen: »Zunächst sagte ich mir, die Vertrautheit zu den Freunden sei noch nicht groß genug, um von Hanna zu erzählen. Dann fand ich nicht die richtige Gelegenheit, die richtige Stunde, das richtige Wort. Schließlich war es zu spät, von Hanna zu erzählen, sie mit den anderen jugendlichen Geheimnissen zu präsentieren. Ich sagte mir, so spät von ihr zu erzählen, müsse den falschen Eindruck erwecken, ich hätte Hanna so lange verschwiegen, weil unsere Beziehung nicht recht sei und ich ein schlechtes Gewissen hätte.« (S. 72 f) Nun ging es nicht mehr. Dass wir uns in Lügen *verstricken*, folgt diesem Muster. So nichtig unsere Gründe am Anfang sein mögen, am Ende können wir nicht mehr aufhören, weil wir einmal damit angefangen haben. Das verdient unser Erbarmen – Erbarmen mit uns selbst.

Happy End? »Kann etwas wie die Liebe,« fragt Javier Marías in seinem Nachwort zu »Der Gefühlsmensch«, »die immer dringend und unaufschiebbar ist, die Gegenwart und Erfüllung oder unmittelbare Zerstörung erfordert, angekündigt werden, oder wirklich erinnert werden, wenn sie nicht mehr existiert? Oder verhält es sich so, dass die Ankündigung selbst und die bloße Erinnerung *bereits* beziehungsweise *immer noch* einen Teil dieser Liebe bilden?« Seine Antwort, »dass die Liebe weitgehend auf ihrer Vorwegnahme und auf ihrer Erinnerung gründet«, ist kaum weit von Roland Barthes entfernt: »Sie harrt immer ihrer Erfüllung, sie ist das Reich dessen, was sein kann. Oder aber dessen, was hätte sein können.« Am tiefsten sind wir in die Liebe verstrickt, »wenn wir sie noch nicht besitzen oder sie bereits verloren haben.«

Liebe sei, sagt Marías, »ein Gefühl, das *zusätzlich* zu dem, was die Wirklichkeit ihm verschafft, immer ein Quantum an Fiktion benötigt«, eine imaginäre Dimension. Es gibt aber keine Erfahrung der Wirklichkeit, die nicht ein Quantum an Fiktion benötigte, und schon gar kein Gefühl. Es ist eine *spezifische* Imagination, derer die Liebe bedarf, oder vielleicht: aus der die Liebe besteht. Das ist die sehnsüchtige Imagination eines »Endlich«, eines »Auf ewig mein«, die von Unwirklichkeit bedrohte Imagination des auf Dauer gestellten rechten Augenblicks: noch nie – jetzt *endlich*.

Endlich mein. Welch heimtückische Doppelbedeutung enthält »*Endlich* mein«!

Sommerliebe. Maarten 't Hart erzählt in »Das Wüten der ganzen Welt« die Geschichte einer Liebe, so zart, so klamm, dass es kaum zu einem trockenen, geschweige denn zu einem nassen Kuss kam. »Wenn ich an die merkwürdige Sommeridylle zurückdenke,« sagt Alex Goudveyl, »scheint es mir, als wäre diese unvollendete Liebe, wie brav sie auch immer gewesen sein mochte, vollkommen gewesen.« Vielleicht, *weil* sie so unvollendet geblieben ist. »Von mir aus hätte es immer so bleiben dürfen, so unfertig, so ›noch nicht‹, aber ...«. Was indes bleibt, ist dieses Aber: *aber* die Verlockung der Vollendung.

Gestern I. »*Yesterday* love was such an easy game to play.« (Hervorh. G. O.)

Herzschmerz. »Es donnert, *heult, brüllt*, zischt, pfeift, braust, saust, summet, brummet, rumpelt, *quäkt, ächzt, singt*, rappelt, prasselt, knallt, rasselt, knistert, klappert, *knurret*, poltert, *winselt, wimmert*, rauscht, *murmelt*, kracht, gluckset, *röchelt*, klingelt, *bläset, schnarcht*, klatscht, *lispeln, keuchen*, es kocht, schreien, weinen, schluchzen, krächzen, stottern, lallen, girren, hauchen, klirren, blöken, wiehern, schnarren, scharen. Diese Wörter und noch andere,« notiert Lichtenberg in den *Sudelbücher*, »welche Töne ausdrücken, sind nicht bloße Zeichen, sondern eine Art von Bilderschrift für das Ohr.« In der Liebe ist ein noch anderes Wort für einen Ton: Raunen, rau vor Verheißung. Und eine Bilderschrift für das Ohr ist das Wort Schmerz. Darin tönt, wie das Herz zerreißt.

Verheißung. Dieses verheißungsvolle Raunen, das alles aus dem Noch Nicht der Erfüllung erzeugt: *creatio ex nondum.*

Erfüllung. Entleerung der Verheißung.

Blanc. Das *blanc*, das seit Flaubert als Aussparung des Übergangs vom Nichtbesitz zum Besitz, der Zwischenzeit vom Zögern *ante actum* zu einem Zustand *post actum* gesetzt wird, markiert bei Proust den schmalen Grat zwischen dem Noch Nicht und dem Nicht Mehr und die Unmöglichkeit und Paradoxie solcher Liebe – ebenso sehr, wie es *nolens volens* das Scheitern der literarischen Versuche tut, die Lücke zwischen diesem Noch Nicht und Nicht Mehr zu füllen (Jauß, Waldenfels). Alles drängt auf eine Entscheidung hin, aber ein Bruch zwischen Vorher und Nachher scheint wie von außen kommend den Akt des eigenen Willens zu ersetzen. Auf der Suche nach der verlorenen Zeit werden wir unserer Gegenwart habhaft nurmehr in Gestalt eines Mosaiks von Erinnerungsbildern, die sich auf ephemere, heterogene, diskontinuierliche *états successifs* beziehen. In der Erzählung »Der Gefühlsmensch« erstreckt sich dieses *blanc* auf die ganze Frauengestalt, von der Marías in seinem Nachwort, mit großer Klarsicht, sagt, dass sie »nur verschwommen gezeigt wird. Nur ein einziges Mal, zu Beginn, im Schlaf, sieht man sie deutlich ... Das mag überraschend sein, da es sich zugleich um eine zentrale Gestalt handelt. Aber vielleicht gehört sie zu jener langen Reihe fiktiver Frauengestalten (wie Penelope, wie Desdemona, wie Dulcinea und so viele andere, weniger erhabene), die da sind, aber nicht existieren: Sie sind gewiss die gefährlichsten für all diejenigen, die mit ihnen in Berührung kommen, und der Erzähler des Romans scheint dies wohl zu wissen: ›Ich weiß nur zu gut‹, sagt er, ›dass es keine wirksamere und dauerhafte Unterwerfung gibt als jene, die auf einer Vorspiegelung oder, mehr noch, auf etwas beruht, was nie existiert hat.‹ Man kann sich fragen, ob dieser Erzähler auch sagen wollte: ›auf etwas, was sich nicht erfüllt hat‹«. Das *blanc* ist Fläche der Projektion nicht nur für den Leser, sondern für die Liebenden selbst.

Die Marquise von O.... Bei Kleist steht ein unscheinbarer Gedankenstrich für jenes *blanc*. Der Graf F. hatte die Marquise von O... vor lüsternen Soldaten gerettet, sie in einen sicheren Flügel des Palastes geführt, wo sie bewusstlos niedersank, und sich dann selbst hinreißen lassen: »Hier – traf er, da bald darauf ihre erschrockenen Frauen erschienen, Anstalten, einen Arzt zu rufen ...«. Hier – ist das Unaussprechliche geschehen. Die Marquise aber verstrickt den Grafen zum *happy end* in diese – unausgesprochene, unaussprechliche – Paradoxie: Gewinnen kannst Du mich nicht, solange Du noch danach strebst, sondern erst, wenn Du alle Hoffnung hast fahren lassen. Du hast mich genommen, als ich noch nicht Dein war. Nun, da ich unfreiwillig Dein geworden bin, darfst Du mich nicht mehr haben und werde ich mich Dir nicht geben. Beteuerungen genügen nicht. Deine einzige Chance liegt in dem Beweis, tatsächlich auf jede Chance verzichtet zu haben. Die unerhörte Tat erheischt als Liebesbeweis die unerhörte Entsagung. Nur sie kann erhört werden.

Entdeckung der Einsamkeit. Die Gefahr ist nicht gering, das beständige Murmeln der Anderen zu überhören, weil es beständig ertönt, und erst sein Verstummen zu hören, zumal in der Liebe. Zarathustra: »Nacht ist es: nun erwachen alle Lieder der Liebenden.«

Ein Schwur zu viel. Der Schuhu und die fliegende Prinzessin aus Peter Hacks' Märchen, deren Liebe so groß war, dass sie eine volle Woche lang heirateten, redeten eines Tages die folgenden Worte miteinander:

Prinzessin: Ich schwöre, dass ich nur dich liebe.

Schuhu: Was sprichst du da?

Prinzessin: Ich schwöre, dass mein ganzes Fühlen dir gehört.

Schuhu: Lass das gut sein.

Prinzessin: Wahrhaftig, ich will graue Haare und scharfe Falten bekommen, wenn ich je meine Treue zu dir vergäße.

Schuhu: Ach Frau, das war ein Schwur zu viel.

Ein Funken, der noch glimmte. Da weinte die Prinzessin.

Die Tränen rollten ihr die Backe hinab und in des Schuhus Federn.

In dem Augenblick fiel der Docht der Kerze, die in einem zinnernen Leuchter brannte, um und ersoff in dem flüssigen Wachs. Alles war dunkel. Aber weil noch ein Funken Wärme in ihm glimmte, entzündete sich der Docht und begann aufs neue zu brennen, ohne dass ihn jemand angesteckt hatte.

»Was bedeutet das?« fragte die Prinzessin.

»Das bedeutet«, sagte der Schuhu, »dass du mich nicht mehr liebst, aber eines Tages wieder lieben wirst.« Er stieg aus dem Bett, flog durchs Fenster und verschwand in dem mondlosen Himmel.

Die fliegende Prinzessin hat dann den fiesen Starost geheiratet, mit dem sie den lieben Tag lang frühstückte, so hatten sie immer was zu tun. Der Starost aber hat ihr zu fliegen verboten, und als die Prinzessin daraufhin sagte: »Mein lieber Mann, ich bin die fliegende Prinzessin«, legte er ihr eine Kette ans Bein und schmiedete sie an einen riesenhaften Edamer Käse. Da füllte sich ihr Herz mit Reue, und sie mochte nicht mehr mit dem Starost frühstücken. Der Schuhu kam geflogen, sie zu retten, und nahm sie mit, »und wenn sie sich nicht den Hals gebrochen haben, lebten sie, bis sie starben.«

Fazit. »Heiraten Sie nie einen Mann, von dem Sie nicht gerne geschieden wären.« (Nora Ephron)

V. Zeit, Leben & Tod

»Ich habe alles verloren, vertan, versäumt ...«

»Immer wieder kommt ein Frühling, und noch ein Frühling, und noch ein Frühling, und noch ein Frühling, und noch ein Sommer und noch ein Herbst.«

»... und weil mir die Zeit immer so spurlos auch spurenlos wegläuft, möchte ich sie manchmal *auf der Zunge zergehen lassen* : ... (ich) bleibe in meinem Lehnsessel am Fenster und lasse die Sekunden, eine nach der anderen, ganz leibhaftig *vorbeidefilieren* ...«

Friederike Mayröcker

Noch. »*Noch* ist ein Umstandswort der Zeit«. (Arturo Pérez-Reverte)

Paradoxie des Anfangs. Ein Anfang lässt sich erst denken, wenn ihm etwas folgt; »... the original state is not originally the original state but only becomes this *after* a primary distinction has been made.« (Philip G. Herbst) Ganz am Anfang ist er sozusagen *noch* kein Anfang.

Das Sein und das Nichts. Am Anfang war nicht Nichts, lehrt Spencer Brown (denn Nichts setze eine erste Distinktion, nämlich zwischen Nichts und Etwas, bereits voraus), sondern ein ununterschiedener und ununterscheidbarer leerer Raum. Wieso ununterscheidbar? Wieso leer? Wieso Raum? Gab es »am Anfang« schon Unterscheidungen? Leere (die es doch nur geben kann wenn es Fülle gibt)? Und erst die alte Frage: Was war davor? Was am Anfang war, flieht den Zugriff unseres Denkens wie ein zurückweichender Horizont.

Fußballfachbücher. Peter Neururer, unter den Fußballtrainern der Meister des nicht immer fein geklöppelten Spruchs, erklärte einst: »Ich habe früher auch die großen Philosophen gelesen. Doch dann habe ich gemerkt, dass die von meinem normalen Denken absolut abweichen. Jetzt lese ich nur noch Fußballfachbücher.« (Süddeutsche Zeitung Nr. 261 vom 13.10.2006, S. 28)

Alles fließt I. »*Panta rhei kai ouden menei*« heißt es. Alles fließt und nichts bleibt. Und wir steigen nicht zwei Mal in denselben Fluss? Das hat Heraklit *nicht* gesagt, sondern: »In dieselben Flüsse *steigen wir und steigen wir nicht.*« (Hervorh. G. O.)

Gefahren der Idee vom Fluss der Dinge. »Die Anhänger der Entwicklung haben oft eine zu geringe Meinung vom Bestehenden. Der Gedanke, dass es vergeht, macht es ihnen unwichtig. Sie sehen alle Zeitabschnitte als Phasen an und verkürzen in Gedanken deren Dauer. Darüber, dass sie sich bewegen, vergessen sie, dass sie sind. Sie wissen, dass jetzt der Anstreicher herrscht, aber da sie sagen ›er herrscht noch‹, scheint sein Herrschen ihnen weniger schlimm, ›schon‹ mit einem Todeskeim behaftet. Das Vorübergehende scheint ihnen weniger schlimm, da es doch vorübergeht, aber auch Vorübergehendes kann töten. Und was vergeht schon, ohne dass es zum Vergehen gezwungen wird?« (Brecht, *Me-ti*, S. 525 f) Alles fließt, aber nur, weil etwas bleibt.

Never In The Same River. Das war der Titel einer Ausstellung im *Camden Arts Centre* 2010/2011 in London, kuratiert von Simon Starling. Er hat einzelne Werke früherer Ausstellungen in Camden ausgewählt und jedes an genau derselben Stelle platziert, an der es ursprünglich gezeigt wurde, darunter *The Loop (Tijuana-San Diego)* von Francis Alÿs (siehe auch »Sisyphos in Tijuana«, S. 211), *Displacement I (Hiroshima)* von Andrea Fisher und *Untitled (2009)* von Katja Strunz, für das die Schraube, mit der es befestigt war, in genau dieselbe Stelle in die Wand gedreht wurde wie bei ihrer Retrospektive 2010. Nun hing Francis Bacons *Figure Study II*, das 1970 schon einmal in der Galerie gezeigt worden war, neben den Hiroshima-Fotos mit namenlosen Japanern von Andrea Fisher. Bacons Werk entstand 1945, im Jahr Hiroshimas.

Sisyphos, glücklich (Roman Opalka). Seit 1965 hat der Konzeptkünstler Roman Opalka auf Leinwände von 196 mal 135 Zentimetern nichts als Zahlen gemalt, beginnend mit der Zahl 1, in Titanweiß, winzig, mit kleinsten Pinseln, auf dunklem Grund: Serie »1965/1-∞«. Jeden Tag ein neues Bild. Seit 1972 hat er das Dunkelgrau allmählich mit jeweils einem Prozent mehr Weiß aufgehellt, »bis eines Tages«, das war die Absicht, »die optische Wahrnehmbarkeit der Zahl ausgelöscht sein wird.« Monotonie? »Die Farbe«, schreibt Catrin Lorch in der Süddeutschen Zeitung (Nr. 183 vom 10.8.2011, S. 12), »die zarten, nur fünf Millimeter großen Ziffern, ziehen wie Regen über die Leinwand oder wie Wolken; in ihnen zeichnet sich die Gewissheit ab, dass die Zeit weitergeht und dass sie Spuren hinterlässt.« Opalka habe sich als glücklicher Sisyphos gesehen. »Es heißt, die letzte Ziffer, die er vor seinem Tod auf die Leinwand setzte, sei eine 8 gewesen. ... Als habe sich das Unendlichkeitszeichen aufgerichtet, zum Schluss.«

Alles fließt (II). Ähnlich irritierend wie eine fliehende Stirn habe ich als Kind einen laufenden Wasserhahn gefunden. Vor so einem sitzt, in der Videoinstallation »Vertical Attempt« von Mircea Cantor, ein kleiner Junge und zerschneidet – schnipp! – den Wasserstrom. Das Video dauert nur eine Sekunde. Der Schnitt mit der Schere durch das Wasser fällt mit dem Filmschnitt zusammen, der das Video beendet. So sind wir als Kinder mit der Hand quer durch einen Wasserstrahl oder mit dem ausgestreckten Zeigefinger durch eine Flamme gefahren. Das Video läuft, jeweils nach kurzer Pause, in Endlosschleife immer wieder. Immer wieder neu.

Alles fließt (III). Die Diaprojektion »It Can Change …« von Robert Barry zeigt, in einer Auswahl seiner *Word Lists*, nacheinander, kurz aufscheinend, diese Sätze:
IT CAN CHANGE / IT HAS VARIETY / IT DOESN'T HAVE A SPECIFIC TIME / IT IS NOT IN ANY SPECIFIC PLACE / SOME OF IT IS FAMILIAR / SOME OF IT IS STRANGE / SOME OF IT IS UNKNOWN / SOME OF IT CAN NEVER BE KNOWN / SOME OF IT COULD BE KNOWN; BUT NEVER WILL BE / THERE IS ALWAYS MORE OF IT BEING REVEALED / DESCRIPTIONS OF IT ARE INCOMPLETE / SOME OF IT CANNOT BE DESCRIBED / SOME OF IT IS COMMON KNOWLEDGE / ITS ORIGIN IS INDETERMINATE / IT CAN COMPLETELY CHANGE IN AN INSTANT / IT IS OPEN TO NEW POSSIBILITIES / IT CAN CEASE TO EXIST AT ANY TIME / SOME OF IT NO LONGER EXISTS / SOME OF IT EXISTED BEFORE ANYONE KNEW OF IT / ANY PART MAY CEASE TO EXIST AT ANY TIME AND NEVER RETURN.

Some of it no longer exists.

Im Fadenkreuz. Die US-amerikanische Medienkünstlerin Lynn Hershman-Leeson hat ein schussfertig aussehendes Gewehr M 16, *die* Waffe der US-Soldaten in Korea, Vietnam und im Golfkrieg, auf einem Stativ aufgebaut. Wer durch ein Zielfernrohr ein Objekt anvisiert, sieht plötzlich seinen eigenen Kopf im Fadenkreuz, gesendet von einer seitlich angebrachten Kamera. Der Betrachter: eben noch nicht zum Schuss gekommen, möchte es nun lieber nicht mehr.

Das Gleiten der Zukunft⃰. »Die Zukunft hat schon begonnen.« Sagte Robert Jungk. »Die Zukunft hat schon aufgehört.« Sagte Jürg Laederach. »Die Zukunft kann nicht beginnen.« Sagte Niklas Luhmann.

⃰ Entnommen aus einem Text in der *Revue für postheroisches Management*, Heft 9/2012, S. 29. Literaturhinweise dort.

Luhmanns Diktum soll ja wohl heißen: Die Zukunft befindet sich *dauerhaft* in einem Zustand des Noch-nicht. *Immerzu* ist sie »noch nicht« und, schlimmer noch, unentwegt, von Sekunde zu Sekunde, ändert sie sich, ist sie nicht mehr das, was sie eben noch war. Wenn wir ihr hinterherjagen, ähneln wir denen, die den Schatz am Ende des Regenbogens hinterm Horizont finden wollen, und von Ferne *Alice hinter den Spiegeln,* der die Rote Königin einschärft: »... it takes all the running *you* can do to keep in the same place.« Die Zukunft, auf die wir uns einstellen, weicht unaufhörlich zurück.

Der Red-Queen-Effekt hat es in der Evolutionsbiologie zu einiger Prominenz gebracht – wenn die schnelleren Gazellen überleben, müssen die Löwen noch schneller werden, aber dann überleben nur die noch-noch schnelleren Gazellen. Wir sollten daher (1.) an einen Red-Queen-Effekt der Zukunfts*fähigkeit* und (2.) an einen Hase-und-Igel-Effekt der Zukunft selbst denken – ernstlich zur Kenntnis nehmen, dass das Märchen vom Hasen und Igel eine mächtige Metapher für die Zukunft ist, nur dass die Zukunft noch schneller ist als der Buxtehuder Igel. Der war »immer schon da«, die Zukunft ist »immer schon weg«, immer schon weiter. Die Zukunft hat eine Noch nicht/Nicht mehr-Struktur. Erst ist sie »noch nicht«, dann – schon im nächsten Augenblick! – nicht mehr die, die sie eben noch war.

Noch nicht. Aber dann. Gewaltig ist der Unterschied zwischen »nicht« und »noch nicht«, und gewaltig die Bedeutung dieses kleinen »noch« im »noch nicht«. »In Afrika«, sagt Gary Parker, der als Arzt auf der *African Mercy,* einem schwimmenden Krankenhaus, unentgeltlich arbeitet, »ist die Zeit nicht linear wie bei uns im Westen, sie ist eine Art Wolke. Aber man kann das Leiden von Menschen nicht überwinden, wenn man keine lineare Vorstellung von der Zeit hat.« (SZ-Magazin Nr. 49 vom 6.12.2013, S. 76) Eben noch war Paul, 28, blind, mit 9 Monaten erblindet, grauer Star. Nach kaum mehr als einer Operation von 15 Minuten und einer Nacht kommt der Verband vom Auge, und Paul kann sehen. Und weint vor Glück. Ein Noch Nicht, begleitet von Sehnsucht, gefolgt, dieses Mal, von einem überwältigenden »Aber jetzt!«.

As time goes by I. Die Zeit rast nicht. Das ist eine optische Täuschung. Von Kant, der Quantentheorie und der Gehirnforschung ganz zu schweigen: Selbst die phänomenologische, die Zeit, wie wir sie erleben (siehe auch, »Retention und Protention«, S. 119 f), rast so wenig wie die Landschaft, die im Zugfenster »an uns vorbeizieht« und »verschwindet«. Es ist nicht die Zeit, die rast, sondern die Eskalation von Kontingenz im Laufe der Zeit. Es gibt immer mehr Möglichkeiten und Nötigungen, Termine und *deadlines,* »alle diese Pünktlichkeiten« (Christian Enzensberger, *Nicht Eins und Doch,* S. 187) – alle diese Gelegenheiten, den rechten

Augenblick zu versäumen. Kontingenzeskalation aber bedeutet auch den Tod für immer mehr dieser Möglichkeiten, und es macht uns nervös, dass *sie* unter der Hand, unter unseren Füßen abfließen in das unsichtbare Loch zwischen Noch Nicht und Nicht Mehr. *Das* ist, genau besehen, Michel Leiris' Rieseln der Zeit. Es rieseln lauter Möglichkeitssandkörner.

> Wenn ich für Augenblicke irgendwo
> still stehe, bin ich
> immer noch
> zu schnell.
>
> *Kurt Aebli: Tropfen*

As time goes by II. Jean-Luc Nancy kritisiert die kantsche Zeit, »in der ›alles vorübergeht, ausgenommen die Zeit selbst‹«, als »eine Zeit, in der nichts statthat«. »Kein Übergang, keine Ankunft, keine Geburt und kein Tod, kein Auftauchen, ... keine Anziehung oder Aufreizung eines neuen Subjekts...«. Aber gerade weil die Zeit selbst nicht vergeht, kann all das statthaben.

Immer-und-immer-noch-nicht-nicht-mehr. Ist die Hatz nun das Signum der Moderne? Vorsicht: »Die Gegenwart ist niemals unser Ziel. Die Vergangenheit und die Gegenwart sind unsere Mittel; allein die Zukunft ist unser Ziel. Deshalb leben wir nie, sondern hoffen auf das Leben, und da wir uns ständig bereit halten, glücklich zu werden, ist es unausbleiblich, dass wir es niemals sind.«

Das hat Pascal um 1660 geschrieben. Und schon mehr als 16 Jahrhunderte zuvor hat Seneca beklagt, dass manche Leute das *carpe diem* als Minuten-Management betreiben: »Um besser leben zu können, richten sie ihr Leben auf Kosten ihres Lebens ein.« Von Epikur zu schweigen.

Vita brevis. Das Leben ist kurz. Die Zeit ist knapp. Wir müssen uns sputen. Die Schere zwischen Welt- und Lebenszeit geht auf. Diese Lehre Hans Blumenbergs und Odo Marquards *macht,* dass wir denken: Das Leben ist kurz. Die Zeit ist knapp. Wir müssen uns sputen.

Blinder Fleck. »Was ist die Zeit? Wenn mich niemand danach fragt, weiß ich es; wenn ich's erklären soll, weiß ich es nicht.« Nicht mehr.

Eine Migräne pflegt sich mir durch kleine schwarze Flecken vor den Augen anzukündigen, die sich stets genau vor jenen Punkt in meinem Sehfeld schieben, den ich zu fixieren versuche. »Skotum« heißt dieser Gesichtsfelddefekt (Ramachandran/Blakeslee). In diesem Zustand kann ich nichts scharf ins Auge fassen. Solange ich es nur aus den Augenwinkeln betrachte, verstellen mir die schwarzen Flecken den Blick nicht, aber ich sehe nicht scharf. Sobald ich scharf hinsehe, verdunkeln die Flecken den Blick. So, stelle ich mir vor, ist es Augustinus mit der Zeit ergangen.

Zeitpunkt. Man kann so scharf über die Zeit, die Gegenwart und das ach so ephemere Ereignis nachdenken, das die beiden Letzteren zu Punkten schrumpfen, die sich schließlich unter dem fixierenden Blick ganz auflösen – so, wie ein Stern, den man scharf und schärfer anstarrt. Niklas Luhmann, darin Descartes nicht fern, hat so gedacht. »Die Welt verliert dadurch«, sagt er, »Züge vertrauenswürdiger Anwesenheit und gewinnt ... Aspekte des ›noch nicht‹ und des ›vielleicht nicht mehr‹.« Dadurch?

Potz Blitz! Ephemer, und nur zu verfehlen, sei, heißt es, das Ereignis. Umgekehrt proportional dazu: die einschlägige Literatur. »Einschlägig« heißt im Falle dieser Literatur nicht immer, dass sie einschlägt wie ein Blitz.

Deadline. Die Vordringlichkeit des Befristeten macht, dass die Zeit nie aufhört, knapp zu sein, und dass wir zum Wichtigsten erst noch nicht, dann aber nicht mehr kommen. Da hat Luhmann ganz recht. Nicht die Punktualisierung der Gegenwart indes, sondern die Interpunktion der Zeit – ihre Stückelung, Befristung, Terminierung – macht, dass *uns* die Zeit knapp wird.

Ruinen. Ruinen faszinieren, so scheint es, als *Gegenstück* zum Noch nicht/Nicht mehr: nicht mehr Parthenon, nicht mehr Colosseum, noch nicht nichts. Noch nicht nichts, aber auch nie mehr wiederbringlich. Noch aber sind sie nicht ganz nicht-mehr. Noch nicht, aber bald. Das Ziehen in der Brust, das ihr Anblick auslöst, Kleist hätte gesagt: ein Anspruch, den das Herz macht, ein Sehnen, gilt nicht einem Heilen, Neuen, Makellosen, vom Zahn der Zeit nicht Angenagten. Es ist ein Ziehen *zwischen* Lebenslust und Todessehnsucht. »Die Ruine schafft die gegenwärtige Form vergangenen Lebens«, sagt Georg Simmel. Das ist entschieden zu wenig. Die tote Mücke an der Wand lässt mich kalt. Der Reiz der Ruine läge indes darin, fügt Simmel hinzu, dass »hier ein Menschenwerk ganz wie ein Naturprodukt empfunden wird« – beide verwittern. Wieso faszinieren dann Mülldeponien nicht (oder ganz anders als Ruinen)? Und warum faszinieren nicht alle einschlägig beeinträchtigten Naturprodukte? »Leicht«, dichtete Christian Enzensberger (*Eins nach dem andern*, S. 6), »fault die Kartoffel, leicht schrumpft die Kartoffel, wenig liebenswert ist die Kartoffel, eine versäumte Gelegenheit.« Der *thrill* der Ruine ist Angstlust, vielleicht mit Lust vermischtes Grausen à la Nietzsche. Verschrumpelte Kartoffeln erregen so viel Lust nicht. Das Grausen gilt dem Nicht Mehr einer Form, die doch für eine Ewigkeit bestimmt schien und nun aber verfällt, *memento* der Hinfälligkeit des Betrachters. Es gilt zuletzt dem Nicht Mehr eines Hochundheiligen, *seinem Ruin*, dem drohenden Nimmermehr eines Unwiederbringlichen. Die Lust dem Noch Nicht seines Verlusts, und zugleich der lockenden Süße des Todes. »Die Zerstörung«, sagt Benjamin vom Heidelberger Schloss, »bekräftigt durch das vergängliche Schauspiel, das sie am Himmel eröffnet, die Ewigkeit dieser Trümmer.«

Im Wehen der Luft, im Ziehen der Wolken (Am Meer). Ein ähnliches Ziehen stellt sich auch am Meer ein. Wie kann das sein? Was hat die See mit der Ruine gemein? Kleist:

»Herrlich ist es, in einer unendlichen Einsamkeit am Meeresufer, unter trübem Himmel, auf eine unbegrenzte Wasserwüste, hinauszuschauen. Dazu gehört gleichwohl, dass man dahin gegangen sei, dass man zurück muß, dass man hinüber möchte, dass man es nicht kann, dass man alles zum Leben vermißt, und die Stimme des Lebens dennoch im Rauschen der Flut, im Wehen der Luft, im Ziehen der Wolken, dem einsamen Geschrei der Vögel, vernimmt. Dazu gehört ein Anspruch, den das Herz macht, und ein Abbruch, um mich so auszudrücken, den einem die Natur tut.« (Kleist, *Empfindungen vor Friedrichs Seelandschaft*)

Ein Anspruch, ein Vermissen, ein Sehnen, gefolgt von einem Abbruch, einem Weh. Einer Wehmut, in der aber doch die Stimme des Lebens tönt, das Rauschen der Flut. »Abbruch und Aufbau« war der Titel der Architekturfilmtage 2013 in München, die verfallende Häuser zum Thema hatten, leere Fabriken, ins Nichts führende Brücken, nicht fertiggestellte Gebäude und die Ruinenarchitektur Eduard de Mouras.

Ruinenporno? Beutet die moderne Fotografie jene Angstlust pornographisch aus? »Ruinenporno« hat Noreen Malone in *The New Republic* Yves Marchands und Romain Meffres Fotoband *The Ruins of Detroit* genannt. *Ruin porn* gibt es gewiss. Je nach Kontext kann man die Kritik an Ruinenfotos aber auch als Geste der Abwehr gegen das Motiv lesen, Ruinen als Metapher für den Ruin der USA zu nehmen. Immerhin fällt auf, dass Ruinen, nicht nur in Detroit, »erschreckend nah an unsere Gegenwart herangerückt« sind, wie Laura Weissmüller (in der *Süddeutschen Zeitung* Nr. 40 vom 18.2.2011, S. 13) schreibt. Sie seien »Fastnoch-Gegenwart«.

Stilles Wasser. Dieses Boot im Seitenarm der Ems, halb vermodert, halb versunken, bald aufgelöst in Morast, und mir stockt der Atem.

Stehender Pfeil I. Die Flugzeuge, die am 11. September 2001 in das World Trade Center schnitten, in Bildern wiederholt, wieder und wieder.

77

Der Schnitt am Hals der heiligen Cäcilie. Seit über eintausenddreihundert Jahren liegt in der Basilika Santa Cecilia in Trastevere, mit durchtrenntem Hals, den Kopf daher in unmöglicher Haltung vom Betrachter weggedreht, der von Stefano Maderno in Stein nachgebildete Körper der heiligen Cäcilie, am Hals Blutstropfen, geronnen, oder vielmehr: in Marmor gehauen.

»*Fünf Minuten vor zwölf.*« Sagt man fünf Minuten nach zwölf.

En kairō, erst noch nicht, dann nicht mehr Die Kunst, den rechten Augenblick zu treffen, gilt als Herzensangelegenheit. Ich ziehe es vor zu sagen: Sie ist eine Sache der sicheren Hand angesichts beweglicher Ziele. Oder, weniger heroisch: der glücklichen Hand.

Jedoch: Es »kann sich der *kairós* schließlich ins Gegenteil verkehren: Das ›Es ist Zeit‹ kehrt sich um in ›Die Zeit ist vorüber‹«. Roland Barthes zitiert als Beispiel Thales, einen der Sieben Weisen, mit dieser Anekdote: »Gegen das Drängen auf Verheiratung von Seiten seiner Mutter soll er sich zur Wehr gesetzt haben mit den Worten: ›Noch ist es nicht Zeit dazu‹, und als sie ihn bei fortgeschrittenem Alter heftiger bestürmte, soll er entgegnet haben: ›Nun ist die Zeit dazu vorüber.‹« Virtuos.

Fenster der Möglichkeit. Wenn ein Zeitfenster klein ist, dann genügt das Fehlen einer einzigen aus einer Unzahl von Bedingungen der Möglichkeit, um den Eintritt eines Ereignisses unmöglich zu machen. Man müsste schon ein Leibniz sein, um im Zusammentreffen solcher Bedingungen statt Zufall nichts als unerkannte Notwendigkeit am Werk zu sehen.

Wie winzig waren die Zeitfenster für Nelson Mandela und Frederik de Klerk in Südafrika, Jizchak Rabin und Jassir Arafat in Oslo oder John Hume und Gerry Adams in Nordirland, die es jeweils mit einer Unzahl notwendiger Bedingungen der Möglichkeit zu tun hatten. Wie gewaltig ist die Rolle der Kontingenz der Geschichte, der Mischung aus Notwendigkeit und Zufall, und wie glücklich die Hand derer, denen es gelingt, wie Parsifal den Speer im Flug zu treffen.

Zu spät, zu früh. Wer zu spät kommt, den bestraft das Leben – wer zu früh kommt, den erst recht.* Was aber »zu spät« und was »zu früh« ist, das erfahren wir meistens zu spät.

Jetzt oder nie. »Jetzt oder nie«, dachte ich, als ich einmal zögerte. Da war es schon zu spät.

---

* »Nichts hindert einen Industriellen daran,« sagte schon Durkheim, »mit den Methoden eines anderen Jahrhunderts zu arbeiten. Er soll es aber nur tun. Sein Ruin wäre sicher.«

Höchste Zeit. »... viertel nach Küssenszeit, höchste Zeit zum Wieder-küssen.« Höchste Zeit: Noch nicht zu spät, nicht mehr *beizeiten*. (James Joyce: *Ulysses*, S.489)

Lohn der Angst: Noch nicht und noch nicht und noch nicht ist die La-dung aus Nitroglyzerin ans Ziel gebracht. Dann Yves Montand im Sie-gesrausch, der direkt in den Tod führt.

Suspense. James Stewart als L. B. (Jeff) Jefferies, das Bein in Gips, in Hitchcocks »Fenster zum Hof«. Der Mörder ist noch nicht sicher, solan-ge er die Leiche nicht des Nachts vergraben hat, und nicht mehr, seit er es getan hat. Die Möglichkeit, seine Ruhe zu finden, schafft und beerdigt er mit diesem Begräbnis, weil er, um die Leiche zu beseitigen, die Beob-achtung der Beseitigung riskiert. Das Gipsbein aber ist das fatale Requi-sit, das Jeff zu schwer erträglicher Passivität verurteilt, und das Blitzlicht sein Dolch, mit dem er den Mörder blendet.

In toter Stille tiefer Mitternacht.
> Nun ist die wahre Spükezeit der Nacht,
> Wo Grüfte gähnen, und die Hölle selbst
> Pest haucht in diese Welt.
>
> Hamlet, I/2, Z. 205 und III 2, Z. 402–404

»Die Bindung des dramatischen Geschehens an die Nacht und insbeson-dere an die Mitternacht hat ihren guten Grund«, sagt Walter Benjamin. »Es ist eine verbreitete Vorstellung, dass mit dieser Stunde die Zeit *wie die Zunge einer Waage* einstehe.« (Hervorh. G. O.) Das Schicksal ge-hört für ihn »nur uneigentlich, nämlich parasitär« einer je historischen Zeit an, es ist vielmehr »die wahre Ordnung der ewigen Wiederkunft«. Seine Manifestationen stehen daher vorzugsweise »in der Mitternacht als der *Luke der Zeit*« (Hervorh. G. O.), *zwischen* heute und morgen. Geisterstunde.

Mitternacht, systemtheoretisch. In der nüchternen Sprache systemtheo-retischer Entscheidungstheorie heißt das, was hier gähnt: die Kluft der Kontingenz. »Jede Gegenwart ist als Gegenwart ihrer eigenen Aktuali-tät sicher. Erst in dem Maße, als die Gegenwart temporalisiert, nämlich als Differenz von Zukunft und Vergangenheit begriffen wird,« sagt Ni-klas Luhmann, »entsteht ein Problem der Sicherheit des Erwartens.« Das ist das Dunkel der Erwartungsunsicherheit, und der Augenblick der Entscheidung ihre Mitternacht, dunkelster Punkt der Kontingenz. »Die Welt verliert dadurch Züge vertrauenswürdiger Anwesenheit und gewinnt Züge der Änderbarkeit, Aspekte des ›noch nicht‹ und des ›vielleicht nicht mehr‹.«

Kein Ultimatum. In Jeffrey Deavers *Schule des Schweigens* haben Lou Handy und einige Komplizen Geiseln genommen und sich mit ihnen in einem alten Schlachthaus verbarrikadiert. Arthur Potter, Experte für Geiselnahmen, sagt gleich zu Anfang: »Wir müssen die Situation entschärfen. Handy muss glauben, diese Sache durch rationales Handeln überleben zu können. Die Zeit arbeitet für uns. Wir stellen kein zeitlich begrenztes Ultimatum. Wir wollen die Sache länger hinauszögern, als jeder von uns ertragen kann. Und dann noch länger. Und dann erst recht länger.«

Potter arbeitet an der unterirdischen Produktion einer Unmöglichkeit, während Handy, *über* Tage, an der Produktion der Möglichkeiten seines Entkommens arbeitet. Potters Strategie lautet: Erzeugen wir Bedingungen, die Handys Arbeit unmerklich zu einem Beitrag zu meiner Produktion machen. »Unser Spiel heißt Verzögerung. Das zermürbt die Geiselnehmer, erzeugt Langeweile, bringt sie und die Geiseln enger zusammen.« Potter arbeitet daran, dass die Produktion der Möglichkeit der Flucht die Produktion ihrer Unmöglichkeit *impliziert*. Verzögerung heißt sein Spiel, damit die Produktion der Unmöglichkeit nicht zu spät kommt.

Handy arbeitet an der Flucht (»durch rationales Handeln«)

Potter lenkt Handys »Möglichkeitsproduktion« auf die Mühlen der eigenen »Unmöglichkeitsproduktion«

Verzögerung, Zermürbung, Langeweile, Stockholm-Syndrom

Das alte Schlachthaus hat keinen Strom. Geben wir ihnen *nur eine* Lampe, damit sich alle im selben Raum aufhalten müssen. Das fördert das Stockholm-Syndrom: Geisel und Geiselnehmer beginnen einander zu mögen. Die Lampe, die Handy für seine Möglichkeitsproduktion braucht, benutzt Potter für sein unterminierendes Werk.

»Kein Ultimatum« aber heißt es, damit die Zeit *unmerklich* verrinnt. Das Wasser der Zeit darf keine Balken haben. Das Noch Nicht und Noch Nicht und Noch Nicht der Flucht muss ein *Noch* Nicht bleiben. Würde es zum Nicht, zum Nie, wäre ein Blutbad wahrscheinlich. Es muss solange ein Noch Nicht bleiben, bis es sanft, für Lou Handy unmerklich, zum Nicht Mehr geworden ist. *Diesem* Unglücklichen schlägt keine Stunde.

Salami-Taktik. Die Salami-Taktik ist eine praktische Nutzanwendung des Haufen-Paradox. Für einen Haufen Sandkörner gilt, dass er immer noch ein Haufen bleibt, wenn man ein Sandkorn wegnimmt. Dann also hat man wieder einen Sandhaufen, von dem wiederum gilt, dass er immer noch ein Haufen bleibt, wenn man ein zweites Sandkorn wegnimmt – und so weiter, bis schließlich nur noch ein Sandkorn übrigbleibt, und das ist gewiss kein Haufen. Am Anfang ist der Haufen noch nicht bedroht, aber irgendwann ist er nicht mehr da.

Am Anfang hat Lou Handy einen Haufen Zeit. In M.C. Eschers *Metamorphosen* folgt der Formwandel einer Salami-Taktik.

Das Schiff des Theseus. Aus dem Schiff des Theseus wurden, wie Plutarch berichtet, nach und nach alte Planken entfernt und durch neue ersetzt. Ob – und bis wann – es noch dasselbe ist, darüber streiten die Philosophen seither. Sophisterei? Man denke an Atomkraftwerke mit von Zeit zu Zeit erneuerten Komponenten, an partielle Plagiate von Texten oder Musikstücken oder an erneuerte Patente für leicht veränderte Pharma-Produkte (s. auch, *Immergrüne Patente, S.* 188). Gilt noch die alte Genehmigung, das Copyright, das alte Patent?

Simon Starling hat mit *Shedboatshed* (Turner-Preis 2005) einen Holzschuppen in ein Boot umgebaut, ist damit auf dem Rhein nach Basel gefahren und hat dort das Boot in einen Schuppen zurückverwandelt – zurück?

Escalating commitment. Manchmal kann man nicht mehr aufhören, weil man angefangen hat – und aufzuhören dem Eingeständnis gleich- oder zu nahe käme, Falsches, Dummes oder Furchtbares getan zu haben: auf Finanz- und auf anderen Kampfplätzen; auf dem Felde moralischer Versuchungen; in Exzessen der Gewalt.

Das folgt einem Dreischritt. Zuerst:»Dieses geringfügige Ansinnen oder harmlose Vorhaben muss ich noch nicht ablehnen.« Dann:»Jetzt habe ich schon dies getan, jetzt kann ich das nicht mehr ablehnen.« Schließlich:»Jetzt auszusteigen, heiße eine Schuld anzuerkennen, die ich nicht tragen kann.« Zum Beispiel:

> Ich bin einmal so tief in Blut gestiegen,
> Dass, wollt' ich nun im Waten stille stehn,
> Rückkehr so schwierig wär', als durchzugehn.
>
> Macbeth, III/4, Z. 147–149

Ex negativo. Manche schauen mit einem bösen Blick auf die Welt. Was ist, erscheint ihnen schlimm, und gut nur, was noch nicht ist. Oldenburg? Eine furchtbare Stadt, sagen sie, aber Hamburg! Sobald sie nach Hamburg umgezogen sind, finden sie es dort furchtbar. Sie finden nichts gut, müssen es aber als Noch Nicht tarnen.

Oder, mit Ernst Jandl:

> der sommer
> ist die Hölle.
> der herbst hingegen
> ist die hölle.
> anders der winter;
> er ist die hölle.
> erst der frühling
> ist die hölle.

Mein heißes Herz. Ich habe und ich brauche, wie ich jedoch erst weiß, seit es einmal für lange Monate ausblieb, zum Leben ein Tönen, das mich trägt – einen Grundton, ein Singen, manchmal nur ein Summen, das verheißt, dass die Erde, der Boden, der Grund, die Gründe mich nicht nur tragen, sondern sogar heben werden, wie es ein federnder Waldboden tut.

In Wirklichkeit tragen wir uns selbst, genauer: lassen wir uns tragen von etwas in uns selbst. Das aber wissen wir noch nicht, solange es gelingt, und können es nicht mehr, wenn der Ton verstummt. Für Wittgenstein war es ein Licht: »Der Mensch lebt sein gewöhnliches Leben mit dem Scheine eines Lichts, dessen er sich nicht bewusst wird, als bis es auslöscht. ... Es ist wie wenn der Glanz von allen Dingen weggewischt wäre, alles ist tot.« Der strahlendste Sonnenschein, gerade er, taucht dann alles in Düsternis. Dagegen hilft nur ein heißes Herz.

Von Zeit zu Zeit. In hellsichtigen – oder angstverzerrten? Von Zeit zu Zeit kommen sie mir hellsichtig vor – Momenten deucht mich mein Leben wie die angespannte Erwartung einer einzigen, namenlosen lebensgeschichtlichen Katastrophe.

Ein, zwei Mal im Jahr übermannt mich anfallartig die Überzeugung: Jetzt ist's passiert. Krebs und Alzheimer, versteht sich, Trennung und Verrat, das waren noch stets meine Lieblingskandidaten. Ich bin ein Von-Zeit-zu-Zeit-Hypochonder. Ich weiß das »Von-Zeit-zu-Zeit« zu schätzen, denn ich kenne Dauer-Hypochonder.

Wenn ich so einen Anfall habe, wird er begleitet von einem ganz tief verborgenen, ganz leisen Gefühl der Empörung: Wie kann mir diese Katastrophe widerfahren, *wo ich sie doch erwartet habe?* Wo ich doch im Zustande des Noch Nicht mein Leben verbracht habe – wieso hat meine kraftzehrende Erwartung das Noch Nicht der Katastrophe nicht in ihr Nicht Mehr verwandelt? Wieso konnte ich erst noch nicht entspannt leben und nun, da die (vermeintliche) Katastrophe da ist, erst recht nicht mehr?

In dieser Empörung zeigen sich die Spuren des magischen Denkens. Ich erwarte, dass meine Erwartung apotropäische Wirkung tut und das Erwartete, das Befürchtete *vertreibt*. Deswegen erwarte ich so heftig. Und sollte ich mein Sterbebett ohne Katastrophe erreichen, dann würde ich gern denken: es hat funktioniert, und all diesen möglichen Katastrophen gern als Abschiedsgruß zurufen: »Jetzt nicht mehr!« Wie ich mich aber kenne, wird mir der nahe Tod dann als jene Katastrophe erscheinen, auf die ich immer gewartet habe. Und so werde ich mein Leben lang noch nicht Unrecht behalten haben mit meiner katastrophalen Befürchtung, weil ich noch lebe und die Katastrophe noch kommen kann, und schließlich, am Lebensende, nicht mehr, weil ich nun sterbe.

Hoppla, jetzt komm' ich. Vielen gelte ich als ein Mensch mit großer Klappe, manchmal aufdringlicher Leutseligkeit und dem, was einer meiner Freunde einst meinen Staubsaugervertreter-Charme nannte. Abbitte mag ich nicht leisten. Aber vielleicht kann ich meine Kritiker *beschämen,* indem ich ihnen erkläre, dass all dies nur Ausdruck der Erleichterung ist, die eintritt, wenn das Noch Nicht der Katastrophe und sodann die Panik des »Jetzt!« der Einsicht weicht: »wieder nicht!« Es ist nur, soll das heißen, der Übermut dessen, der – dieses Mal noch – dem Tod von der Schippe gesprungen ist.

Hypochondrie I. Ein permanenter Hypochonder ist an seinen guten Tagen nicht etwa gesund, sondern noch-nicht-krank. Wenn er wirklich erkrankt, muss es, auf eine Art, eine Erleichterung für ihn sein: endlich nicht mehr noch-nicht-krank. Das ist nicht leicht wahrzunehmen, weil dieses Gefühl ja durch das Nicht-mehr-gesund überlagert wird.

Hypochondrie II. Eine Pechmarie der Hypochondrie ist Jürgen von der Lippe. »Einmal«, berichtet Holger Gertz in der Süddeutschen Zeitung (Nr. 130 vom 8./9.6.2013, S. 3), »hat er sich, nachts, mit einem hervorstehenden Plastikdorn einer Augentropfenampulle ins Auge gestochen« – eine hypochondrogene Verletzung. Von der Lippe kennt auch Krankheiten und Fremdwörter wie Neutropenie. Das, glaube ich, wird eine besorgniserregende Verminderung seiner neutrophilen Granulozyten bewirken. Dann helfen die Tropfen nicht mehr.

Mein antizipatorisches Naturell. Es ist noch nicht Winter, noch nicht einmal Herbst, da geben mir die ersten gelben Blätter, die von den Bäumen fallen, schon Anlass, mich für den dunklen, kalten, nassen Winter zu rüsten. Das hilft zwar nicht, sondern trübt nur den Genuss des Spätsommers und erst recht des Herbstes. Aber es gibt eine ausgleichende

Gerechtigkeit: Im Januar schon nehme ich Frühling und Sommer vorweg. Der Umschwung ereignet sich *zwischen den Jahren,* weshalb ich diesen merkwürdigen Ausdruck für ganz und gar treffend halte. Ganz andere Gründe hat Durs Grünbein:

> Zwischen den Jahren die mondene Ruhe
> Hat etwas von der Nähe eines Orkans.
> Spurlos verschwindet in ihm Tag um Tag.
>
> Hier liegt es, das Bermudadreieck der Zeit,
> Hinter den Weihnachtsinseln, wo die See
> Eisig das Kap des alten Kalenders umspült.
>
> *Durs Grünbein: Grandiose Demenz*

Zeit, Rückschau zu halten. »Das Jahr«, sagt Pooh im Januar, »ist alt genug; ich erwarte nicht mehr viel. Februar: Zeit, Rückschau zu halten auf das Jahr...« (*Pooh's Corner II*, S. 85)
Juli, August: Was können wir vom nächsten Jahr noch erwarten?

Ironie der Wiederholung. Der Versuch, durch Wiederholung festzuhalten, was vergangen ist, mag vergeblich sein. Schon beim zweiten Mal ist es nicht mehr dasselbe, und außerdem macht sich nach einer Weile Langeweile breit. Dahinter aber winkt ein Lohn, der den Kostverächtern alltäglicher Rituale verborgen ist: »Langeweile ist ein warmes graues Tuch, das innen mit dem glühendsten, farbigsten Seidenfutter ausgeschlagen ist.« (Walter Benjamin) Verweile doch, du bist so schön grau.

Die Macht der Gewohnheit. Was Benjamin vom »aller ersten Anblick eines Dorfes, einer Stadt in der Landschaft« sagt, dass ihm nämlich Unwiederbringlichkeit zukomme, weil Gewohnheit ihr Werk noch nicht getan habe und in der Wahrnehmung daher »Ferne in der strengsten Bindung an die Nähe mitschwingt«, das ließe sich von jedweder Wahrnehmung sagen. Benjamin: »Noch hat Gewohnheit ihr Werk nicht getan. Beginnen wir erst einmal uns zurechtzufinden, so ist die Landschaft mit einem Schlage verschwunden, wie die Fassade eines Hauses, wenn wir es betreten.« Noch hat die Gewohnheit uns nicht blind gemacht, noch sind wir im Stande zu sehen, bald, wenn sie ihr Werk getan hat, »so kann sich jenes frühere Bild nie wieder einstellen.«
Blind – oder taub, wie man an der Musik und den Geräuschen und der Stille hören kann, die John Cage uns *zu Gehör bringt*, der sich Zeit seines Lebens solcher Taubheit verweigert hat.

Conjunctivus irrealis. »Hätte« und »Wäre«, dieser Protest gegen die Unumkehrbarkeit der Zeit. Jetzt geht nicht mehr, was wir eben noch gekonnt, jedoch nicht bedacht hatten, aber wir hatten's nicht bedacht, weil wir noch nicht sahen, was wir erst jetzt sehen und sehen können. »Hätten wir Enten gekauft, wär'n die Hühner nicht ersoffen.«

»*Aller Tage Abend*«. Damit – oder eher mit einem *conjunctivus potentialis* – hat Jenny Erpenbeck ihren Roman bestritten. Ihre Heldin stirbt darin nicht weniger als fünf Mal. »Vier Mal«, schreibt Meike Fassmann in ihrer Rezension in der Süddeutschen Zeitung (Nr. 295 vom 21.12.2012, S. 14), »wird sie wieder zum Leben erweckt, durch ein im Konjunktiv erzähltes ›Intermezzo‹, das nur ein wenig an den Stellschrauben der Kontingenz dreht.« Das geht zum Beispiel so: »Hätte aber zum Beispiel die Mutter oder der Vater in der Nacht das Fenster aufgerissen, hätte eine Handvoll Schnee vom Fensterbrett gerafft und dem Kind unters Hemd gesteckt, dann hätte das Kind vielleicht plötzlich wieder angefangen zu atmen ...« (S. 71), beginnt das erste dieser Intermezzi, und »Wäre die Großmutter aber nur eine halbe Stunde später von zu Hause fort gegangen ...« das zweite. Kontingenz heißt ja: Es war so und auch anders möglich. Eine Handvoll Schnee hätte alles geändert. Das Bewusstsein der Kontingenz erlaubt zu bedenken: »Was wäre – was wäre gewesen –, wenn ...?«

Ein Mann der Tat. »We look at the facts and don't speculate«, sagt Spenser, der schon einmal erwähnte Privatdetektiv in Robert B. Parkers Kriminalromanen, in einer Art heroischen, um nicht zu sagen: melodramatischen *Codes of Conduct* der Profession der *private eyes*. »We just keep looking right at this and we don't say what if, or I wish or if only. We just take it as it comes.« Warum liebe ich diese Selbststilisierung, wo doch Imagination à la Erpenbeck *conditio humana* ist? Selbstverständlich kann Spenser nur nur so tun, als ob er nie so-tut-als-ob. Niemals *what if*, niemals *if only*? Das ist ein grandioses Als Ob. Ich liebe das Klischee, weil ich von der Grandiosität zu naschen liebe. Mit ironischer Distanz, versteht sich. Alles andere wäre ja primitiv.

Krösus überschreitet den Halys. »Wenn du den Halys überschreitest, wirst du ein großes Reich zerstören«, hat Pythia dem von Erpenbeck zitierten Mythos zufolge auf die Frage des Königs Krösus geantwortet. Sibylle, Sphinx, Pythia, Teiresias, Propheten wie Telemos, Sohn des Eurymos, der dem Zyklopen Polyphemos weissagte – »Durch die Hand des Odysseus würd ich mein Auge verlieren« (IX, Z. 512) – , das Orakel von Delphi: erst wenn es nichts mehr nützt, geht einem ein Licht auf. Ödipus, Midas, Krösus: Was sie berühren, zerfällt.

Omen, Amulette und Orakel, selbstgemacht. Da ist es besser, die guten Omen – in einer Art von ganz persönlichem, ja: idiosynkratischem Konstruktivismus – selbst zu verfertigen und sich selbst zum Sprecher des

Orakelspruches zu machen. Dann gibt es keine Kommunikationsprobleme. Vor allem aber gewinnt man magische Unfehlbarkeit. Von Glücksspielern ist bekannt, dass sie, um ihr Glück sicherzustellen, Ritualen folgen, unfehlbaren Glücksbringern. Wenn sie Pech haben, müssen sie, das ist die Kehrseite dieser Medaille, ihr abergläubisches System der Rituale retten – seine Unfehlbarkeit trotzt soeben erlittenen Unglücks. Das gelingt ihnen leicht. Sie zweifeln nicht an ihrem System und nicht an dem mit den Fingerspitzen oder den Lippen berührten Amulett, sondern entdecken – erfinden – nachträglich Unvollkommenheiten in seiner Handhabung. Als fehlbar kann sich das Ritualsystem erst noch nicht, dann aber – selbst nach seinem *scheinbaren* Versagen – nicht mehr erweisen. Es ist gegen widerstreitende Erfahrung immun.

Das halten nicht nur Glücksspieler so, sondern auch Tennisspieler[*] und andere Sportler mit ihren Ritualen vor dem Aufschlag oder dem Start, Christen wie Leibniz und Hegel mit der Theodizee, dieser Teleologisierung und Entübelung des Unglücks, Malitätsbonisierung (O. Marquard, *Glück im Unglück*), und vielleicht wir alle, wenn und weil wir von der Angst zu versagen geplagt sind.

Ein Meister des versäumten Augenblicks der Fehlbarkeit war ausgerechnet ein Physiker, Nils Bohr, von dem es heißt, er habe über der Eingangstür seines Hauses ein Hufeisen angebracht und auf die verwunderten Nachfragen seiner Kollegen – »Du als Naturwissenschaftler glaubst doch wohl nicht an so etwas?« – geantwortet: »Nein, aber ich habe gehört, es hilft auch denen, die nicht daran glauben.«

Meine Theodizee. Ich glaube nicht an den lieben Gott. Aber ich habe gehört, er hilft auch denen, die nicht an ihn glauben. Leider hat er, soweit ich sehen kann, auch dem Katholiken Hans Globke geholfen, zum Beispiel, das Großkreuz des Verdienstordens der Bundesrepublik Deutschland zu erlangen. Aber der hat ja vielleicht auch nicht an den lieben Gott geglaubt.

Perlmanns Schweigen. »›Das habe ich gethan‹ sagt mein Gedächtnis. Das kann ich nicht gethan haben – sagt mein Stolz und bleibt unerbittlich. Endlich – giebt das Gedächtnis nach.« (Nietzsche)

---

[*] »Wenn (Rafael) Nadal vor einem Aufschlag den Ball mehrmals aufprallen läßt, während er mit der rechten Hand hinten an der Hose und danach am T-Shirt an der linken und rechten Schulter herumzupft, sich in einer fließenden Handbewegung kurz an die Nase fasst und die Haare hinters Ohr streicht, um dann wieder mit dem Ballauftippen zu beginnen«, (*Frankfurter Allgemeine Sonntagszeitung* Nr. 34 vom 25.8.2013, S. 18), dann folgt das vielleicht dem neurolinguistischen Prinzip des »Ankerns« (Verknüpfung von Geste und Emotion/Fokussierung). Vor allem aber folgt es magischem Denken.

In »Perlmanns Schweigen«, dem Roman von Pascal Mercier, kommt dieses Motiv auch vor: »Das Ausmaß des Konfabulierens und Umdeutens der vergangenen Handlungen verschlug einem die Sprache.« (S. 170) Es funktioniert in der Romanhandlung aber vor allem in Richtung Zukunft, im Modus des Futur II. »Das werde ich getan haben«, sagt mein Gedächtnis-*futuri-exacti*. »Es kann nicht sein, dass ich *das* gerade tue«, sagt mein Stolz und bleibt unerbittlich. Endlich – gibt mein Zukunftsgedächtnis nach. Perlmann hatte zu einer Tagung eingeladen – in diese Sache war er hineingeraten und als er es sich anders überlegt hatte, konnte er nicht mehr absagen. Nun also hatte er einen Vortrag zu halten. Ihm war aber jedweder Glaube an seine wissenschaftliche Arbeit abhanden gekommen. Die Tagung beginnt, aber: »Er hatte nichts zu sagen.« Nicht mehr. Früh, ab S. 26 des 639 Seiten starken Romans, ahnen der Leser und auch Perlmann, dass dieser der Versuchung nachgeben könnte und vielleicht auch würde, sich des Textes eines russischen Kollegen, Vassilij Leskov, zu bedienen – *vulgo*: ihn zu klauen. Leskov ist nicht da, wohl aber, in Perlmanns Handkoffer, das russische Original, das Perlmann nun zu übersetzen beginnt. Noch längst hat er sich nicht entschlossen, nicht einmal der Versuchung ist er sich deutlich bewusst – »Es kann nicht sein, dass ich das gerade tue« –, da ergreift er schon, »als sei er bei etwas Verbotenem ertappt worden« (S. 34), vorbeugende Maßnahmen, die vor Entdeckung schützen würden – hält den russischen Text in der Hinterhand, leugnet, Russisch zu können, verbirgt, dass er mit leeren Händen dasteht, verbirgt zumal vor sich selbst, dass er mehr als eine harmlose Übersetzung im Sinn hat. Er deutet sein gegenwärtiges Handeln um und streicht das zukünftige aus seinem Zukunftsgedächtnis. »Das werde ich getan haben?« »Nein, so etwas tue ich nicht.« Noch nicht und noch nicht und noch nicht gesteht er sich seine schnöde Absicht ein – das geschieht erst, sage und schreibe, auf S. 277, als es schließlich nicht mehr anders geht, denn: »*Morgen ist Freitag. Und ich habe nichts. Keinen einzigen Satz.*« (S. 269)

Leskovs Text heißt »Über die Rolle der Sprache in der Bildung von Erinnerungen«, und er handelt, versteht sich, von Perlmanns Problem, nur in der üblichen, auf die Vergangenheit bezogenen Form – davon, so heißt es bei Leskov, »dass und in welchem Sinne wir dadurch, dass wir unsere Erinnerungen in Worte fassen, diese Erinnerungen und damit die eigene erlebte Vergangenheit allererst schaffen.« (S. 66) Danach ist die *Vergangenheit* nicht mehr, was sie vorher war. Für Perlmann ist *die Gegenwart und die Zukunft* nicht mehr, was sie vor dieser Metamorphose war. Die Gegenwart ist für ihn nachgerade verschwunden. »Philipp Perlmann« heißt der erste Satz des Romans, »war es gewohnt, dass die Dinge keine Gegenwart für ihn hatten.« (S. 9)

Kaum hatte sich das Wort PLAGIAT in Perlmanns Bewusstsein geformt, kaum hatte er, begleitet von lauter »Noch ist es nicht zu spät, es zurückzunehmen«, Kopien seiner Übersetzung/ Übernahme an die Tagungsteilnehmer verteilen lassen, da ereilt ihn – der Leser hatte es mit Angstlust kommen sehen – das Telegramm: »*Ankunft Montag Genua 15.5. Alitalia 00 423. Dankbar wenn abgeholt. Vasilij Leskov.*« (S. 305). O je.

Ein Mordplan reift.

Es folgen: tausend Verwicklungen, »Kaskaden von Wenn-dann-Gedanken« (S. 445) – Hättewärewenn –, tausend Nicht Mehr: »als könne er in seinem Leben keinen Schritt mehr tun«, »das spielte keine Rolle mehr«, »das war er seit heute abend nicht mehr, das war vernichtet« (S. 427, 434).

Ein Plagiat? Ein Mord? Über seinen Text sagt Leskov einmal, er habe darin ein Wort von Gorkij übernommen: erdichten, erfinden.« ›Ein Hauch von Plagiat‹, lächelte Leskov, ›aber wirklich nur ein Hauch‹« (S. 579)

Wunderblock. Verdrängung ist »ein Mittelding zwischen Flucht und Verurteilung«, sagt Freud. Die Notwendigkeit der Verdrängung bedeutet: Die Einsicht darf nicht im Bewusstsein geschrieben stehen. Wenn sie aufscheint, muss sie ausgewischt werden wie auf Freuds Wunderblock – »desymbolisiert« sagt man heute. »Beim Wunderblock verschwindet die Schrift jedesmal, wenn der innige Kontakt zwischen dem den Reiz empfangenden Papier und der den Eindruck bewahrenden Wachstafel aufgehoben wird.« Sie ist dann hie nicht mehr zu lesen, obwohl sie da noch nicht gelöscht. Nicht mehr zu lesen und nicht mehr wieder herzustellen: »Der Wunderblock kann ja auch nicht die einmal verlöschte Schrift von innen her wieder ›reproduzieren‹«.

»It's a wonderful life«. Ein schier überwältigendes »Hätte« und »Wenn« stellt uns Stephen Jay Goulds Lehre von der Kontingenz der Geschichte vor Augen. *Was wäre, wenn* wir das Band unseres Lebens, unserer Geschichte, der Naturgeschichte, noch einmal auflegen und abspielen könnten, wie James Stewart in Frank Capras Film? »Der göttliche Bandabspieler besitzt viele Millionen Szenarien, und jedes ist vollkommen schlüssig. Kleine Verrücktheiten zu Beginn, ohne besonderen Grund, lösen Kaskaden von Folgen aus, die eine bestimmte Zukunft im Rückblick als unausweichlich erscheinen lassen.« Die kambrische Explosion, oder der Meteoriteneinschlag, der den Dinosauriern den Garaus machte. Die Fülle der Möglichkeiten aber kommt nie zum Zuge – noch nicht, solange es nur Möglichkeiten sind, nicht mehr, sobald eine unter ihnen realisiert wird. Die Überfülle der Möglichkeiten verschwindet in den Falten der Zeit. Die Welt, so sehr sie in viele Welten zerfällt, nimmt nur einen einzigen Weg. So gesehen, ist Bedingung der Realisierung *einer* Möglichkeit: die Auslöschung unendlich vieler anderer. Da könnte man in

Depressionen verfallen. Gould aber sagte Zeit seines Lebens zu dieser einen Wirklichkeit (und auch noch, als ihn schon der Krebs erwischt hatte): »It's a wonderful life.«

Herbstzeitlose. Bei Adalbert Stifter wird aus dem Entsetzen einer zusammenstürzenden Welt in einer poetischen Praxis nachträglicher Sinnstiftung Zuversicht: noch nicht und noch nicht und noch nicht, und Zeit, zäh wie Blei – nun aber. Modell steht die Herbstzeitlose. Das Zweite geht dem Ersten, die Blüte den aus der Knolle getriebenen Blättern voraus. »Stifters ›Zuversicht‹, die aus dem ›Zugrunderichtenden‹ immer wie eine Blüte aufspringt, welche nur einen Augenblick geöffnet bleibt, ist der Antrieb seines poetischen Phantasierens bis zuletzt geblieben. Sie konnte sich nur als treibende Kraft seines Schreibens behaupten, weil sie Nachträglichkeit, die das Wunder der Poesie ist, zum Mittel von Erfüllungen erhob, deren unmögliche Verheißungen sich nun dort einstellen, wo man sie – nach dem schönen Wort Franz Kafkas* – früher vergeblich gesucht hatte.« (Gerhard Neumann)

Ein Funken Hoffnung. Ein solches Programm hat Walter Benjamin auch der Geschichtsschreibung aufgegeben: »im Vergangenen den Funken der Hoffnung anzufachen«. Zuversicht, Mut, Humor »wirken in die Ferne der Zeit zurück«, und davon habe geschriebene Geschichte zu handeln. Und wie bei Stifter die Herbstzeitlose steht bei Benjamin die Sonnenblume Modell für diese verzweifelte Hoffnung: »Wie Blumen ihr Haupt nach der Sonne wenden, so strebt kraft eines Heliotropismus geheimer Art, das Gewesene *der* Sonne sich zuzuwenden, die am Himmel der Geschichte im Aufgehen ist.« Es ist aber »ein unwiederbringliches Bild der Vergangenheit, das mit jeder Gegenwart zu verschwinden droht«, ein Bild, »das auf Nimmerwiedersehen im Augenblick seiner Erkennbarkeit eben aufblitzt«. Die Vergangenheit ist ihm, der die Katastrophe als das jeweils Gegebene sah, ein unerhörtes, nahezu unhörbares Noch Nicht: »ist nicht in Stimmen, denen wir unser Ohr schenken, ein Echo von nun verstummten?«

Schwacher Messianismus. Rettung, wenn es sie denn gibt, hängt für Benjamin von der Wahrnehmung des unrettbar sich Verlierenden ab, davon, dass wir das Gewesene als ein im Jetzt der Erkennbarkeit aufblitzendes Bild festhalten. Die Zuversicht Adalbert Stifters, Goulds staunendes

---

* »Solche Versprechungen für scheinbar unmögliche Erfüllungen werden nicht gegeben. Löst man aber die Erfüllungen ein, erscheinen nachträglich auch die Versprechungen genau dort, wo man sie früher vergeblich gesucht hat.« (Kafka: Ein Bericht für eine Akademie, in: Gesammelte Werke, Bd. 1, Frankfurt a. M. 1991, S. 241)

Bewusstsein der Kontingenz, Benjamins Beharren auf dem Unabgegoltenen der Vergangenheit und Derridas aus der Botanik entlehnte Figur der Dehiszenz, des Aufklaffens, der gespaltenen Öffnung im Wachstum einer Pflanze, die »*positiv* die Produktion, die Reproduktion, die Entwicklung erlaubt« (Derrida), sind solcher Wahrnehmung abgewonnen.

Dieser gespaltene Augenblick. Wir bräuchten so etwas wie eine Atomphysik des Augenblicks. Sie würde enthüllen, dass er, weit davon entfernt, das kleinste Unteilbare der Zeit zu sein, aus lauter noch kleineren Elementen besteht, und so fort *ad infinitum.* In einem Augenblick fällt die Entscheidung, dämmert die Einsicht, kommt es zum ersten Kuss vor dem Bahnhof Dammtor, bricht die Blüte auf, ist mein Sohn zum Mann geworden. Eben war das Neue noch nicht in der Welt, schon ist es uns nicht mehr verwunderlich. Was muss dazwischen nicht alles passiert sein! Lauter Neutronen und Elektronen schwirren in jedem Augenblick. Jeder Augenblick enthält die Möglichkeit der Kernspaltung. (Gerhard Neumann, Jacques Derrida).

Keine stills. Standfotos – *stills* – werden in der Filmbranche während der Dreharbeiten eigens angefertigt. Sie tragen ihren Namen zu Recht – sie zeigen Stillstand. Wie anders die Bilder, die man erhält, wenn man einen Film per Stopptaste zum Stehen bringt. Sie zeigen, obwohl auch sie stehen, Bewegung: Man sieht Kevin Spacey, der sich in »House of Cards« zu Robin Wright umdreht, *mitten in der Bewegung.* Man sieht es daran, dass die Körperhaltung, der Blick, eine Geste in einem irgendwie schiefen Zustand verharrt, der so nicht bleiben kann; der nach Fortsetzung verlangt, nach Vollführung und Vollendung. Es ist kein ruhender Zustand, vielmehr der Zustand eines Noch Nicht, eines Aufschubs, eines bloß momentanen Angehaltenseins. Das erzeugt, durchaus unabhängig vom Bildinhalt, vom Gegenstand, eine ganz eigene, starke Spannung, ein Verlangen nach dem Fortleben, gerade *weil* das Bild steht und »es« noch nicht weitergeht. Die Bilder mancher Maler kommen dem nahe. Bei Gerhard Richter, man denke an *Ema (Akt auf einer Treppe)*, evoziert vor allem Unschärfe in Grautönen diesen Effekt. Ganz anders bei Norbert Tadeusz. Viele seiner Bilder zeigen, »gestochen scharf« und in kräftigen Farben, Jockeys im Rennen, Pferde im Sturz, Artisten im Fluge, Körper aus der Balance, wie in Schnappschüssen, noch nicht in Ruhe, noch nicht am Ziel, noch nicht am Ende. Und doch haben selbst diese Bilder etwas von den wohlkalkulierten *stills,* in denen die Figuren nun aber ganz erstarrt sind. Sie können die Qualität ihrer Stimmigkeit nicht verleugnen, ihrer Fertig-Gestelltheit. (Das können nicht einmal Jackson Pollocks *drip paintings.*) Sie sind fertig auch im Sinne von: vollendet, zu einem Ende gekommen. Es gibt eine intime Beziehung zwischen Tod und Bild (Iris Därmann). Nicht erst Stillleben sollen den Tod (ver-)bannen und stellen doch das Leben still. Ein Film aber, der »läuft«, *unter*läuft bei aller Bewegung, ja *durch* die Bewegung – durch die schnelle Abfolge der Bilder –, was die Stopptastenbilder gerade zu sehen geben, nämlich, in den Worten Husserls: »Der Gegenstand *ist nicht* in der Gegenwart als ein Starres und Totes, sondern er *wird* im lebendigen konstitutiven Zusammenhang, in dem er zudem nicht isoliert wird, sondern in Verflechtungen des Werdens und Sicherverwandelns, als werdendes Glied eines fortschreitend sich gestaltenden Gegenständlich-Ganzen ist.« (Hervorh. G.O.)

Hier und jetzt (Stehender Pfeil II). Richter zitiert mit *Ema* Marcel Duchamps *Akt, eine Treppe herabsteigend*, das seinerseits angeregt wurde von den Reihenfotografien und Serienaufnahmen Eadweard Muybridges. Selbst in diesen Serien tritt das Schiefe, Flüchtige, das Noch-nicht-zu-Ende-Gebrachte der Körper-in-Bewegung hinter dem Eindruck der Vollendung zurück, den die Serie als ganze evoziert, weil und solange man sie auf einen Blick ins Auge fasst. Das aber tut man, weil die Einzelbilder, obwohl jedes für sich stehend, so dicht aufeinanderfolgen, dass jede Serie als ein Ganzes wirkt. Anders in der Graphic Novel »Here« von Richard McGuire, in der die einzelnen Bilder von Serien, die es darin gibt, auf verschiedene, oft nicht einmal aufeinander folgende Seiten verteilt sind. Sie zeigen zum Beispiel einen Mann, wie er einen Baum fällt, einen Jungen, wie er sich zum Kopfstand niederbeugt und aufrichtet, ein Paar, das sich paart, einen Pfeil, stehend und doch im Fluge, und einen älteren Mann, der einen Anfall hat und wie in Zeitlupe vom Stuhl fällt – immer jedoch über etliche Seiten verstreut.

Der ganze Band ist eine Meditation über die Zeit. Er zeigt Augenblicke aus der Menschheitsgeschichte, bei Weitem nicht alle in Serien à la Muybridge, und handelt dabei von Einmaligkeit, Wiederholung und Differenz. Er fällt mir in die Hände, als ich meinen Text eben abgeschlossen habe, und erscheint meinem daher voreingenommenen Blick als eine große Illustration des Noch nicht/Nicht mehr: Stillstand? Der »Augenblick, der sich festhalten läßt und das unheilvolle Rieseln der Zeit entschärfen kann«? Erst noch nicht, dann nicht mehr – außer in der Zeitmaschine des Richard McGuire. Die ersten Bilder zeigen das Zimmer, das über den ganzen Band hinweg Ort des Geschehens bleibt. Darin steht 1957 eine Frau, die sich fragt: »Hm…Was wollte ich noch gleich hier?« Viel später in dem Band (und in der Zeit, nämlich 2004) sagt eine andere Frau in dem selben Zimmer – aber ist es dasselbe? – : »Ich hatte ein Déjà-vu.« Im letzten Bild des ganzen Bandes, 300 Seiten nach ihrem ersten Auftritt, taucht die Frau aus dem Jahr 1957 wieder auf und sagt: »…Jetzt fällt es mir wieder ein.« Doch noch. Ihr Blick war auf das Buch gefallen, das sie gesucht hatte. Es liegt auf dem Tisch vor ihr. Sein Titel ist nicht zu lesen. Ich stelle mir vor, er laute: »Noch nicht/Nicht mehr«.

Stehender Pfeil III. Manchmal, wenn unabweisbare Fristen abzulaufen drohen, wird in Parlamenten oder Ministerräten die Uhr angehalten. Buchstäblich. In dem Augenblick, da die Uhr stehen bleibt, ist die Frist noch nicht verstrichen, danach *kann* sie nicht mehr verstreichen.

Ein unbeschriebenes Blatt. Eine leere Leinwand, ein weißes Blatt Papier konfrontiert den Maler, den Schriftsteller, den Komponisten oder den Programmierer mit dem »Zirkel des Anfangs«. Wenn er zum Typus des Oknophilen gehört, wie Michael Balint ihn beschreibt, jagt ihm die objektlose, leere Weite gar Angst und Schrecken ein. Aber er hat auch ein logisches Problem: Um den Anfang zu machen, müsste er wissen, was folgt, manchmal sogar: wie es endet, aber was folgt, kann er erst in Erfahrung bringen, wenn er den Anfang gemacht hat. So kann der Anfang nie gemacht werden: zunächst noch nicht, weil es am Anfang keine Antwort auf die Frage gibt: »Anfang wovon?« Später nicht mehr, weil »später« nicht mehr »am Anfang« ist. Daher ist so mancher Buchanfang am Ende geschrieben worden. Das operiert mit rekursiven Schleifen. Es lässt aber die Frage offen: Wie hat der Autor angefangen, wenn nicht mit dem Anfang, den er dem Leser als solchen offeriert? Wie hat er sich aus dem Zirkel des Anfangs befreit?

Gewiss: mit Willkür. Mit einem Schuss Dezisionismus. Oder mit Einfällen, die so heißen, weil sie ohne Zutun des Autors in ihn einfallen. Die ihm zufallen – oder eben nicht. Javier Marías nennt es einen »ersten Herzschlag«. (»Am Ursprung des Romanes ›Der Gefühlsmensch‹ stehen zwei Bilder ... Als ich zu schreiben begann, verfügte ich über nicht viel mehr, abgesehen von dem Satz, der die Erzählung eröffnet.«) Eine Ergänzung aber lautet: mittels Magie; mithilfe des magischen Glaubens, es werde schon gelingen, eines Glaubens, der bewirkt, dass es tatsächlich gelingt. Es ist ein Glaube, der am Anfang noch gar nicht realitätsmächtig sein kann; der sich erst bewahrheitet, weil es ihn gab, und der entbehrlich wird im Maße seiner Erfüllung. Kleist hat das, mit Blick auf Redner, und besonders auf Mirabeau, genau formuliert: »Ich glaube, dass mancher große Redner, in dem Augenblick, da er den Mund aufmachte, noch nicht wußte, was er sagen würde. Aber die Überzeugung, dass er die ihm nötige Gedankenfülle schon aus den Umständen, und der daraus resultierenden Erregung seines Gemüts schöpfen würde, machte ihn dreist genug, den Anfang, auf gutes Glück hin, zu setzen.«

Als das Wünschen noch geholfen hat. Diese Dreistigkeit, diese Erregung, dieser mit Ignoranz gepaarte kleine Größenwahn ist der Anfang allen menschlichen Beginnens, die Bedingung seiner Möglichkeit. So lernen wir sprechen und laufen und schreiben, Fähigkeiten von so gewaltiger Komplexität, dass sie uns, wären wir ihrer am Anfang inne, augenblicklich verzagen machte. Diese Magie ist eine Art »self destroying error«, ein Irrtum, der nachträglich zur Wahrheit wird, *weil wir ihm erlegen sind*. Es gelang, weil wir irrtümlich glaubten, es könne gelingen – als wir des Irrtums gewahr wurden, war es sozusagen schon zu spät. Magisch nennen wir einen Glauben, der das Wollen, das Wünschen, für die Ursache seiner Erfüllung hält. Jedes Wünschen aber bezieht sich auf ein Noch-nicht-Anwesendes, Erst-noch-Kommendes, auf die Leere zwischen Noch Nicht und Nicht Mehr, die tatsächlich gefüllt wird, *weil* wir wünschen und wünschend die Kraft aufbringen,»den Anfang, auf gutes Glück hin, zu setzen.« Die Zeit, da das Wünschen noch geholfen hat, ist nicht vorbei.

Dieses Brennnesselgefühl in den Füßen. Eigentlich, schreibt Friederike Mayröcker (*Das Herzzerreißende der Dinge*, S. 32),»geht es am Anfang meist irgendwie durch Gestrüpp, ehe man weiß, was sein soll, eigentlich geht es einer melodischen Sehnsucht, einer Verführung nach ...«
»... nicht so, dass mir zu Beginn eine Fülle von Gedankenbildern beschert würde, vielmehr handelt es sich um ein *langes Einzelbild*, keine Bildfolge, welches sich langsam aufrollt, zögernd, mit Ausfällen, Schattenblitzen.« (S. 35)
»Dieses Kapitel konzipieren heißt, die ganz Wohnung nach verstecktem Zuckerwerk absuchen, nämlich ein dringendes Verlangen befriedigen, eine pochende Begierde stillen: immer mehr immer mehr! immer weiter und weiter!, wohin führt es mich, wohin treibt es mich, ich sehe keinen Endpunkt, keinen Anfang mehr, wie hatte ich begonnen, wie überhaupt beginnen können!, wie hatte ich überhaupt je den Mut, nein die Tollheit aufbringen können, damit zu beginnen, wie hatte ich je den Entschluß fassen können, mich auf ein solch zweifelhaftes und ungewisses Unternehmen einzulassen?, mit dieser höhnisch nagenden Stimme im Hintergrund: DASS NICHTS DARAUS WERDEN KÖNNE!, vom unwiderstehlichen Zwang getrieben, ES zu tun, ES wieder und wieder zu tun, heimliche Freveltat, Blutfestival, Brennesselgefühl in den Füßen ...« (S. 111 f).

Si vis vitam para mortem? Wenn du das Leben willst, richte dich auf den Tod ein? Dass wir jeden Tag leben sollten, als wäre es unser letzter – soll heißen: in vollen Zügen –, scheint mir, wenn nicht die Verleugnung des Todes, so doch seine Entfernung aus dem Horizont der Gegenwart als ziemlich notwendige Bedingung menschlicher Existenz zu verkennen. Wir können leben und genießen, weil wir der Möglichkeit unseres Todes *nicht* ständig gewärtig sind: noch nicht, solange wir leben, nicht mehr, wenn wir tot sind. Dazwischen liegt das Sterben, und meine Angst vor dem Tode ist nicht nur, wie es oft heißt, Angst vor dem Sterben – vor dem Innewerden des Sterbenmüssens, das sich zwischen jenem Noch Nicht und Nicht Mehr ereignet. Sondern ein unsagbares Grauen, das mich ergreift, wenn ich für Sekunden dessen inne werde, dass ich eines Tages nie mehr da sein werde. »Nicht der Tod, sondern das Sterben beunruhigt mich«, sagt ja Montaigne. Aber die Angst vor dem Sterben ist am Ende doch: Angst vor dem Tod.

In mir blitzt dieses Bewusstsein – das Licht wird eines Tages ausgehen *und nie wieder an* – von Zeit zu Zeit auf eine Weise auf, die mit gewöhnlicher Kenntnis um meine Sterblichkeit nichts gemein hat. Es ist ein jähes Gefühl, eine grauenvolle Klarheit, ein vollkommenes Ergriffensein von der Unentrinnbarkeit, Unumkehrbarkeit und Ewigkeit meines Todes – dieses »Nicht mehr. Nie mehr wieder«, Edgar Allen Poes »Nevermore« –, das viel schlimmer nicht sein kann, wenn es einmal wirklich ans Sterben geht. Es ist, als würde mir für Sekunden die Haut abgezogen, sodass schon die allerleiseste Berührung namenloses Entsetzen auslöst. Im Zustande dieses Entsetzens aber lässt sich nicht leben. Allerdings schmeckt, sobald der Anfall vorüber ist, die Süße des Lebens, des Lebens ohne diesen Schmerz, für kurze Zeit besonders stark nach, und das erzeugt in uns den Wunsch, von dieser Süße auch ohne jenen Schmerz und jeden Tag zu kosten, und eine große Reue, es bisher versäumt zu haben. Und wie anders sollte es möglich sein als durch ein Leben in vollem Bewusstsein des jederzeit möglichen Todes? Es ist aber der Angstschmerz, der diese Süße allererst erzeugt – nicht das bloße Wissen um Sterblichkeit. Die reine Süße ist nicht zu haben – zunächst noch nicht, weil der Schmerz noch fehlt, dann nicht mehr, weil er mich nun erstarren macht. Die Forderung, das Angesicht des Todes zu suchen, um das volle Leben zu gewinnen, läuft daher auf die Paradoxie hinaus, die Bedingung der Möglichkeit eines solchen Lebens durch die Erzeugung der Bedingung seiner Unmöglichkeit zu schaffen.

Da ziehe ich doch die Illusion der Unsterblichkeit jederzeit vor, oder vielmehr: die Selbstverständlichkeit des Noch Nicht – noch lange nicht.

»... als ob es den Tod nicht gibt«. »Ich hasse den Tod. Ich fürchte ihn, ich will von ihm nichts wissen. Ich tue so, als ob ich ewig leben könnte, sonst kann ich nicht mehr schreiben. ... Ich ... arbeite so, als ob es den Tod nicht gibt, als ob er nie kommt.« (Friederike Mayröcker)

Noch ein Frühling. Sein zum Tode? Andererseits insistiert Heidegger mehr als jeder andere darauf: Zum Sein des Menschen gehört das Noch Nicht, gehören die noch nicht verwirklichten Möglichkeiten – das, was noch aussteht. Dann gehört auch Mayröckers »und noch ein Frühling, und noch ein Frühling ...« dazu. *Das* nenne ich »das Zeitliche segnen«.

Bewegung zum Tode. Mit *Die Trompeten von Jericho* hat Unica Zürn ein Märchen über den Selbstmord geschrieben. »Sogar die Kinder beugen sich über das Wasser im Wunsch, sich hineingleiten zu lassen.« Diesen

Worten hat sie die Tat folgen lassen. »Ohne noch gelebt zu haben, werde ich sterben.«

Zirpt Gegenwart wie in Insekt.

...
Jedwedem schmälert Zeit mit einem jeden Bisse
Den Bruchteil vom Genuß den Gott ihm zugestand.

Es zischt dreitausendundsechshundertmal von droben:
Erinnre dich! die Stunde. – Eh du's meinst
Zirpt Gegenwart wie ein Insekt: Ich bin das Einst
Und hab mit eklem Rüssel Blut aus dir gehoben.
...
Erinnre dich dass Zeit im Spiel auf Vorteil sinnet.
Sie macht (und ohne Trug), so gilt es, jeden Stich!
Es sinkt der Tag; die Nacht wächst an; erinnre dich!
Den Abgrund dürstet stets; die Wasseruhr verrinnet.

Bald schlägt die Stunde, wo das Glück, dein hoher Gast
Wo Tugend, dein Gemahl, des Bett du niemals teiltest
Wo Reue (das Asyl das du zuletzt erreichtest)
Dir zuruft: Greiser Fant! nun stirb! es ist verpaßt!

Charles Baudelaire: Die Wanduhr
(Übersetzung Walter Benjamin)

Immer noch nicht mehr (Stirring stills). Kurz bevor er starb, schrieb Samuel Becket *Stirring Stills*, die Geschichte eines Mannes – er erinnert an *Oblomow*, auch an Clov aus *Endspiel* –, der »Eines Nachts als er den Kopf auf den Händen am Tisch saß« sich aufstehen und gehen sah. Erika Tophoven-Schöningh hat der Erzählung den deutschen Titel *Immer noch nicht mehr* gegeben, eine schöne, kluge Übertragung.
In *Endspiel* geht es, verglichen mit dieser Geschichte, lebhaft zu.
Durchs Fenster kam schwaches Licht.
»Dieses Licht von draußen war dann wenn sein eigenes erlosch sein einziges Licht bis auch dies an die Reihe kam und erlosch und ihn im Dunklen ließ. Bis auch dies an die Reihe kam und erlosch.« (S. 9)
Zwar sah der Mann »durch die trübe Scheibe den ungetrübten Himmel« (S. 7), aber das Licht war erst noch nicht hell, es war nur »Etwas wie Licht« (ebd.), und dann aber ganz erloschen.
Tuwörter zeugen überall von einem schwächlichen oder passiven Tun: Sitzen und bleiben, aufstehen und gehen, verschwinden und wieder erscheinen, sterben und verlassen. Noch-nicht- Verben: halb hoffen, halb fürchten, fragen und warten, ruhen und schweigen, suchen und zögern, gefolgt vom Nicht-mehr des Sterbens, des Endens und Verlassens.

Schläge, auch »Schreie in der Ferne bald lautlos beinahe bald klar«, eine Uhr, die schlug (S. 11). »Dann wieder alles wie vorher. Und Geduld bis zu dem einzigen wahren Ende von Zeit und Leid und Selbst« (S. 17).

Hier ist ein Extrakt der Zeitwörter: Eines Nachts, eines Nachts oder Tags, noch immer, nicht mehr, erst, dann, wieder, dann, wieder, dann, später, wieder, wieder, wieder, wieder, wieder, wieder, davor, danach, bis, wieder, wieder, wieder, Uhr, bald, bald, bald, Stunde, Augenblick, von Zeit zu Zeit, einst, nach allem, wieder, nach allem, Tag für Tag, Nacht für Nacht, jetzt, wieder, wieder, wieder, nie zuvor, wie immer, wieder, wie immer, zuletzt, nicht wieder, zuletzt, nicht wieder, Ende, wie vorher, wie vorher, wie vorher, bald da, bald weg, bald wieder da, bald wieder weg, wieder alles wie vorher, immer wieder, Zeit, nicht lange, noch nicht länger als sechs oder sieben Stunden, Uhr, Stunden, letzten Ende, jetzt, damals, am Ende, letzten Endes, später, wieder, Ende, wieder weiter, kein Ende in Sicht, für immer, bald, bald, bald, bis wieder, enden nie zuvor, Pause, wieder über kurz oder lang, nie wieder, dann wieder, hier wieder, enden, wie zuvor, enden, und so weiter, nie zuvor, schon einmal, wieder, die ganze Zeit, nie zuvor, je, je, bald, bald, nicht mehr, nicht mehr, bis nichts mehr, enden, Zeit.

»Oh alles enden.« *Oh, all to end.* (S. 28 f)
Danach hat Beckett nicht mehr geschrieben.

Späte Reue. »Hätte ich ihm doch noch dies gesagt, jenes getan«, denken wir beim Tode eines geliebten Menschen: wenn, ja: *weil* es nun nicht mehr geht. Wir entdecken den versäumten Augenblick erst in, ja: an der Vollendung der Versäumnis.

Verallgemeinerung: »Späte Reue« ist ein Pleonasmus.

Dieser gefährliche Augenblick. Fragen, die der Tod aufwirft, pflegen wir uns nicht zu stellen, solange wir nicht selbst von diesem finalen Verlust bedroht sind. Dann aber sind Antworten nicht mehr verlässlich: weil wir sie erst jetzt, in diesem gefährlichen Augenblick, als eine Zuflucht suchen, in großer Versuchung, mit dem erstbesten Unterschlupf Vorlieb zu nehmen, der Trost oder Rettung verheißt.

Früher indes geht's nicht, denn wenn wir die Frage stellen, bevor wir vom Tode bedroht sind, *wecken* wir das Gefühl der Bedrohung und das Bedürfnis nach der Rettung und Trost.

Die Frage nach dem Tod kommt immer zu früh und zu spät.

Darwin Award. Auf der Darwins Awards Official Home Page (http://www.officialdarwinawards.com/index.html) ist ein Preis für denkwürdige Arten, zu Tode zu kommen, ausgelobt. Verliehen wird der Preis, naturgemäß, »usually posthumously«. Da ist doch dieser Kandidat und diese Legende einschlägig, die Montaigne (I, 20, S. 47) nacherzählt: »Aischylos, den man vor dem Einsturz eines Hauses gewarnt hatte, mochte sich noch so sehr im Freien aufhalten – aus heiterm Himmel erschlägt ihn der Panzer einer Schildkröte, die einem Adler im Flug aus den Krallen glitt!«

Zwei Tote (»We're No Angels«). Um die Weihnachtszeit gerne im Fernsehen gezeigt: »Wir sind keine Engel«, mit Humphrey Bogart, Peter Ustinov und Aldo Ray, die als Verbrecher auf der Flucht sind, geflohen von der Teufelsinsel am Heiligen Abend. Noch ist das rettende Schiff nicht erreicht, noch also die Flucht nicht vollendet (und das wird sie am Ende auch nicht mehr). Es heißt auf das Schiff warten. Als Zuflucht dient inzwischen ein Kramladen, geführt von einem älteren Paar und dessen Tochter. Die Knastbrüder machen sich anerbötig, das Dach zu reparieren, und werden zu, das darf man sagen, teilnehmenden Beobachtern des Geschäfts- und Familienlebens. Fieser Besuch aus Paris betritt die Szene, Cousin André, dem der Laden gehört und der dem menschenfreundlichen Kreditgebaren der Krämer ein Ende setzen will, nebst erbschleichendem Neffen Paul. Das Ganoventrio findet: *Diesem Vorhaben* muss ein Ende gesetzt werden, und das geht am besten, indem dem Cousin André ein Ende gesetzt wird. Ordnung indes muss sein, daher wird dies in einem ordentlichen Gerichtsverfahren beschlossen, in dem der Fälscher Bogart als Vorsitzender Richter auftritt, der Gattinnenmörder Ustinov als Verteidiger und der Vergewaltiger Ray als Vertreter der Anklage. In Minutenschnelle wird André für schuldig befunden und zum Tode verurteilt. (Ray hatte noch protestiert: »Your Honor, is this trial going to drag forever?«)

Noch während die drei die Art und Weise der Urteilsvollstreckung beraten, nimmt ihnen André diese Entscheidung ab. Hier nun kommt die Viper Adolphe ins Spiel, eine *sehr* giftige Giftschlange, die im ganzen Film niemals zu sehen ist, erst noch nicht, weil Ray sie stets in einer – liebevoll als kleines Haus geformten – Schachtel verborgen herumträgt, Haus im Haus, dann nicht mehr, weil sie – später, später – ihrerseits entfliehen konnte. Jedenfalls, André nimmt sich die Schachtel und geht damit in sein Zimmer, wo …. Das Gangstertrio, von Skrupeln befallen, beschließt, André müsse gewarnt werden. Aber wer soll das tun? Niemand will. Die Karten sollen entscheiden. Widerwillig und mit äußerst schleppendem Gang sucht Bogart ein Kartenspiel – und verliert beim Ziehen. Er steht auf, geht zur Tür, dreht um, kommt zurück, markiert Vergessen – »Was sollte ich ihm sagen?« –, provoziert zeitraubende Erinnerungsarbeit, geht dann aber doch ein zweites Mal zur Tür, öffnet sie und tritt ein. Das alles dauert. Schon nach zwei Sekunden aber kommt er heraus und setzt sich wieder. Die beiden anderen gucken vorwurfsvoll.

»You didn't tell him«, sagt Ustinov.

Bogart: »He knows already«.

Dieses »Schon«, folgend auf das »Noch nicht«, dem es ein Ende bereitet, impliziert, wie ich wohl kaum erläutern muss, ein unausgesprochenes »Nicht mehr«.

In Ansehung des erbschleichenden Neffen Paul findet das Trio, in Trauer über Adolphes Verschwinden: »He could have done us another favor.« Das tut Adolphe dann auch noch.

Die Flucht der drei Ganoven ist auch darin eine Noch nicht/Nicht mehr-Geschichte, dass sie zum Schluss freiwillig in Gefängnis zurückgehen. Das Leben draußen sah nicht mehr so recht verlockend aus. Bogart: »I'll say this much for prison. You meet a better class of people.«

Zwei Zeitlupen. Ein Aufschlag beim Tennis, ein *homerun* im Baseball erstrecken sich in Lars Gustafssons *Der Tennisspieler* respektive Don DeLillos *Unterwelt* über viele, viele Seiten. Gustafsson behauptet gar, der Ball sei »ein ganzes Kapitel über einem strahlenden, zartblauen texanischen Himmel hängengeblieben«, und Iris Radisch schrieb einmal in *Die Zeit,* DeLillo lasse den Ball in der Zeitlupe eines Baseballspiels im Jahr 1951 – *Giants* gegen die *Dodgers* – 60 Seiten lang »über das Spielfeld und die halbe Welt« fliegen. Da muss die Begeisterung sie fortgerissen haben – nicht der Homerun, sondern das ganze Spiel lief über 60 Seiten. Wem aber dienen solche Zeitlupen in der Literatur, wenn nicht der Einrede wider das Versäumnis des Augenblicks? DeLillo bringt in der Zeit dieses Baseballspiels Frank Sinatra mit Ava Gardner in einem Nachtclub in Nevada unter, die Embleme der prosperierenden Wirtschaft von Johnson & Johnson bis General Motors, Edgar Hoover, den Special Agent Rafferty, einen Eisverkäufer, einen Atomtest der Sowjetunion, Albert Einstein, Harry Truman, einen sechzehnjährigen Dodgers-Fan, der im Dämmerlicht auf dem Dach kauernd das Spiel im Radio verfolgt, die Rekordernte der Farmer, den Glanz eines neuen Packard-Modells und den »Ort, wo Lee vor Grant kapituliert hat oder so was«.

»Das ist die Geschichte der Menschen, und sie hat Fleisch auf den Knochen ... die Sandkörnchenunendlichkeit, die keiner zählen kann.

Alles fällt unauslöschlich der Vergangenheit anheim.«

A single yesterday (Gestern II). »I'd trade all my tomorrows for a single yesterday«. *Me and Bobby McGee.* Ganz anders die Gestern des Macbeth (s. unten, S. 112).

Letzter Wille.
eine Stunde
eine einzige Stunde
die ich vergeudet habe in meinem Leben
gib mir zurück
werde ich sagen
gib mir eine einzige Stunde
einen einzigen Tag
gib mir einen einzigen Tag
den ich vergeudet habe in meinem Leben
zurück werde ich sagen
wenn es zum Ende kommt
werde ich flehen
Friederike Mayröcker

Das war's. Ein paar Freunde, ein paar Lieben, ein paar Bücher. Ein paar Krisen, ein paar Feste, ein paar Siege. Erst scheint die Zahl der Kugeln, die dir hingerollt werden, unendlich. Dass es nur ein paar sind, entdeckst du erst, wenn's nicht mehr hilft. Aber vorher hätte es eben *noch nicht* geholfen.

Never
I've never scored a touchdown
On a ninety-nine yard run,
I've never winged six Daltons
With my dying brother's gun...
Or kissed Miz Jane, and rode my hoss
Into the setting sun.
Sometimes I get so depressed
'Bout what I haven't done.
Shel Silverstein

Und dann? »Was soll aus mir mal werden, wenn ich mal nicht mehr bin?« (Robert Gernhardt, *Testament*)

VI. 1945. 1968. 1989

Vita. Geboren am 20. Juli 1945.

Neunzehnhundertfünfundvierzig. Noch war der Krieg nicht zu Ende, da, wenige Monate vor meiner Geburt, hatte mein Vater, Günther Ortmann, abbekommen, was man damals einen Heimatschuss nannte – eine Verwundung, die ihm die Erlaubnis zur Heimfahrt bescherte. Zu Hause hätte er bleiben und das absehbare Kriegsende abwarten können. Er hat es vorgezogen, an die Front zurückzukehren. Dort ist er »gefallen«, und vielleicht müsste es heißen: hat er den Tod gesucht. Denn ich glaube, er konnte zu Hause nicht bleiben, solange der Endsieg nicht errungen, und nicht mehr nach Hause zurück, als er – oder seine Kraft? Oder sein Vertrauen, dort noch willkommen zu sein? – verloren war. Mein Vater konnte er noch-nicht-und-nicht-mehr werden, ein Verspäteter der verspäteten Nation. Auf alten Fotos sieht er mir ähnlich. Seine Feldpost liegt in einem Rollschrank im Keller. Ich habe sie noch nicht gelesen.

Filius ante patrem. Söhne ohne Väter: Herbstzeitlose. Dagegen anschreiben: gegen den Augenblick, der nicht erblüht, sondern verlischt (Gerhard Neumann), das wäre ein Programm à la Benjamin. Es steht uns nicht mehr zu Gebote.

Vergangenheitsbewältigung (drei Noch nicht/Nicht mehr). Erst konnte man den Globkes noch nichts anhaben, weil das Dritte Reich triumphierte, dann nichts mehr, weil es zusammengebrochen war. Erst konnte man noch nicht wissen, dann wollte man nichts mehr hören. Erst waren die Wunden noch nicht verheilt, dann gab das Gedächtnis nach.

Kollektivschuld.
> Wir haben es nicht getan,
> Andere haben es getan.
> Aber keiner hat es gewusst.
> Nur die es getan haben,
> Wussten etwas davon.
> Aber sie wussten nicht, was sie taten.
> Sie taten es,
> Sie taten es auf Befehl,
> Was einem befohlen wird,
> muss getan werden.
> *Wolfgang Bittner: Kollektivschuld*

Derlei hat im Juristenjargon noch stets »Befehls-« und »Putativnotstand« geheißen, und »mangelnder Täterwille«, gemäß der »Münchner Formel«, entwickelt vom Landgericht München und jahrzehntelang gern und messerscharf jedem attestiert, der auf Befehl handelte. Freigesprochen wurden auch alle, denen keine *bestimmten* Tötungen nachgewiesen werden konnten – und das waren, in einer auf Arbeitsteilung beruhenden Vernichtungsfabrik, »naturgemäß« die weitaus meisten. Inzwischen haben sich die Gerichte eines anderen besonnen. Das alternative, das angemessene Rechtskonzept des gemeinschaftlichen Mordes – die Massenvernichtung war ein *arbeitsteiliges System*, das darauf beruhte, dass viele an jeweils ihren Stellen Hand anlegten, viele Hände, die eben deshalb nicht in Unschuld gewaschen werden können – ist seinerzeit von dem für den großen Auschwitz-Prozess 1963–65 zuständigen Generalstaatsanwalt Fritz Bauer, Jude und Sozialdemokrat, entwickelt und *damals* empört verworfen, Bauer dafür mit dem Tode bedroht worden. Seit 2013 wurde in Frankfurt wieder ein Prozess gegen KZ-Wachleute vorbereitet, der dieser Idee zum Durchbruch verhalf. Die nun Beschuldigten waren oder sind alle älter als 90 Jahre. Ausgerechnet John Demjanjuk, nach den Feststellungen des Gerichts (zwangsrekrutierter) Lageraufseher im Lager Sobibor, selbst, wie sogar die Anklage einräumt, Opfer der Deutschen, ist 2011 – widerliche Ironie des Schicksals: vom Landgericht München II – mit *inzwischen* erwachtem, dafür nun aber umso unbeirrbarerem Sinn für systematische Erfassung auch noch der Machtlosesten, selbst Bedrohtesten, Erbarmungswürdigsten[*] unter den als Täter in Frage

[*] John (Iwan) Demjanjuk, geboren am 3.4.1920 in der Ukraine; Soldat der Roten Armee; deutsche Kriegsgefangenschaft; seit 1942 »Hilfswilliger« der SS; seit März 1943 wohl (*sic*) Wachdienst in Sobibor: nach dem Zweiten Weltkrieg in die USA emigriert; 1986 nach Israel überstellt, wo er als »Iwan der Schreckliche« wegen angeblicher Verbrechen im Vernichtungslager Treblinka zum Tode verurteilt wurde; 1993, nach sieben Jahren Haft, einstimmige Aufhebung dieses Urteils durch das israelische Berufungsgericht, weil Demjanjuk (wohl mit Iwan Martschenko) verwechselt worden war; ab 2001 ein weiterer Prozess in den USA; 2005 Abschiebung in die Ukraine angeordnet; 2009 deutscher Auslieferungsantrag und Abschiebung nach Deutschland; Verurteilung am 12.5.2011; Revision seitens Staatsanwalt und Verteidigung; Demjanjuk starb am 17.5.2012 (http://de.wikipedia.org/wiki/John_Demjanjuk; Zugriff : 7.6.2013). Zur unendlich schwierigen Frage der strafrechtlichen und moralischen Schuld der Täter s. Tzvetan Todorov, *Angesichts des Äußersten* München 1993, bes. S. 37 ff, 135 ff. Ein sehr anderer Fall: Oskar Gröning, der 2015 in Lüneburg vor Gericht stand. Er war kein Zwangsrekrutierter, sondern SS-Unterscharführer in Auschwitz. Die SS nannte dieser Mann noch 2015, vor Gericht, eine »zackige Gruppe«. Dass er sich als einer der ganz Wenigen zu moralischer Schuld bekannte, erübrigte gewiss nicht, ihm den Prozess zu machen – was allerdings deutsche Staatsanwaltschaften *bis 2005* immer wieder mit Verfahrenseinstellungen verhindert hatten.

Kommenden zu fünf Jahren verurteilt worden. Das Urteil hat den Beifall großer Teile der veröffentlichten Meinung erhalten – eingeschränkt durch gelegentliche Kritik an der, wie es hieß, Milde des Verdikts. Dies, obwohl bezüglich des Sachverhalts – Kern des Beweises für Demjanjuks Anwesenheit in Sobibor und seine Taten war ein Dienstausweis – und auch in der Schuldfrage Zweifel blieben: Gab es nicht (für einen ukrainischen Trawniki-Mann) doch einen Erlaubnisirrtum oder (anders als für die weit weniger gefährdeten SS- und Wehrmachtsangehörigen) eine Exkulpation nach § 35 StGB (nicht *rechtfertigender*, aber immerhin *entschuldigender* Notstand)? Mein Punkt ist aber nicht diese engere juristische Frage, sondern: Urteile dieser Art waren so lange noch nicht üblich, bis die meisten Täter gestorben oder für eine Vollstreckung zu alt waren. *Nun*, nachdem es für so viele der höheren Chargen der Konzentrationslager – und erst recht für noch höher angesiedelte Schreibtischtäter – Milde, Freisprüche, Verfahrenseinstellungen und Verjährungen gegeben hatte und für sie keine Gefahr mehr droht, entdeckt die deutsche Justiz in ihrer neuen, auf neue Weise perfektionsbedachten Rechtsprechung die überzeugende, zu seiner Zeit indes noch nicht genehme Rechtsidee Fritz Bauers), um sie mit deutscher Gründlichkeit doch noch zum fast schon ausgehauchten Leben zu erwecken, durch nachholende, verspätete, verspätungs- und schuldbewusste Gründlichkeit. Demjanjuk sei »Teil der Vernichtungsmaschinerie« gewesen. Entschuldigender Notstand? Es sei ja Flucht möglich gewesen, sagt derselbe Staatsanwalt, der die Aussage des Gutachters Dieter Pohl vom Institut für Zeitgeschichte nicht bestreitet, im Falle der Flucht hätten »Trawnikis« (die von der SS rekrutierten Gehilfen) mit der Todesstrafe rechnen müssen. Zum Vergleich das Schicksal einiger Teilnehmer der Wannsee-Konferenz, auf der am 20.1.1942 in gepflegtem Ambiente die »Endlösung der Judenfrage« in ihren durchaus anspruchsvollen Zuständigkeits- und Koordinationserfordernissen geregelt wurde: SS-Gruppenführer und Staatssekretär Dr. Wilhelm Stuckart: 3 Jahre, 10 Monate und 20 Tage, so bemessen, dass er am Tage seiner Verurteilung wegen Anrechnung seiner bis dahin erlittenen Haft frei kam, 1950 »entnazifiziert«, 1952 als »Mitläufer« mit 500 DM Geldstrafe belegt; Reichsamtsleiter Dr. Georg Leibbrandt: Untersuchung 1950 eingestellt, kein Gerichtsverfahren eröffnet; SS-Oberführer Gerhard Klopfer: 1949 für »minderbelastet« erklärt, Ermittlungsverfahren wegen Teilnahme an der Wannsee-Konferenz 1962 eingestellt. John Demjanjuks Urteil, juristisch *vielleicht* korrekt, war von dem Bemühen getragen, endlich den Opfern wenn schon nicht Gerechtigkeit, so doch eine Art Recht zurückzugeben, ein guter, unabweisbarer, aber später, allzu später Grund. Es bewegte sich in diesem Bemühen an und jenseits der Grenze zur Absurdität. Es wurde nicht mehr rechtskräftig. Der Verurteilte starb 2012, mit fast 93 Jahren, vor der Revisionsverhandlung.

Rückwirkungsverbot. Waren nicht die Nürnberger Prozesse eine Verletzung des Rückwirkungsverbots? Wie sagte schlimmschlau Hans Filbinger, ehemals Ministerpräsident von Baden-Württemberg, Träger des Großen Verdienstkreuzes mit Stern am Schulterband und des Großkreuzes des Verdienstordens der Bundesrepublik Deutschland, eine Weile zuvor im »Dritten Reich« als Marinerichter an Todesurteilen beteiligt, unter anderem an geflohenen Deserteuren? »Was damals rechtens war, kann heute nicht Unrecht sein.«

Diese Selbstgerechtigkeit des Rechtspositivismus – die Selbst-Gerechtigkeit, die spricht: »es ist nur gerecht, dass Recht Gerechtigkeit bricht« – ist die Beschwörung eines Noch nicht/Nicht mehr. Im Unrechtstaat war die Tat noch nicht Unrecht, denn sie war ja gesetzestreu, danach, im Rechtsstaat, ist sie es nicht mehr, denn nun gilt ja das Rückwirkungsverbot. Durch diese Ritze des Rechts hat sich nicht nur Filbinger, und auch nach 1989 so mancher, zu schlängeln versucht.

Das Rückwirkungsverbot aber möchte man doch nicht preisgeben? Himmelschreiendes Unrecht wäre es doch, gegen das *nulla poena sine lege* zu verstoßen. Die Juristen sind bemüht, die Ritze zu kalfatern, sei es mit der Radbruch'schen Formel vom übergesetzlichen Recht, sei es unter Rekurs auf Völkerrecht (schon auf die Haager Landkriegsordnung von 1899). Das sind – wenn auch notwendige – Problem*verschiebungen.* Sie verschieben das Problem auf die Fragen: Was sind »unerträgliche« Widersprüche zwischen Recht und Gerechtigkeit? Wann »verleugnet« positives Recht »jedwede« Gerechtigkeit (Radbruch)? Was sind »schwere« Menschenrechtsverletzungen im Sinne des Völkerrechts? Und schließlich: Gilt für die Antworten auf diese Fragen nun nicht doch ein Rückwirkungsverbot? Nach dem Muster: »Noch keine Antwort – noch keine Strafe. Nun aber eine Antwort, also Strafe, aber nicht rückwirkend«? Ein Ende des drohenden infiniten Regress' oder zirkulärer Argumentation könnte nur durch ein *ewig* gültiges Gesetz von vollkommener Gerechtigkeit begründet werden. In Ermangelung dieses *deus ex machina* bleibt nur: ein Hauch von Willkür, gemildert durch notdürftige, *leidlich* tragfähige, *möglichst* tragfähige Gründe, die nicht mehr als *vorläufige* Geltung beanspruchen können. Das heißt, dem Noch Nicht und Nicht Mehr ein für alle Mal positiv fixierten Rechts sein Recht zu geben, einer unabstellbaren *différance.*

Stichworte zur geistigen und polizeitaktischen Situation der Zeit um 1968. Von links bis rechts hieß es: »Geduld! Gut' Ding will Weile haben.« Aus der DDR kam »Kritik der revolutionären Ungeduld« (Wolfgang Harich), aus der SPD der Ruf nach Reformen. Günter Grass, *darin* ihr Hofdichter, erhob in einer seither zum Priapismus versteiften Geste den Zeigefinger und mahnte zum Schneckentempo. Schneckengang statt Adlerflug, Karl statt Friedrich Schiller, Karl Schiller statt Karl Moor.

Arnold Gehlen warnte davor, *die* Institutionen anzurühren – sein glitschiger Syllogismus ging so (Philosophen sagen zu so etwas »slippery slope«): »Institutionen entlasten, das ist notwendig, *ergo* sind *jedwede* Institutionen unantastbar.« Das hatte ihn 1938 noch nicht bekümmert, während nun die Institutionen des Schahs von Persien und die Schläger des *SAVAK* Polizeischutz genossen, Knüppel aus dem Sack. Der Vietnam-Krieg wurde mit einem weiteren *slippery-slope*-Argument gerechtfertigt: der Domino-Theorie. Martin Luther King: ermordet am 4. April 1968 in Memphis, Tennessee. Robert F. Kennedy: erschossen am 5. Juni 1968 in Los Angeles. Mief war nicht nur unter den Talaren. Wir, in von Geschichtsbewusstsein und Weitsicht nicht getrübtem Tatendrang, zitierten Brechts *Buch der Wendungen*: »Gefragt, was denn dem Zweifel eine Grenze setze, sagte Do: Der Wunsch zu handeln.« Vom Nochnichtundnochnichtundnochnicht frischer Luft hatten wir genug.* Wir wollten nicht mehr warten. Heute, vom Rathaus kommend, sind wir klüger. Nun wissen wir nicht mehr weiter.

Nachträglicher Ungehorsam? Haben die Studenten in den Jahren um 1968, wie es Odo Marquard in »Abschied vom Prinzipiellen« insinuiert (geschrieben 1981, publiziert 1982), nachträglichen, daher wohlfeilen Ungehorsam geleistet? So spät, so verspätet wie der Herr Egge, von dem Herr Keuner erzählt, und der erst »Nein« sagte, als die Zeit der Gewalt vorbei war? Und haben sie sich und andere mittels revolutionärer Geschichtsphilosophie mit dem unwiderstehlichen Entlastungsangebot versorgt, »dass man – wo Schuldvorwürfe es überlasten – das Gewissen *nicht mehr* zu *haben* braucht, wenn man Gewissen *wird*«? (S. 12; erste Hervorh. G. O.) Das hat es gegeben, kein Zweifel, und besonders dort, wo es ihnen gelang, Zipfel der Macht zu erhaschen. Infam aber finde ich die Entstellung, mit der Marquard operiert: *ein* übles, aber ganz partielles und sekundäres Motiv herauszugreifen und für das Ganze zu erklären, wo ein komplexes Motivgeflecht wirksam war, einschließlich einiger schwer denunzierbarer, von Marquard daher ausgelassener Motive, betreffend etwa den Vietnamkrieg oder Allendes Chile, die dort tätige CIA und die einschlägige Haltung der Bundesregierung. Auch der Protest der Generation der Achtundsechziger in Sachen Nationalsozialismus aber

---

* »Großartige Jahre« nennt zum Glück Helmut Lethen, *Suche nach dem Handorakel*, Göttingen 2012, S. 104, *diese* Zeit um 1968 (zum Glück, weil inzwischen pauschale Distanzierungen Beteiligter *en vogue* geworden sind). »Großartige Jahre, was die Lockerung der Glieder betraf. Man versteht das Glück der Erinnerung an die kinetischen 60er Jahre besser, wenn man als Schüler die Stickluft des innenpolitischen Klimas der Adenauerzeit hat atmen müssen.« Davon aber, vom Stickigen und vom Bedürfnis nach frischer Luft, geht das Wichtigste eben in einem Nicht Mehr der Geschichte unwiederbringlich verloren. Schon meinem Sohn kann ich es nicht mehr wiederbringen.

richtete sich gegen das *gegenwärtige* Verschweigen und Verdrängen. Es handelte sich, wenn man nur an den von furchtbaren Juristen durchsetzten Justizapparat, an die Todesdrohungen gegen Fritz Bauer und an die Herrschaft der Globkes, Filbingers und Flicks in dieser Zeit denkt, keineswegs um nur *nachträglichen* Ungehorsam. Wie wirksam das Verschweigen bis heute geblieben ist, daran hat Franziska Augstein jetzt noch einmal erinnert. In einer Vorabbesprechung des Fernsehfilms *Die Spiegel-Affäre* (am 2.1.2014 auf Arte, am 7.5. in der ARD) stellte sie fest, dass darin die Sache fälschlich als Duell zwischen Rudolf Augstein und Franz-Josef Strauß inszeniert werde. Die meisten derer,»die die Anklage gegen den Spiegel einleiteten und seine Verfolgung betrieben, kommen nicht vor oder bleiben unbedeutend. Der Bundesanwalt Albin Kuhn war es, der das Ermittlungsverfahren aus Eigenem anordnete. Kuhn war zur NS-Zeit Staatsanwalt am ›Sondergericht‹ Würzburg gewesen. Volkmar Hopf war 1962 Staatssekretär im Bundesverteidigungsministerium und koordinierte die Maßnahmen des Ministeriums. Er hatte in der besetzten Tschechoslowakei die Vollstreckung von Todesurteilen gefordert. Der Bundesanwalt Walter Wagner, der den ›Zugriff‹ (sein Lieblingswort) auf den *Spiegel* mitorganisierte, war im Zweiten Weltkrieg Oberstaatsanwalt am ›Sondergericht‹ im besetzten Polen gewesen. Theo Saevecke leitete 1962 das Referat für Hoch- und Landesverrat der Sicherheitsgruppe und koordinierte die Festnahmen bei Nacht, die viele an Gestapo-Methoden erinnerten. Nicht von ungefähr: Als SS-Offizier hatte er sich 1944 den Beinamen ›Henker von Mailand‹ erworben.« (Süddeutsche Zeitung Nr. 96 vom 26./27.4.2014, S. 42) Das wusste man damals noch nicht, und heute erinnert sich, außer Experten, niemand mehr daran. Marquard verurteilt»das Tribunal, dem man entkommt, indem man es wird«. *D'accord*, aber das gilt auch für das Tribunal der Kritik, und zumal dieser seiner autobiographisch motivierten Kritik.

Verjährung. Erstattungsansprüche jener, die als KZ-Häftlinge Zwangsarbeit leisten mussten und die Shoah überlebten, wurden bis 1989 von bundesdeutschen Richtern regelmäßig abgewiesen. Lohnnachzahlungen für Zwangsarbeiter wurden als»Reparationen« definiert, und zu Reparationsleistungen war die Bundesrepublik gemäß dem Londoner Schuldenabkommen von 1953»bis zur endgültigen Regelung der Reparationsfrage« nicht verpflichtet. An deren Stelle trat der Zwei-plus-Vier-Vertrag aus dem Jahre 1990, der Reparationsfragen gar nicht erwähnt. Seither erklärt die Bundesregierung die Lohnforderungen für verjährt. (*Die Zeit* Nr. 45 vom 31.10.1997, S. 9 f) Nein, von Attentaten auf Regierungsbeamte wurde in jener Zeit nicht berichtet.

Schlafende Hunde (Ad kalendas graecas). Reparationen, zum Beispiel an Griechenland, hat Deutschland erst noch nicht und dann nicht mehr gezahlt: 1953 noch nicht, 1960 immer noch nicht, und seit 1990 endgültig nicht mehr. (Ab 1960 zahlte Deutschland 115 Millionen Mark an Griechenland, aber ausdrücklich nur für individuelle NS-Opfer, nicht für Kriegsschäden, nicht für die Ausplünderung der griechischen Wirtschaft, nicht einmal für die Massenverbrechen an der Zivilbevölkerung und die berüchtigten Vergeltungsaktionen –»Sühnemaßnahmen« – der Wehrmacht, deren Opfer nicht als NS-Opfer galten.) 1969 gab es, als das Thema der Reparationen von Griechenland einmal mehr aufgebracht worden war, diese Warnung des deutschen Botschafters an das Auswärtige Amt:

«Durch das Londoner Schuldenabkommen (von 1953, G.O.) … gelang es dank des Entgegenkommens unserer amerikanischen Freunde, die gewaltigen Reparationsforderungen der Feindstaaten … bis zum Abschluß eines Friedensvertrages zurückzustellen, d. h. unsere Gegner des letzten Weltkrieges ad *kalendas graecas* zu vertrösten… Es müßte doch unser Interesse sein, diesen Zwischenzustand des Nichtzustandekommens eines Friedensvertrages so lange wie möglich aufrechtzuerhalten, um diese Forderungen unserer einstigen Gegner *durch Zeitablauf einer Verwirkung oder Verjährung zuzuführen.* Anders ausgedrückt: Man sollte schlafende Hunde nicht wecken.« (Hagen Fleischer, zitiert n. Norman Paech; Hervorh. G.O.)

Dann wachen sie vielleicht nicht mehr auf. *Ad kalendas graecas*, diese lateinische Wendung für den St. Nimmerleinstag mit Blick auf Reparationen nicht zuletzt an Griechenland zu wählen, das muss einen deutschen Botschafter in Griechenland mit einer Art hämischer Selbstzufriedenheit erfüllt haben. Es erhält heute, fast fünfzig Jahre später, in Zeiten der Griechenland-Krise, eine ganz neue, frische Aktualität.

Geist aus Flasche (Unaufhörliche Erledigungen). 1953 hieß es also in Sachen Reparationen: noch nicht. Das provozierte Ende der fünfziger Jahre diplomatische Bemühungen zwölf westlicher Länder, darunter Griechenland, 1960 mit dem Ergebnis eines Globalabkommens mit Deutschland zur Entschädigung, wie es indes ausdrücklich hieß, lediglich individueller NS-Opfer, nicht für Kriegsreparationen. Das hatte Bonn eigens durchgesetzt.»Damit sollte verhindert werden, dass der Geist der Reparationsfrage wieder aus der Flasche gelassen wurde.« (Constantin Goschler, Professor für Zeitgeschichte, in der Süddeutschen Zeitung Nr. 65 vom 19.3.2015, S. 2) Heute, da die Tsipras-Regierung wieder Ansprüche erhebt, heißt es des ungeachtet, jenes Globalabkommen habe Reparationsforderungen»erledigt«. Erledigt seien sie außerdem, doppelt hält besser, durch den Zwei-plus-Vier-Vertrag von 1990. Kette der Erledigungen des schon Erledigten, Spur eines verräterischen, nicht erledigten Erledigungsbegehrens.

Entschädigung, 2001. Das Prinzip, Ansprüche der Opfer der Zwangsarbeit in der Spalte zwischen einem Noch Nicht und einem Nicht Mehr zu versenken, funktionierte auch noch, als es um Ansprüche an deutsche Unternehmen ging. 2001 mochte die Stiftungsinitiative der deutschen Wirtschaft »mangels Rechtssicherheit« noch nicht zahlen, und Woche für Woche starben Opfer, denen sie nicht mehr zu zahlen brauchte. Möge ihren Sprechern das Wort Entschädigung, zusammen mit der Rede von Wiedergutmachung – heile, heile Gänschen – und der Advokatenfloskel »Rechtssicherheit«, mögen ihnen diese immer neuen Beleidigungen der versehrten oder zerstörten Würde der Opfer im Halse stecken bleiben. 1972 übrigens starb Friedrich Flick im Alter von 89 Jahren als reichster Mann Deutschlands, ohne seinen Arbeitssklaven je einen Pfennig Entschädigung gezahlt zu haben.

Zeugenschaft. Die Opfer laufen Gefahr, in der Zeitspalte zwischen Tat und *durch* die Tat gelöschter Spur ein weiteres Mal geopfert zu werden. Es gehört zu den Aporien der Zeugenschaft, dass die Tat, auch die millionenfach wiederholte, ephemer, Sache eines Augenblicks, vom Zeugen mangels Spuren nur bezeugt, nur beschworen werden kann. Zu diesen Aporien zählt auch das Schweigen der Überlebenden. Wieviele Täter lebten und leben unbehelligt, weil ihre Tat die Opfer, wenn schon nicht tötete, so doch verstummen machte?

Typisch deutsch. Die Deutschen »sind von Vorgestern und von Übermorgen, sie haben noch kein Heute«, sagt Nietzsche. Typisch deutsch kommt es mir vor, so über die Deutschen zu reden. Wer in diesem Glashaus sitzt, der soll mit Steinen werfen.

Zwei Formen des Opportunismus. Es gibt eine menschliche Form des Opportunismus: seinen Grundsätzen gelegentlich *entweder* noch nicht *oder* nicht mehr zu folgen. Das brauchen wir zum Überleben. *Prinzipieller* Opportunismus folgt dem Grundsatz, die Grundsätze in der Zeitspalte zwischen dem ›Noch Nicht‹ und dem ›Nicht Mehr‹ dauerhaft zum Verschwinden zu bringen. Das brauchen Leute, die nichts-als-überleben. Manche mussten erst unter dem Nationalsozialismus, dann im »realen« Sozialismus, dann im Kapitalismus leben und überleben. 1949 aber gab es Leute, die innerhalb von vier Jahren im Dritten Reich, dann im Neuen Deutschland, sodann und ohne erkennbares Zögern in der jungen Bundesrepublik *reüssierten*; die es erst noch nicht, dann nicht mehr fertigbrachten, sich *einmal* zurückzuhalten.

Überleben.
…
Überleben ist, sagt ihr wiegender Gang, eine Übung,
Die jeder besteht, wenn er will. Absolvieren wir sie,
Diesen Tag, diese Nacht diesseits aller versäumten Nächte.
Durs Grünbein: Traumschule

Das Noch Nicht und Nicht Mehr der Schuld I. O-Ton Ost, vor 1989:
»Die DDR handelt aus eigener Souveränität. Die Mauer ist ein antiimperialistischer Schutzwall.« Nach 1989: »Wir bedauern den Bau der Mauer. Aber die DDR war Spielball der Großmächte im Kalten Krieg.«

Das Noch Nicht und Nicht Mehr der Unschuld. O-Ton West, vor 1989:
»Die DDR ist ein Satellit Moskaus.« Nach 1989: »Die DDR war souverän und hätte den Bau der Mauer verhindern können.«

Das Noch Nicht und Nicht mehr der Schuld II. Ost und West, vor 1945, vor 1989: Es wurden nur Befehle befolgt. Nach 1945, nach 1989: »Es war nicht alles schlecht.«

Rote Socken. SED- und Stasi-Seilschaften wurden alsbald Parasiten in der Spalte zwischen »Noch nicht« und »Nicht mehr«. Heute verweisen sie auf das Fehlen jener Spuren, die sie gestern gelöscht haben; heute auf jenes Recht, das sie gestern mit Füßen getreten haben.

Vorauseilender Gehorsam. Noch kein Schießbefehl. Der Schuss. Kein Schießbefehl mehr nötig. Im Dunkel zwischen diesem Noch Nicht und Nicht Mehr verschwand der Befehl – gutes Büchsenlicht, besonders für die Schreibtischtäter, deren mörderisches Tun sich dann erübrigte. Mörderisches Lassen aber hinterlässt kaum Spuren.

Gähnende Höhen. In der DDR war die Not der Nomenklatura schließlich so groß, dass man Emigrationswillige mit Ausweisung bestraft hat. Das ist von einer verzweifelten, tränentreibenden Komik, aber es wurde noch überboten dadurch, dass die Ausgewiesenen darüber, zu Recht, Klage geführt haben. Denen konnte es aber auch niemand recht machen. Erst passte ihnen das Ganze nicht, weil sie nicht rauskamen, dann nicht mehr, weil sie rauskamen. (Sinowjew, Gähnende Höhen; Elster, Subversion der Rationalität)

Die Revolution frisst ihre Kinder. Als Befreiung ist sie erst noch nicht, dann nicht mehr möglich. Wohl gibt es hier ein »Dazwischen«, den Aufstand selbst, den Kampf. Das ist die Zeit, da die Bedingungen der Unmöglichkeit künftiger Freiheit gesät zu werden pflegen.

Hier ist allerdings eine Unterscheidung vonnöten, die Gilles Deleuze getroffen hat: »Das Ereignis in seinem Werden entgeht der Geschichte«. Zu unterscheiden sei »die Zukunft der Revolution in der Geschichte und das Revolutionär-Werden der Menschen. Es sind nicht einmal dieselben Leute in beiden Fällen.« Erst Bärbel Bohley, dann Lothar de Maizière, dann Angela Merkel. Die Rebellion erlischt in ihrem Resultat.

9. November 1989. Die DDR-Regierung hatte die Mauer durchaus *noch nicht* geöffnet, da war jenes historische Missverständnis schon in der Welt und *nicht mehr* zu korrigieren. Schon Günter Schabowski, als er gegen 19 Uhr, gefragt nach dem Inkrafttreten der neuen Ausreiseregelung, sein legendäres »Das trifft nach meiner Kenntnis ... ist das sofort, unverzüglich« sprach, war nicht recht im Bilde. Sofort heißt ja: noch nicht, aber im nächsten Augenblick, ohne weiteren Verzug, der aber von Amts wegen sehr wohl vorgesehen war. Um 19 Uhr 56 meldete die *dpa*: »DDR öffnet Grenzen zur Bundesrepublik und West-Berlin.« Das stimmte noch nicht, aber daraufhin sangen die Abgeordneten im deutschen Bundestag die Nationalhymne. Da stimmte es immer noch nicht. 22 Uhr 42 meldete Anchorman Hans-Joachim Friedrichs zu Beginn der *Tagesthemen* in der ARD: »Die Tore in der Mauer stehen weit offen.« Das standen sie durchaus noch nicht. Aber die Leute am Prenzlauer Berg und anderswo in Ost-Berlin hörten und glaubten es und machten sich auf. Der Rest ist bekannt. Nicht so bekannt ist, dass die Grenzsoldaten *immer noch* den Befehl hatten, die Grenze abgeriegelt zu halten, angesichts des Drucks der Menge nur besonders heftig Drängende durchzulassen (»Ventillösung«) und deren Personalausweise aber mit einer Stempelmarkierung zu »entwerten« – Rückweg ausgeschlossen. Es wiederholte sich die makabre Geste, Leute, die rauswollten, mit Ausbürgerung zu bestrafen. Immer noch also war die Grenze nicht geöffnet – aber im nächsten Augenblick konnte sie nicht mehr geschlossen werden. Die Sternstunde der friedlichen Revolution resultierte aus einer Kette von Versehen, die nachträglich ihre eigene »Verifikation« bewirkten, einer Kette aus Noch-nicht-nicht-mehr-Verstrickungen, und gipfelte in dem historischen Versäumnis – der Weigerung – der Offiziere um Kommandeur Harald Jäger, den Befehl aus der Zentrale – »Grenze halten!« – zu befolgen. Günter Schabowski und Harald Jäger: zwei historische Gestalten des glücklich versäumten Augenblicks (s. auch unten, »*Nachträglichkeit II*«, S. 155 f).

Lebenslüge. »Aber ich liebe euch doch alle«, sprach Erich Mielke, unvergesslich, zu den wütenden Abgeordneten der Volkskammer 1989, nach dem Fall der Mauer.

An die Stelle der Macht im Nu die Macht der Liebe als Grund für seine Unantastbarkeit zu setzen, das nenne ich: geistesgegenwärtig.

Mildernder Umstand (IV). Der Vatermörder, der als paradigmatischer Fall von Chuzpe angeführt zu werden pflegt, weil er vor Gericht den mildernden Umstand angeführt hat, dass er Halbwaise sei, hat seine Schuldfähigkeit in der Spalte zwischen Noch Nicht und Nicht Mehr versenkt. Wie auch so mancher Angeklagte, der sich für nicht verhandlungsfähig erklärt, weil der Prozess seinem schwachen Herzen so sehr zugesetzt habe.

Pinochet hat das noch überboten, indem er argumentiert hat, dass ein Prozess seiner Gesundheit zu sehr zusetzen *würde,* sollte heißen: Noch bevor es dazu komme, sei ein Prozess nicht mehr möglich. Er war erst unantastbar, weil unheilbar gesund, dann, weil er *bald* zu krank sein werde – geschwächt von eben dem Prozess, der noch gar nicht begonnen hatte. Vielleicht hat er das von Mielke gelernt? Nein. Leute wie Mielke und Pinochet beherrschen die Geste der Unterwürfigkeit aus dem Effeff, weil sie ihnen tagtäglich zu Gebote und vor Augen war. Dass die Mimesis an den Modus ›Knechtschaft‹ ihnen aber, wo nötig, *so blitzschnell* gelingt, ist ein schöner Beleg für eine hegelianische Einsicht: In jedem Herrn wohnt ein Knecht, und in einem kleinen Herrn ein besonders knechtischer Knecht. Der kann jederzeit zum Vorschein kommen.

Gestern III. »And all your yesterdays have lighted fools / The way to dusty death.« »Und alle unsre Gestern führten Narr'n / Den Pfad des stäub'gen Todes.« Es ist Macbeth, der dies gesagt hat, und der seine Gründe hatte, von *seinen* Gestern nichts mehr wissen zu wollen. (V/5, Z. 23 f)

A little water. Und wie sprach Lady Macbeth? »A little water clears us of this deed.« (II/1, Z. 3)

VII. Wissen als *Déjà-vu* [*]

Noch nicht/Nicht mehr à la Kafka. »Was ich berühre, zerfällt«. [1]

Schein und Vorschein. Kafkas Noch Nicht ist das Noch Nicht des Unheils, sein Vorschein: Noch nicht, aber bald. Und im Noch hat aber jene verzweifelte Hoffnung ihre Aufenthaltsstätte, man möchte sagen: ihren Hinterhalt, die alles in unerträglicher Schwebe hält, obwohl das Nicht Mehr der Rettung nur *eine Frage der Zeit* ist. Josef K. ist verhaftet, aber noch nicht verurteilt. Dem Mann vom Lande wird Zutritt zum Gesetz erst noch nicht, dann nicht mehr gewährt. Das Gesetz ist in der *Strafkolonie* das Noch-nicht-nicht-mehr der Gerechtigkeit – noch nicht Gerechtigkeit als bloßes Wort, nicht mehr in seiner Anwendung, und erst recht nicht im Zusammenfallen dieser beiden, wenn es heißt, dass »sich die Inschrift im Körper vollzieht«, mittels jener furchtbaren Schreibmaschine, [1a] jenes Unmittelbarkeitsproduktions-Apparats, der das Noch Nicht der Gerechtigkeit in das erlösende Jetzt transformieren soll:

[*] Für Marianne Schuller. Dieses Kapitel ist, ergänzt um die Fußnoten 1a, 16a, 20a, 24a, 28a und ein Postscriptum, der Festschrift zu ihrem 65. Geburtstag entnommen: U. Bergemann, E. Strowick (Hrsg.): Weiterlesen. Literatur und Wissen. Bielefeld 2006: Transcript, S. 304–320.

[1] Franz Kafka: Beim Bau der chinesischen Mauer und andere Schriften aus dem Nachlaß in der Fassung der Handschrift. Ges. Werke in zwölf Bänden. Nach der Kritischen Ausgabe hg. V. Hans-Gerd Koch, Bd. 6, Frankfurt a. M.: Fischer 1994, S. 118.

[1a] »Sprechmaschine« hat Wilhelm Friedrich Boger, SS-Oberscharführer und Leiter des Referats »Flucht, Diebstahl und Fahndung« in Auschwitz, jenes Folterinstrument genannt, das, weil er selbst es erfunden hatte, auch »Boger-Schaukel« hieß: zwei Pfosten, eine Stange, an denen die Häftlinge aufgehängt wurden, die Handgelenke an die Fußgelenke oder an die Stange gefesselt. (http://de.wikipedia.org/wiki/Wilhelm_Boger; Zugriff 7.6.2013) S. ferner diese Stelle aus Kafka: Briefe an Milena (Brief vom September 1920): »Damit Du etwas von meinen ‚Beschäftigungen‘ siehst, lege ich eine Zeichnung bei. Es sind 4 Pfähle, durch die zwei mittleren werden Stangen geschoben an denen die Hände des ‚Delinquenten‘ befestigt werden; durch die zwei äußern schiebt man Stangen für die Füße. Ist der Mann so befestigt, werden die Stangen langsam weiter hinausgeschoben, bis der Mann in der Mitte zerrreißt. An der Säule lehnt der Erfinder und tut mit übereinandergeschlagenen Armen und Beinen sehr groß, so als ob das ganze eine Originalerfindung wäre, während er es doch nur dem Fleischhauer abgeschaut hat, der das ausgeweidete Schwein vor seinem Laden ausspannt.« (Erw. Neuausgabe, 13. Aufl., Frankfurt a.M. 2004, S. 271 f; die Zeichnung ist auf S. 271 abgedruckt.)

»Jetzt geschieht Gerechtigkeit.« Endlich. Wie heimtückisch bei Kafka die Rede des Offiziers vom »Ausdruck der Verklärung auf dem gemarterten Gesicht« des Verurteilten, den Offizier und Zuschauer angeblich wahrzunehmen meinen: »Wie hielten wir unsere Wangen in den Schein dieser *endlich* erreichten und schon vergehenden Gerechtigkeit! Was für Zeiten, Kamerad!«[2]

Man bedenke: ein *Schein*, der *angeblich* scheint – der Offizier behauptet es ja nur, und er zeigt dabei Spuren einer Obsession, die seine Glaubwürdigkeit untergraben –, und der *angeblich* macht, dass die Gesichter der Zuschauer sich ihm in einem moralischen Heliotropismus zuwenden, weil sie in ihm den Schein der Sonne der Gerechtigkeit zu verspüren *meinen*. Und ja: Was für Zeiten, Zeiten des Scheins einer Gerechtigkeit, die es erst noch nicht gibt, dann *endlich*, jedoch nur als Schein, oder als Schein eines Scheins, und gar Schein eines Scheins eines Scheins, denkbar matter Abglanz einer Gerechtigkeit, der aber schon wieder vergeht.

Der Prozess. »Jemand musste Josef K. verleumdet haben, denn ohne dass er etwas Böses getan hätte, wurde er eines Morgens verhaftet.« Schon die berühmte Eröffnung des Romans enthält unausgesprochen die sachlichen und die Zeitverhältnisse, die machen, dass einem der Atem stockt: Noch nicht/Nicht mehr-Verhältnisse.

Noch weiß K. und wissen wir *nicht*, ob er verleumdet wurde, aber im Verlauf des Prozesses wird er und werden wir es *nicht mehr* erfahren, und das ahnen wir schon jetzt. Noch ist ihm der Prozess nicht gemacht. »Noch war er frei«, heißt es gleich zu Anfang – harmloses, lauerndes Noch. »Das Verfahren ist nun einmal eingeleitet, und Sie werden alles zur richtigen Zeit erfahren.« Jedoch, nichts mehr wird er dann erfahren, und schon gar nicht zur richtigen Zeit. »Sie werden *noch* einsehen, wie wahr das alles ist«, sagt Franz, und: »Wenn Sie auch weiterhin so viel Glück haben ..., dann können Sie zuversichtlich sein« (Hervorh. G. O.), aber wir wissen gleich: das wird nichts mehr mit der Freiheit und der Wahrheit und dem Glück, und schon jetzt gibt es Zuversicht – dieses große Noch-nicht-aber-bald, oder wenigstens: -aber-einst – nur noch als Phrase, die nimmt, was sie zu geben vorgibt. Der ganze Prozess ist ein einziges Noch nicht/Nicht mehr. »War noch Hilfe?« heißt es noch am Ende des Romans, aber: »Wo war das hohe Gericht, bis zu dem er nie gekommen war?« Bei Derrida bleibt die Gerechtigkeit, immerhin, im

2 Franz Kafka: Ein Landarzt und andere Drucke zu Lebzeiten. Ges. Werke in zwölf Bänden. Nach der Kritischen Ausgabe hg. v. Hans-Gerd Koch, Bd. 1, Frankfurt a. M.: Fischer 1994, S. 178, Hvh. G. O.

Kommen. Zwar steht sie immer aus, aber »sie muss noch kommen«[3]. Bei Kafka ist sie immer dabei, sich zu entziehen, zu verzerren, zu entstellen. Noch der Trost des Noch ist bei ihm vergiftet. Nicht die Vollstreckung des Urteils ist das ganz Schlimme, sondern seine Suspension, sein Noch Nicht, das die Hoffnung am Leben hält, und zugleich am Sterben, aber nicht: gestorben.

Geltung ohne Bedeutung. Giorgio Agamben hat, unter Rekurs auf Gershom Scholem und Jean-Luc Nancy, das Gesetz aus Kafkas *Prozess* als die reine Form des Gesetzes bezeichnet, als reinen Bann. »Rein« meint dabei: rein von jeder Bedeutung. Es bringe die Menschen »in eine reine Beziehung der Verlassenheit [abandono]«.[4] Dieses reine Gesetz fiele mit reiner Willkür in eins. Mein Kafka ist das nicht. Der Begriff reiner Willkür scheint mir ohnehin eine Denkunmöglichkeit. Er hebt sich selber auf. Bei Kafka aber sind wir da gerade noch nicht. Es ist schlimmer: Josef K. *ist* nicht verlassen, sondern wird verlassen worden sein. Er ist ausgesetzt, und dafür ist die *Unreinheit* der Willkür Bedingung der Möglichkeit – ein wie auch immer schäbiger Rest an Bedeutung, oder, genauer: nicht ein Nichts, sondern ein Noch nicht/Nicht mehr an Gehalt, an Legitimität. Unaufhörlich werden dem K., dem Mann vom Lande, dem Forschungsreisenden in der *Strafkolonie* (und selbst dem Verurteilten) Bedeutungsbrocken hingeworfen, an denen ihre Hoffnung sich nähren kann.

Déjà-vu. Woher rührt unser Wissen, dass die Sache böse enden wird? Wie hat Kafka das gemacht? Mit keinem Wort ja hat er es ausgesprochen, jedenfalls solange wir »Aussprechen« mit »Konstatieren« oder »Explizieren« gleichsetzen. Welches sind die Zeichen, Anzeichen, Vorzeichen, an denen wir ablesen, dass es Unheil ist, was hier lauert und droht?

Antwort: Wir wissen es in der Form des *Déjà-vu.* »Das kenne ich«, sagt eine innere Stimme, aber sie sagt nicht, woher. »Das habe ich schon einmal gesehen« – aber wo? Auch wüssten wir nicht gleich zu sagen, woran wir »es« erkennen, ja, nicht einmal, was »es« ist, das wir da wiederzuerkennen glauben.

Definition. Das Dämmern einer erst noch nicht, dann nicht mehr greifbaren Erinnerung, die erst undeutlich vorschwebt und dann ganz zurückweicht; die sich nicht greifen lässt, weil sie auf den Versuch des Zugriff

---

3 Jacques Derrida: Gesetzeskraft. Der »mystische Grund der Autorität«. Aus dem Französischen von Alexander García Düttmann, Frankfurt a. M.: Suhrkamp 1991, S. 56.
4 Giorgio Agamben: Homo sacer. Die souveräne Macht und das nackte Leben. Aus dem Italienischen von Hubert Thüring, Frankfurt a. M.: Suhrkamp 2002, S. 62, 69.

mit Rückzug reagiert; die sich ins Dunkel zurückzieht, wenn und *weil* man sie zu fixieren versucht. »Was ich berühre, zerfällt.«

»... dass man sich niemals an das Gesuchte erinnert, darf nicht beiseitegelassen werden«, hatte Freud in der *Psychopathologie des Alltagslebens*[5] dekretiert – und das *Déjà-vu* auf unbewusste Phantasien zurückgeführt. »Es wird ... wirklich an etwas gerührt, was man bereits einmal erlebt hat, nur kann dies letztere nicht bewusst erinnert werden, weil es niemals bewusst war«, und weil, wie man hinzufügen möchte, die Kräfte der Verdrängung weiter wirksam bleiben. Noch sind diese Türhüter nicht ganz wach und lassen die Ahnung einer Bekanntheit zu, dann aber, wie aufgeschreckt durch den um Erinnerung bemühten Zugriff, schließen sie schnell ab, und nichts geht mehr.

Explizit, implizit. Zu Kafkas Kunst gehört es, wie oft bemerkt worden ist, ein solches *Déjà-vu* zu evozieren. Dazu muss er Erinnerungsspuren legen, die aber der Erinnerung nicht aus ihrer Dämmerung helfen – die das Noch-nicht-nicht-mehr des Erinnerns wahren. Es dürfen keine ausdrücklichen, es müssen unausdrückliche An-Zeichen sein.[6] So manches unscheinbare Noch fungiert als so ein Anzeichen. So, wie wir nicht – nicht wirklich, nicht restlos – explizieren können, woran wir ein Gesicht wiedererkennen, so wenig können wir – ohne Rest – explizieren, woran wir die Anfangsszene des Romans *Der Prozess* wiedererkennen und als bedrohlich erleben.

Und wir erkennen sie wieder, obwohl wir nie verhaftet worden sind. Dafür sorgt Kafka schon. Das kann er nur, weil er weiß – und dieses sein Wissen mag selbst implizites Wissen sein –, dass wir ein implizites Wissen um das Verhältnis von Macht und Zeit haben, um die Macht als das Noch-nicht der Gewalt. Stets nährt er dabei *explicite* eine Hoffnung, die er mit enervierender Insistenz und Beharrlichkeit wieder und wieder Lügen straft – dies aber jeweils nur implizit, im Modus einer Implikation, die man mit Michael Polanyi[7] als »tacit inference« auffassen und von einer expliziten Deduktion scharf unterscheiden muss. Gemeint ist eine

---

5 Sigmund Freud: Zur Psychopathologie des Alltagslebens. Über Vergessen, Versprechen, Vergreifen, Aberglaube und Irrtum. Mit einem Vorwort von Alexander Mitscherlich, Frankfurt a. M., Hamburg: Fischer 1954, S. 222.

6 »Aber es scheint als Bedingung der Kunstform, dass die zum Bewußtsein ringende Regung, so sicher sie kenntlich ist, so wenig mit deutlichem Namen genannt wird, so dass sich der Vorgang im Hörer wieder mit *abgewandter Aufmerksamkeit* vollzieht und er von Gefühlen ergriffen wird, anstatt sich Rechenschaft zu geben.« Sigmund Freud: Bildende Kunst und Literatur. Studienausgabe, Bd. X. Herausgegeben von Alexander Mitscherlich u. a., Frankfurt a. M: Fischer 1982, S. 167; Hervorh. G. O.

7 Michael Polanyi/Harry Prosch: Meaning, Chicago, London: The University of Chicaco Press 1975, S. 39.

stillschweigende, leiblich verankerte (Wahrnehmung und) Folgerung, die sich auf »marginal clues« stützt, die wir zu deuten wissen, ohne sie explizieren zu können, und die übrigens nicht – nicht ohne Weiteres – zu unserer Disposition steht. (Den Verdacht des Trügerischen, wenn wir ihn einmal gefasst haben, können wir nicht einfach per Beschluss streichen.)

Das Déjà-vu der Macht. Macht ist Gewalt, die sich Zeit lässt – suspendierte, geduldige Gewalt. Dafür hat Elias Canetti das Bild von Katze und Maus gewählt. Wenn *suspense* den Zustand des Josef K. oder doch des Lesers beschreibt, dann ist die Geduld der Katze mit der Maus das Gegenstück auf der Seite der Wächter. Geduld ist ja Nachsicht mit dem Noch Nicht, eine Nachsicht, die von der Machtverteilung abhängt. Was dem K. oder dem Leser unerträglich ist, lässt die Wächter ungerührt. Tom, der Kater, hebt träge die Tatze. Jerry, die Maus, muss sich sputen. Canetti:

»Die Maus, einmal gefangen, ist in der Gewalt der Katze. Sie hat sie ergriffen, sie hält sie gepackt, sie wird sie töten. Aber sobald sie mit ihr zu *spielen* beginnt, kommt etwas Neues dazu. Sie lässt sie los und erlaubt ihr ein Stück weiter zu laufen. Kaum hat die Maus ihr den Rücken gekehrt und läuft, ist sie nicht mehr in ihrer Gewalt. Wohl aber steht es in der *Macht* der Katze, sie sich zurückzuholen. [...] Der Raum, den die Katze überschattet, die Augenblicke der Hoffnung, die sie der Maus läßt, aber unter genauester Bewachung, ohne dass sie ihr Interesse an ihr und ihrer Zerstörung verliert, das alles zusammen, Raum, Hoffnung, Bewachung und Zerstörungs-Interesse, könnte man als den eigentlichen Leib der Macht oder einfach als die Macht selbst bezeichnen.«[8]

Der Schauder aber, der schon kleine Kinder ergreift, wenn sie ein Katz-und-Maus-Spiel beobachten – es mag durchaus ein wohliges Gruseln sein, eine Art Vor- und Angstlust –, zeigt an, dass hier ein vages Wiedererkennen im Spiel ist, das im Leib, im leiblichen Erleben seinen Ort hat. (Lustvoll ist das Schaudern über die Katze und die Maus nur, weil und solange wir ihr Treiben wie auf einer Bühne betrachten können – als wäre und bliebe es ein Spiel.) Es ist ein Wiedererkennen, das in einem *Déjà-vu* wurzelt. »Alle Geschwindigkeit, soweit sie in den Bereich der Macht gehört,« sagt Canetti[9], »ist eine des *Ereilens* oder des *Ergreifens*.« Die Verhaftung im Morgengrauen – in der Zeit der Dämmerung, Zeit des Grauens, Zeit, in der man noch-nicht-und-nicht-mehr gewappnet ist – evoziert das *Déjà-vu* des Ereilt- oder des Ergriffenwerdens: die leibliche, vorsprachliche Ahnung, geliefert zu sein. Diese Ahnung, die bis zu einer ungewussten Gewissheit reichen kann, ist eine der wichtigsten und förderlichsten Bedingungen der Möglichkeit der Macht. Wenn Max Weber

8 Elias Canetti: Masse und Macht, Frankfurt a. M.: Fischer 1980, S. 313.
9 Ebd., S. 315.

sagt, ein bestimmtes Minimum an Gehorchenwollen, also: Interesse an Gehorchen gehöre zu jedem echten Herrschaftsverhältnis,[10] dann bleibt das noch in den Grenzen eines Rationalismus, über den wir hinaus müssen. Nicht der Wille, an etwas festzuhalten, das von Interesse ist, liegt am Grunde der Gefügigkeit, sondern die undeutliche Ahnung, dass es nichts mehr zu retten gibt, und die resultierende Bereitwilligkeit, sich dem Unvermeidlichen, schon immer Geahnten auszuliefern.

Nachträglichkeit I. Wenn wir hier mit Freud das Wiedererkennen eines traumatischen Ereignisses, einer »Urszene« unterstellen – aber »Erkennen« ist da ja ein viel zu starkes Wort –, dann sehen wir uns in jene unhintergehbare Nachträglichkeit verstrickt, mit der sich Freud auseinanderzusetzen hatte, als er einsehen musste, dass das Trauma nicht im Augenblick des Erlebens, sondern erst im Nachhinein als Trauma konstituiert wird – und nur als Darstellung eines Unerhörten, eines Undarstellbaren erzählt werden kann. Auch das Trauma hat eine Noch Nicht/Nicht mehr-Struktur: im traumatisierenden Ereignis noch nicht Trauma, im Nachhinein nicht mehr jenes Ereignis, sondern dunkle Erinnerung, leibliches Ahnen, womöglich Fiktion.

Metapher. Man sieht von hier aus die Nähe der Metapher zu Trauma und *Déjà-vu.* Die Stärke einer starken, auf Anhieb einleuchtenden, überraschenden Metapher hat in einem Unsagbaren eine Wurzel, in einem leiblichen Erleben (zu dem ich auch das Erlebnis – den Kitzel – intellektueller Eleganz oder des Witzes einer Metapher zähle). Auf die Gefahr der Monotonie hin: Auch die Metapher ist gezeichnet von einem Noch nicht/Nicht mehr. Noch spielen buchstäbliche Katzen und Mäuse, aber sie spielen kein Machtspiel (das scheint nur einem anthropomorphistisch voreingenommenen Blick so), dann jedoch, wenn sie eines spielen, sind sie keine buchstäblichen mehr, sondern eben metaphorische. Die Frage aber, welche von beiden Arten Canetti gesehen hat, müssen wir einem *non liquet* überlassen, wie es Marianne Schuller im Anschluss an Freud mit Blick auf den Realwert der Urszene – auf die Wahrheit der Fiktion – getan hat[11]: Katze, Wolf und Löwe, bei Canetti Ur- und Vorbilder der Macht, können dies ja erst solchen Kindern und überhaupt Menschen werden, die sie vor dem Hintergrund eines zuvor und mit Menschen Erlebten dazu machen.

10 Max Weber: Wirtschaft und Gesellschaft. Fünfte, revidierte Aufl., Tübingen: J. C. B. Mohr (Paul Siebeck) 1972, S. 122.

11 Marianne Schuller: Erzählen Machen. Narrative Wendungen in der Psychoanalyse nach Freud. Unveröff. Man., o. O. (Hamburg): o. J. (2007).

Das Noch nicht/Nicht mehr der Sprache. Nach der Art des reinen Gesetzes hält für Agamben »auch die Sprache den Menschen in ihrem Bann, weil er als Sprechender immer schon in sie eingetreten ist, ohne sich dessen bewusst werden zu können. Alles, was man der Sprache vorausschickt (in Form von etwas Nichtsprachlichem, Unaussprechlichem etc.), ist nichts weiter als etwas von der Sprache Vorausgesetztes, das mit der Sprache gerade dadurch die Beziehung aufrechterhält, dass es daraus ausgeschlossen wird.«[12] Das wäre, wenn ich es recht verstehe, *reine* Selbstbezüglichkeit der Sprache. Wie könnte Kafka uns dann, wie könnte irgendein Sprechen uns berühren? Wie könnte dann eine »kristallreine Elimination des Unsagbaren in der Sprache«, wie Agamben mit Benjamin zu postulieren scheint, »auf das dem Wort versagte‹ hinführen«? Die Idee einer reinen Scheidung des Sagbaren vom Unsagbaren scheint mir undurchführbar. Sie wäre zu ersetzen durch die Figur einer Faltung, welche eine kristallreine Elimination weder auf der einen noch auf der anderen Seite zulässt. Sprechen bringt das Unaussprechliche auf die Seite des Gesagten. Dort ist es, das ist ja klar, nicht mehr das, was es als Unaussprechliches war, aber auch nicht dessen reine Negation. Was ist Literatur, wenn nicht die Kraft, Unaussprechliches als Unaussprechliches zur Sprache zu bringen?

Retention und Protention. Eine vertiefende Analyse müsste, diesen Gedanken steuert Iris bei, die Figur des Noch nicht/Nicht mehr in eine allgemeine Struktur von Zeitlichkeit einfügen. In seinen *Vorlesungen zur Phänomenologie des inneren Zeitbewußtseins*[13] geht Edmund Husserl in augustinischer Tradition den Konstitutionsbedingungen von Zeit nach, die er zu einer Angelegenheit des Inneren macht. Zeit ist da nicht zuerst eine messbare Größe, sondern »die ursprüngliche Temporalform der Empfindung«[14], die Husserl am Beispiel der Tonempfindung erläutert. Was ist ein Augenblick? Nicht ein Moment in der bloßen Abfolge von Jetzt-Punkten. Husserl fächert die Struktur des Jetzt-Punktes zu der Dreifaltigkeit von Urimpression, Retention und Protention auf. Die Urimpression des Jetztseins muss, um eine minimale Bleibe in der immanenten Zeit des Bewusstseins zu erhalten, sich in einer, wie Husserl sagt, »primären Erinnerung«[15] retentional niederschlagen – in einem Kometenschweif von Retentionen[16]. Sie muss ferner via Protention einen Erwartungsanhalt in der Zukunft finden. Das Jetzt ist nur Jetzt, wenn es sich in ein Soeben-gewesen-sein und in ein Noch-nicht-Sein modifiziert,

---

12 G. Agamben: Homo sacer, S. 61.
13 Hrsg. von Martin Heidegger, Halle a. d. S.: Max Niemeyer 1928.
14 Ebd., S. 423.
15 Ebd., S. 418.
16 Ebd., S. 395.

das heißt, abwandelt. Zwar legt Husserl Nachdruck auf eine Phänomenologie der Präsenz und die Originarität der Zeitstelle des Jetzt, doch spricht seine Entdeckung der konstitutiven Modifikation des Jetzt eine andere Sprache. In einer Generalisierung der Figur des Noch nicht/Nicht mehr wird das Jetzt zu dem, was niemals Gegenwart war, sondern sich in dem Anderen seiner selbst, in dem Soeben-gewesen-Sein und dem leer Kommenden verliert. Als bloßes Jetzt ist das Jetzt nichts – noch nichts. Als retentionales ist es aber bereits kein Ursprüngliches mehr, sondern ein Modifiziertes, ein Ver-gegenwärtigtes, das sich zugleich protentional auf die Zukunft – auf ein Noch Nicht – richtet. Das Jetzt ereignet sich demnach *als ursprüngliches* Jetzt niemals, sondern nur, insofern es einen retentionalen und protentionalen Anhalt findet. Das ur-impressionale Jetzt ist ein stets versäumtes Jetzt. Das ist eine unvermerkte, implizite Struktur aller Zeitlichkeit, die nur in existentiellen Ausnahmesituationen des Noch nicht/Nicht mehr anstößig wird: zumal dann, wenn das versäumte ursprüngliche Jetzt in ein Versäumnis des Jetzt umschlägt. »*Jetzt* geschieht Gerechtigkeit«? Bei Derrida nie, oder nur als ein Kommendes, und bei Kafka schon gar nicht.[16a]

Tacit knowledge. Um es gleich zu sagen: Auch am impliziten – stillschweigenden, nicht explizierbaren – Wissen fällt seine Noch nicht/Nicht mehr-Struktur auf. Das metaphorisch trächtigste Beispiel Michael Polanyis[17] ist der Blinde, der mit Hilfe eines Stocks seinen Weg ertastet. Wie

---

16a Karl-Heinz Bohrer: Plötzlichkeit, Frankfurt a. M. 1981, hat die phänomenologische Modifizierung des Zeitbegriffs in einen »systematischen wie historischen Zusammenhang« mit »exemplarischen Werken der literarischen Moderne« (S. 183) gerückt, besonders mit Marcel Prousts »mémoire involontaire«, James Joyces »Epiphanie des Augenblicks« und Robert Musils Augenblicks-Utopie (Stichworte: Möglichkeitssinn, *conjunctivus potentialis*). Beispiel: »die von Proust geschilderte Welt ist also a priori eine solche, in der die Kontinuität der Zeit nur in der Summe von ‚Augenblicken‘ des Sichtbaren gewährleistet ist.« (S. 188) Bohrer (ebd., 190 ff) denkt, etwas kühn vielleicht, Prousts »mémoire involontaire« – paradigmatisch: die vom Geschmack der Madeleine geweckte Erinnerung als unbekannter Grund eines jähen Glücksgefühls – mit Husserls Retention zusammen, als zweites Element des utopischen Jetzt, dessen erstes die Sekunde jenes Glücksgefühls ist, »als dieser mit dem Kuchengeschmack gemischte Schluck Tee meinen Gaumen berührte«, wie es in »Du Coté de chez Swann« heißt. Bohrer (ebd., 43 ff) spricht von diesen Autoren der Moderne als der Generation des »gefährlichen Augenblicks«. Gefährlich ist der hier in Rede stehende Augenblick – in der Version Heideggers, den Bohrer (ebd., S. 51) zitiert –, sofern »ein Bedrohliches in seinem ‚zwar noch nicht, aber jeden Augenblick‘ selbst plötzlich in das besorgende In-der-Welt-Sein hereinschlägt« (Martin Heidegger: Sein und Zeit, S. 142; Hervorh. G. O.)

17 Michael Polanyi: Implizites Wissen. Übersetzt von Horst Brühmann, Frankfurt a. M.: Suhrkamp 1985, S. 20 ff.

er das macht, kann er nicht genau sagen, und er hat es auch nicht durch Explikation gelernt. Über die Sensationen seiner Hand, den Druck seiner »Sonde« gegen die Finger und die Handfläche kann er detaillierte Angaben nicht machen, weil er darauf während des Tastens seine Aufmerksamkeit nicht lenken kann. Er muss sich darauf konzentrieren, an sich bedeutungslose Empfindungen *in ihrer Bedeutung* wahrzunehmen, und das kann er nicht, wenn er den Fokus seiner Aufmerksamkeit auf seine Fingerspitzen oder seine Handfläche richtet. »Der Welt« und ihren möglichen Widerständen und Widerfahrnissen muss seine *focal awareness* gelten. Implizites Wissen – es ist eher ein Können als ein Wissen, wie in »Ich weiß es zu tun« – betrifft jene »marginal clues«, die ihre Rolle nur als marginale, subsidiäre spielen können. Noch liegen sie nicht im Fokus, dann – wenn sie mit fokaler Aufmerksamkeit bedacht oder, was nur ein Aspekt dessen ist, aus zu großer Nähe betrachtet werden – verlieren sie den Status des Marginalen und ihre Funktion als Konstituentien eines bedeutungsvollen Ganzen. (»Wenn man das zierlichste Näschen/Von seiner liebsten Braut/Durch ein Vergrößerungsgläschen/Näher beschaut,/Dann zeigen sich haarige Berge,/Dass einem graut.« Joachim Ringelnatz) Einen Text können wir nicht mehr lesen, wenn wir uns auf die einzelnen Buchstaben konzentrieren. Wahrnehmen, Lesen und alles, was zu verständigem Wissen hinführt, wurzelt in implizitem Wissen. Seine *phänomenale* Struktur ist die eines Von-zu – wir wenden uns *von* etwas her etwas anderem *zu* wie der Blinde, der sich von den Empfindungen seiner Handfläche der Welt zuwendet. Das hat einen *semantischen* Aspekt. »Alle Bedeutung«, sagt Polanyi, »tendiert dazu, *sich von uns zu entfernen*«[18]. Von Ferne, aber nicht allzu großer Ferne, klingt Husserls »Etwas-als-etwas-Nehmen« hier an. Gemeint ist bei Polanyi eine Entfernung vom Körper, eine Hinwendung zur Welt und eben ihrer Bedeutung, der aber eine Art Einverleibung zu Grunde liegt: »Wann immer wir bestimmte Dinge gebrauchen«, im Beispiel: den Blindenstock, »um von ihnen aus auf andere Dinge zu achten« wie der Blinde auf den Weg, tun wir das »so, wie wir unseren Körper stets gebrauchen«[19]. Dem Blinden verwandelt sich der Druck seines Stocks auf die Hand in ein Gefühl »an der Spitze selbst«. So, wie er sich den Stock in diesem Sinne »einverleibt«, müssen sich selbst Naturwissenschaftler eine Theorie einverleiben, um die Natur zu verstehen, und sogar die Mathematik kann nur durch praktische Anwendung erlernt werden. Alles Wissen, auch das naturwissenschaftliche, wurzelt in implizitem Wissen.

Man wird vielleicht geneigt sein einzuwenden: Jederzeit könne man aber doch die Aufmerksamkeit wechseln und in den Fokus rücken, was eben noch als *marginal clue* fungierte. Das ist wohl wahr, aber dann

18 Ebd., S. 21.
19 Ebd., S. 26.

geht der Sinn für jenen komplexen Sachverhalt verloren, der eben noch im Mittelpunkt stand – für die reizende Nase der lieblichen Braut. Der springende Punkt bei Polanyi aber liegt darin, dass wir uns von der Notwendigkeit impliziten Wissens nicht etwa durch jenen analytisch-fokussierenden Rückgang auf jene Einzelheiten befreien können, deren Integration erst diejenige kohärente Entität hervorgebracht hat, der zunächst die fokale Aufmerksamkeit galt. Denn nun bilden diese Einzelheiten die kohärenten Entitäten – ihrerseits Resultate einer Integration, die implizit vonstattengehen muss. Dort, wo bei Husserl, Wittgenstein, Searle und anderen die Figur des Hintergrundes platziert ist, hat Polanyis implizites Wissen seine systematische Stelle. Sie ist unhintergehbar.

Literaturwissenschaft. Betrachtet man die Einzelheiten einer komplexen Entität aus zu großer Nähe (oder treibt man ihre analytische Zerlegung zu weit), so erlischt, hieß es, ihre Bedeutung. Das gilt auch für Texte, und zumal für solche, die Gegenstand der Literaturwissenschaften sind, denn die haben es allemal mit notwendig implizitem Wissen zu tun: mit komplexen Entitäten, die sich aus Einzelheiten zusammensetzen, deren Integration sich implizitem Wissen (des Autors wie des Lesers) verdankt. Wohl gibt es die Möglichkeit stillschweigender Reintegration einer literaturwissenschaftlichen Analyse, und auch eine explizite Reintegration kann das Verständnis vertiefen. Aber »Detailfetischismus kann einen historischen, literarischen oder philosophischen Gegenstand unwiderruflich verfinstern.«[20] So manches, was man zu Kafka liest, erleidet dieses Schicksal. Die Lehre daraus ist nicht: keine Analyse, wohl aber: keine Analyse ohne implizite oder explizite Reintegration, und: keine explizite ohne implizite Reintegration.

Unaussprechlich ist das namenlose Grauen der Verhaftung im Morgengrauen, und doch wird es von Kafka mit einem einzigen Satz evoziert – nicht: beschrieben, nicht expliziert, aber mit Worten geweckt, in Szene und in Kraft gesetzt, performativ aufgerufen. »Reintegration«, das heißt, dass dieses Grauen von der Analyse nicht aufgelöst werden und im Zustande der Auflösung belassen bleiben sollte. Dazu bedarf es (nicht der Auflösung der Literaturwissenschaft in Literatur, aber) einer eigenen literarischen Qualität, die ohne Zugang zu implizitem Wissen ihrerseits nicht zu haben ist.[20a]

20 Ebd., S. 26.

20a Ich bin kein Literaturwissenschaftler, und Michael Polanyi ist auch keiner. Um so lehrreicher war mir die Lektüre der »Ausfälle gegen die kulturelle Norm«, in deren Rahmen Karl-Heinz Bohrer (Plötzlichkeit, Frankfurt a.M.: Suhrkamp 1981, 13 ff) sein Konzept zweier Phasen der ästhetischen Wahrnehmung entwickelt: *erstens* einer – theorieunfähigen, intuitiv-imaginären, anarchischen, historisch situierten, subjektiven – »Antizipation«(S. 29 ff), die den »Sinn des Ganzen« eines

Polanyi über Metaphern. So funktioniert, im Lichte der Figur impliziten Wissens, eine Metapher: Die »subsidiary clues« bestehen aus all jenen unvollständigen, vieldeutigen Erfahrungen unseres Lebens, die in Beziehung zu den beiden Teilen einer Metapher stehen oder gesetzt werden (können). Sie werden *in* dem fokalen Objekt, der Metapher, *zur* Bedeutung von Tenor und Vehikel in ihrer *wechselseitigen* Beziehung integriert[21]. Achilles wird zum Löwen, aber der Löwe avanciert zugleich zum König der Tiere, und beide stehen für Mut, Sprungkraft, Eleganz – und manches andere, das wir ihnen Kraft unserer Imagination attachieren, Grausamkeit vielleicht, Geduld, Lässigkeit, Schönheit, Größe, Schnelligkeit, Biss – mit der bezeichnenden Merkwürdigkeit: Der Sinn einer Metapher wird zerstört, wenn wir unsere fokale Aufmerksamkeit von ihrer Bedeutung ab- und ihren konstituierenden Einzelteilen zuwenden, ja, schon dann, wenn wir sie paraphrasieren. Erst verfügen wir über ihren Sinn und nicht über ihre/seine Konstituenten, dann fokussieren wir diese letzteren und verlieren aber durch eben diese Bewegung ihren Sinn aus den Augen.

Die marginalen, subsidiären, aber auslösenden Konstituenten sind der Explikation nicht restlos fähig. Alle einschlägigen Lebenserfahrungen können, je nach Imaginationskraft, in eine Metapher eingehen, nicht

literarischen Textes erfasst, ohne ihn bereits explizieren zu können, und *zweitens* einer theoriefähigen Reflexion auf »innerhalb der Antizipation wirkende Daten« aus der »Bewußtseinsgeschichte der Moderne« (ebd., 34 f), der Bewußtseinsgeschichte, verstanden als »die heimliche Linie der ›inkommensurabel‹ verfassten ästhetischen Konstrukte selbst« (ebd., 35), welche in der »Avantgarde als *tertium comparationis*« (ebd.) terminiert. Ich muss die Diskussion der Unterschiede zu ähnlich aussehenden Konzepten (Ingardens »ästhetisches Erlebnis«, Isers »artikulierter Leseraugenblick«, Gadamers »hermeneutische Situation« – zu alledem Bohrer 1981, 31–34) den Literaturwissenschaftlern überlassen und möchte nur auf die Nähe des impliziten Wissens *sensu* Polanyi zur Antizipation Bohrers verweisen. Wenn Bohrer die ästhetische Wahrnehmung als einen synthetischen Akt darstellt, der bloß in diese zwei Phasen zerfällt, »wobei der erste schließlich von dem zweiten eingeholt wird« (ebd., 31), so ist mein Postulat einer Reintegration, ganz in Bohrers Sinne, wie ich ihn verstehe, umgekehrt darauf gerichtet, dass die zweite Phase das Vorläufige, das Vorlaufende der Antizipation *ein*- und nicht *auf*zulösen hat: auch in ihrer eigenen literarischen Qualität. Dass solcher »Antizipation« plus Einrückung in die Bewußtseinsgeschichte der Moderne eine Noch nicht/Nicht mehr-Struktur inhärent ist, sieht man gut an Bohrers erläuterndem Beispiel: »Breton stellte fest, *dass* jene Frau, jene Idee Eindruck auf ihn machte, er aber keineswegs fähig sei zu sagen, *welchen* Eindruck.« (Ebd., 34) Das kann er erst noch nicht. Später aber, wenn er es sagen kann – wenn er darüber nachgedacht hat –, ist der Eindruck nicht mehr, was er in der »Antizipation« war.

21 M. Polanyi/H. Prosch: Meaning, S. 66 ff.

zuletzt ästhetische und emotionale Erfahrungen, die sie wie eine Infusion beleben: leibliche Erfahrungen der Eleganz, der Kraft, der Angst etwa. Eine Metapher bedarf der Imagination auf beiden Seiten: der ihres Autors und der ihres Rezipienten. Sie ist eine Kreation. Das bringt uns zum Problem der Erzeugung eines Neuen.

Menon-Paradox, Abduktion, Metaphern. Das Konzept impliziten Wissens lässt sich nutzen, um zu sehen, wie wir es fertig bringen *zu suchen* – Lösungen für Probleme zu suchen, allgemeiner: etwas Neues, von dem wir doch eben deshalb, weil es neu ist, *noch nicht* wissen können, wie und wo es zu finden ist. Diese keineswegs sophistische Kalamität ist als Platonisches Suchparadox in die Literatur eingegangen, weil schon Platon es im Menon-Dialog behandelt hat. Noch der avancierten ökonomischen Theorie macht es schwer zu schaffen, etwa weil es verhindert, die Suche nach Informationen zu optimieren, und weil es den Handel mit Informationen erschwert (siehe oben, S. 206: »*Arrows Informationsparadox*«). Polanyis Lösung arbeitet mit »der Andeutung eines Verborgenen, das wir gleichwohl entdecken können«[22]. Eine Entdeckung, die ein Problem löst, ist von Andeutungen gesäumt, die sich ins Unbestimmte verlieren und von denen wir aber ein (unvollständiges) Wissen haben, dass wir zum größten Teil nicht in Worte fassen können. Dass wir es prinzipiell nicht (restlos) können, leuchtet an dieser Stelle mehr als anderswo ein, weil es ja ein *Unbekanntes* ist, das vom Saum aus Andeutungen, Anzeichen, Hinweisen umgeben ist. Das »Wissen« darum ist eine Art Vorwärts-*Déjà-vu*. Forscher, *trouble shooter*, Entscheidungsträger und überhaupt alle Handelnden müssen an Situationen ein Bekanntes ausmachen, ohne es explizieren zu können, und es als relevant für ein Zukünftiges, Unbekanntes erahnen. In dieser stark modifizierten Form rehabilitiert Polanyi Platons Lösung des Menon-Paradox, die ja im Postulat eines Wiedererinnerns bestand. Wo Platon an ein Wiedererinnern eines früheren Lebens oder einer idealen Form dachte, da operiert Polanyi mit einem impliziten Vorwissen, das wir von noch unentdeckten Dingen haben können.

Wenn man dabei an Charles Sanders Peirce' Abduktion denkt, den abduktiven Schluss von als Zeichen genommenen und daher so genannten Indizien, Spuren, Symptomen, und mit Hans Rudi Fischer Metaphern als Ergebnis eines abduktiven Schließens auffasst[23], dann sieht man, erstens, eine gemeinsame Abkunft von Theorien und Metaphern, eben Abduktion, zweitens eine funktionale Äquivalenz in der Konstruktion von

22 M. Polanyi: Implizites Wissen, S. 29.

23 Hans Rudi Fischer: »Poetik des Wissens. Zur kognitiven Funktion von Metaphern«, in: Ders. (Hg.): Eine Rose ist eine Rose... Zur Rolle und Funktion von Methaphern in Wissenschaft und Therapie, Weilerswist: Velbrück 2005, S. 48–85.

Gleichheit/Ähnlichkeit und in puncto Handlungsorientierung, drittens aber und vor allem, dass abduktives Schließen jedenfalls in hohem Maße »tacit inference« sein muss.

Problemverschiebungen. Problemlösungen haben das Merkwürdige an sich, dass sie – wenn überhaupt – niemals *das* Problem lösen, zu dessen Lösung sie gedacht waren, sondern ein davon verschiedenes. Das liegt daran, dass erst die Lösung eines Problems seine Konstitution vollendet. Erst wenn das Licht der Lösung auf das Problem fällt, sehen wir, was wir in *ihrem* Licht sehen können – und das lässt das Problem nicht unverändert. Zunächst also haben wir ein Problem und noch keine Lösung, dann eine Lösung, aber nicht mehr das alte Problem. Das ist nur deswegen leicht zu übersehen, weil die Veränderung sich gleitend vollzieht, in infinitesimal kleinen Intervallen, und auch deren Summe meist winzig klein bleibt.

Erschwerend kommt hinzu, dass wir es *in praxi* selten – genau genommen: nie – mit Problem*lösungen* im Sinne einer restlosen Auflösung, sondern mit Problemverschiebungen in einem noch handfesteren Sinne zu tun haben, Verschiebungen zwischen Problem*dimensionen* – Zeit-, Sozial- und Sachdimension. Unsere Ansprüche, betreffend die Dringlichkeit, Konsensfähigkeit und sachliche Angemessenheit einer Problemlösung, können nicht unabhängig voneinander festgelegt und hochgehalten werden. Wenn die Zeit sehr knapp ist, muss vielleicht der Befehl den Konsens ersetzen. Oder die erstbeste Lösung – *quick and dirty* – muss es tun. Hoher Konsensbedarf führt umgekehrt zu langem Palaver. Unendlich viel Zeit, lupenreiner Konsens, unendliche sachliche Komplexität steht uns nicht zur Verfügung. Wir können nicht anders, als »das« Problem von einer Dimension in die andere zu verschieben wie die Beule unterm Teppich – Metapher für ungelöste Folgeprobleme jedweder Problemlösung = Problemverschiebung.

Handeln, Zögern. Alles Handeln, da es etwas Neues hervorbringt, bedarf eines impliziten Wissens, das Züge eines abduktiven *Déjà-vu* trägt. Dämmern, Ahnen, Suchen, Tasten, Warten, Zweifeln und Zögern sind Tuwörter aus dem Reich zwischen Noch Nicht und Nicht Mehr – zwischen einem Tun und einem Lassen, dem unser Respekt gebührt. Franz Kafka, ein großer Kenner des Zögerns und Denker des Suchens[24], dem ganz gewiss Gelassenheit nicht zu Gebote stand, hat solchen Respekt nicht aufzubringen vermocht. »Es gibt ein Ziel, aber keinen Weg«, hat er gesagt.

---

24 Dazu s. Gerhard Neumann: Umkehrung und Ablenkung: Franz Kafkas »Gleitendes Paradox«, in: Deutsche Vierteljahrszeitschrift für Literaturwissenschaft und Geistesgeschichte. Sonderheft: Literatur des 20. Jahrhunderts. 44 (1968), S. 702–744; Joseph Vogl: Über das Zaudern, Berlin 2008

»Was wir Weg nennen, ist Zögern.« (FG 146; NK II, 322; 17.9.1920; zu »*Verzögerungen*« s. unten, S. 157 f) So spricht einer, der über Gebühr beeindruckt ist von Tatkraft und Entschlossenheit, Reflex eines Mangels, besser: eines Entbehrens, das von einem Erleiden abstammt.[24a] Zu denken könnte geben, dass es Mephisto ist, der sagt:

> »Doch wer den rechten Augenblick ergreift,
> Das ist der rechte Mann.«

Lost in Translation? Unaussprechliches als Unaussprechliches zur Sprache bringen: das kann und soll Wissenschaft nicht. Weil sie aber, wie angedeutet, auf implizites Wissen, Imagination und implizite Integration angewiesen ist, kann Literatur, Quelle der Beunruhigung und Subversion des kategorialen Wissens, auch eine erhellende Kraft für die Wissenschaft haben. Mehr noch: Wissenschaft muss/soll/kann ohne eine Qualität des Literarischen nicht auskommen und tut es auch dort nicht, wo ihre Metaphern verblichen, ihre *stories* platt oder ihr selbst nicht bewusst sind. Um aus dem Nähkästchen der Ökonomik zu plaudern: Eine Nachfragekurve ist eine – wenn auch dürftige – Metapher. Gleichgewicht, Wirtschaftskreislauf, Gefangenendilemma: So heißen paradigmatische ökonomische Konstellationen. *Die* Story der Mainstream-Ökonomik – ihre Meta-Erzählung – ist Mandevilles Bienenfabel. Ihre moderne Zuspitzung lautet: »Once upon a time we were poor, then capitalism flourished, and now as a result we are rich.«[25] Süffige Geschichten – Adam Smith' Stecknadelbeispiel, Frederick Winslow Taylors Geschichte vom Roheisenverlader Schmidt – unterweisen die Anfangssemester der Wirtschaftswissenschaften in den Vorzügen der Arbeitsteilung.

Und auch die Lehre vom Management bedient sich ohne falsche Scham dieses Fundus und redet etwa schlanker Produktion das Wort. Wertschöpfungsketten, Unternehmungsnetzwerke und flache Hierarchien sind die zurzeit gültigen Topoi. Ein weltberühmtes Lehrbuch der Organisationstheorie, *Images of Organization* von Gareth Morgan[26] porträtiert Organisationen unter anderem als Maschinen, Organismen, Gehirne, psychische Gefängnisse und Flüsse. Metaphern, wohin das Auge schaut, Reflex des Umstandes, dass auch all unser Handeln,

---

24a »Das ruhige Verfügen über sich selbst«, notiert Kafka im Tagebuch vom 10. August 1912 mit Blick auf Grillparzer. »Der langsame Schritt, der nichts versäumt. Das sofortige Bereitsein, wenn es notwendig ist, nicht früher ...« (Tagebücher. Bd. 2: 1912–1914 in der Fassung der Handschrift. Ges. Werke in zwölf Bänden, hrsg. v. H.-G. Koch, Frankfurt a. M. 1994, S. 76)

25 Donald N. McCloskey: If You're So Smart. The Narrative of Economic Expertise, Chicago, London: The University of Chicago Press 1990, S. 1; s. a. ders.: The Rhetoric of Economics, Madison: University of Wisconsin Press 1985.

26 Beverly Hills et al.: Sage 1986.

auch das wirtschaftliche Handeln, sich auf ein Wissen stützt, das der Explikation nicht ohne Rest fähig und daher der Sinninfusion durch erzählte Geschichten und kräftige Metaphern bedürftig ist.

Wie wäre es da mit einer Literaturwissenschaft, die sich wissenschaft-
licher und gar naturwissenschaftlicher Literatur zuwendete und über
Schwarze Löcher und Rote Zwerge sich ihre Gedanken machte? Marianne Schuller ist dahin schon unterwegs – in Richtung aufs Winzige. Ar-
beitstitel: Nanoästhetik.[27]

John Waynes Apachen-Paradoxie. »Wir haben unterwegs nur ein paar
Apachen gesehen«, sagt Glenn Ford in *Fort Apache* zu John Wayne.
»Wenn ihr sie gesehen habt«, versetzt John Wayne, »waren es keine Apa-
chen.« (Entliehen von Harry Rowohlt, *Pooh's Corner*)

Wunsch, Indianer zu werden. Wolfram Groddeck hat das Metaphern-
Kapitel seiner *Reden über Rhetorik*[28] mit einer Metapher für Metaphern
eröffnet, mit Lastwagen, die in Griechenland manchmal die Aufschrift
»ΜΕΤΑΦΟΡΑΙ« tragen – Metaphern-Vehikel sozusagen, Übertragungs-
oder Transporteinrichtungen, auf denen »Transporte« steht. Otto Neuraths Schiff ist ein dreifaches Vehikel: Fahrzeug, Metapher und in
metaphorischer Bedeutung Träger und Transporteur unseres (unvoll-
kommenen) Wissens. Auch jenes Pferd, das die Nachhut zu diesem Meta-
phern-Zug bilden soll, ist so ein Transporter. Ich komme damit zu Kafka
zurück, für George Tabori »der einzige, dem ich immer glauben kann«.
Kafka hegte den *Wunsch, Indianer zu werden,* den er in einem kleinen
Text mit diesem Titel artikuliert, nein: in eine Phantasie übersetzt hat, in
einen Traum vom Noch-nicht-Fliegen. Der Text handelt, unnötig zu sagen, von einem Noch nicht/Nicht mehr und ist genau darin eine Allego-
rie des Wünschens, zumal des Wünschens à la Kafka. Wo Polanyis Blinder seinen Stock sich einverleibt, da wünscht sich Kafka einen Leib, der
aller Mittelchen ledig wäre. Wo Neuraths Schiff, selbst schwankend, sich
auf offener See seinen Weg bahnen muss, da muss Kafkas Pferd, mit zitterndem Reiter, auf zitterndem Grund rennen. Aber wo Neuraths Schif-
fer sein Schiff immerzu umbaut, da will Kafka, der Indianer, hin zu einem
rätselhaften Nicht Mehr, einem Nicht Mehr des Vehikels:

»Wenn man doch ein Indianer wäre, gleich bereit, und auf dem rennen-
den Pferde, schief in der Luft, immer wieder kurz erzitterte über dem

---

27 Im Anschluss an: Marianne Schuller/Gunnar Schmidt: Mikrologien. Literarische
und philosophische Figuren des Kleinen, Bielefeld: Transcript 2003. Ein Arbeits-
papier liegt bereits vor: Marianne Schuller: Nanoästhetik. Kulturelle Vorstellungs-
formen und Affektwirkungen des Kleinen, o. O. (Hamburg): o. J. (2007).

28 Wolfgang Groddeck: Reden über Rhetorik. Zu einer Stilistik des Lesens, Basel u.
a.: Stroemfeld 1995.

zitternden Boden, bis man die Sporen ließ, denn es gab keine Sporen, bis man die Zügel wegwarf, denn es gab keine Zügel, und kaum das Land vor sich als glatt gemähte Heide sah, schon ohne Pferdehals und Pferdekopf.«[28a]

Postscriptum

Marianne Schuller, der dieses Kapitel gewidmet war und ist, hat mir entdeckt, dass in *Ein Landarzt* (einer Erzählung, die von einem »Eben noch, im Nu nicht mehr« durchzogen ist, von Riss, Trennung und Verlust) das, was ich hier in tausend Anläufen als Lücke, als Leere, als Loch, als Falte, als Spalte und Falle umkreise, im allerdings viel reicheren und dunkleren Motiv der Wunde terminiert – einer Wunde, die erst noch klafft und sich dann als unheilbar erweisen wird. »›Wirst du mich retten?‹ flüstert schluchzend der Junge« mit der entsetzlichen Wunde in seiner rechten Seite, und wir wissen, *Déjà-vu*: Das wird nichts mehr.

»Der Messias«, so zitiert Marianne (in: *Wunden-Schrift*, unveröff. Man., 3.11.2011, S. 13) aus Kafkas 3. Oktavheft, »wird erst kommen, wenn er nicht mehr nötig sein wird; er wird erst nach seiner Ankunft kommen, er wird nicht am letzten Tag kommen, sondern am allerletzen.«

28a Franz Kafka: Ein Landarzt und andere Drucke zu Lebzeiten. Ges. Werke in zwölf Bänden. Nach der kritischen Ausgabe hg. Von Hans-Gerd Koch, Bd. 1, Frankfurt a. M. 1994, S. 30. Vgl. auch diese Passage aus Der Kübelreiter: »... ich reite deshalb auf dem Kübel hin. Als Kübelreiter, die Hand oben am Griff, dem einfachsten Zaumzeuge, drehe ich mich beschwerlich die Treppe hinab; unten aber steigt mein Kübel auf, prächtig, prächtig; Kameele, niedrig am Boden hingelagert, steigen, sich schüttelnd unter dem Stock des Führers, nicht schöner auf. Durch die festgefrorene Gasse geht es in ebenmäßigem Trab; oft werde ich bis zur Höhe der ersten Stockwerke gehoben; niemals sinke ich bis zur Haustüre hinab. Und außergewöhnlich hoch schwebe ich vor dem Kellergewölbe ...« (ebd., S. 345).

VIII. Forschung – Berührung des Unberührten

»Corpus des Tastens: streicheln,
streifen, pressen, hineinschlagen,
drücken, glattstreichen, kratzen,
reiben, liebkosen, betasten, anfassen,
…kneten, massieren, umschlingen,
umklammern, schlagen, kneifen,
beißen, lutschen, naßmachen, halten,
loslassen…«
Jean-Luc Nancy

»Wem gefiele nicht eine Philosophie
Deren Keim ein erster Kuß ist?«
Novalis

Jean Baudrillards Paradoxie objektiver Wissenschaft. »Wie Orpheus dreht sich die Wissenschaft stets zu früh nach ihrem Objekt um und wie Eurydike kehrt dieses zurück in die UNTERWELT.« Zu früh, zu spät.

Dorothy Sayers‹ Paradoxie objektiver Wissenschaft. »Mylord, facts are like cows. If you look them in the face long enough, they generally run away.«
Und erst bei Nacht, da alle Kühe schwarz sind (Hegel), selbst die blonden (Karl Kraus).

Die Eule der Minerva à la Nietzsche. Wir, »geborne Flügelthiere und Honigsammler des Geistes«, immer unterwegs, sind doch stets zu spät dort, »wo die Bienenkörbe unsrer Erkenntnis stehn«. Wir sind »nie recht ›bei der Sache‹«. »Vielmehr wie ein Göttlich-Zerstreuter und In-Sich-Versenkter, dem die Glocke eben mit aller Macht ihre zwölf Schläge des Mittags in's Ohr gedröhnt hat, mit einem Male aufwacht und sich fragt ›was hat es da eigentlich geschlagen?‹…«.

MAD Magazine © 1975 by E. C. Publications, Inc.

*(zitiert nach Karl E. Weick, Der Prozeß des Organisierens,
Frankfurt a. M. 1985: Suhrkamp, S. 45)*

Heinz von Foersters Paradoxie objektiver Wissenschaft. »So, wie das
achtzehnte Kamel (s. S. 140), so braucht man die Wirklichkeit als eine
Krücke, die man wegwirft, wenn man sich über alles andere klar ist«.
Von Foerster aber müsste man fragen: Wie steht es mit der Wirklichkeit
von Kamelen und Krücken?

Woody Allens Paradoxie objektiver Wissenschaft. »Cloquet haßte die Wirklichkeit,« heißt es in »Side Effects«, »aber er sah ein, dass es nach wie vor die einzige Gegend war, wo man ein richtiges Steak bekommen konnte.« Das klingt nach angelsächsischer Nüchternheit, aber was, wenn der Realitätsrausch verflogen ist? »Die Realität«, sagt das schottische Sprichwort, »ist eine Illusion, die durch einen Mangel an Whisky hervorgerufen wird.«

Karl Weicks Paradoxie objektiver Wissenschaft. »Die Organisation in zähl- und meßbare Form zu bringen heißt, sie dessen zu berauben, was sie des Zählens ursprünglich wert gemacht hatte.«

Gregory Batesons Paradoxie objektiver Wissenschaft. »Es liegt in der Natur der Sache, dass ein Forscher erst dann weiß, was er untersucht, wenn er es erforscht hat.«

Paradoxie der Ethnologie. »Das Leben der Ethnologie«, sagt Jean Baudrillard, »impliziert den Tod ihres Objekts.« Die Kernfamilie der Zuñi besteht bekanntlich aus einem Vater, einer Mutter, zwei Kindern und einem Ethnologen.

Paradoxie des Tourismus. »Buchen Sie unberührte Natur!« Buchen vielleicht, aber berühren? Gedenken wir an dieser Stelle auch der Serenissima, der längst versehrten Schönheit Venedigs, das heutzutage tagtäglich heimgesucht wird von Schiffen wie der *Voyager of the Seas*, 63 Meter hoch. 311 Meter lang, 47 Meter breit, 9 Meter Tiefgang, fast 4000 Passagiere (*Süddeutsche Zeitung* Nr. 292 vom 18.12.2013, S. 12). *Serenus* heißt ja heiter, wie in »Das kann ja heiter werden«. Am Samstag, dem 23.9.2013, legten 12 solcher Schiffe vor Venedig an, jedes Jahr etwa 700.*

Paradoxie intendierter Unberührtheit. Im Jahre 1971 beschloß die philippinische Regierung, »einige Dutzend Eingeborene der Tasaday, die man im tiefsten Dschungel entdeckt hatte, wo sie seit acht Jahrhunderten ohne Kontakt zu allen übrigen menschlichen Artgenossen lebten, in ihrer totalen Natürlichkeit zu belassen und sie nicht dem Zugriff von Kolonialisten, Touristen und Ethnologen auszusetzen. Damit folgte man einer

---

* Die Venezianer, schreibt Giorgio Agamben in *Nacktheiten* (Frankfurt a. M. 2010, 70), täuschen vor, ihre Stadt »sei noch am Leben«. Dabei ist sie es nicht mehr? Falsch, meint Agamben in einer weiteren, gespenstischen Drehung des Nicht Mehr, wohl bedacht sei es so, »dass Venedig nicht mehr Leichnam ist, sondern sich … in jenem Stadium befindet, das auf den Tod und die Verwesung des Leichnams folgt. Dieses Stadium ist das Gespenst…« (S. 68).

Initiative von Anthropologen, die ahnten, dass die Tasaday unter ihren Blicken (wie eine Mumie in frischer Luft) förmlich zerfallen würden.« (Baudrillard) Ohne den Regierungsbeschluss war die Unberührtheit der Tasaday nicht zu retten, mit ihm und durch ihn war sie endgültig dahin, eingefroren, wie in einem Glassarg, wie Mumien.

Paradise lost. Dies alles schon gerät Baudrillard zum Indiz einer »Agonie des Realen«. Dahinter verbirgt sich das bekannte, aber unmögliche Ideal eines unberührten, durch Berührung nicht verfälschten und zerstörten Realen, und einer objektiven, durch Beobachtung nicht verfälschten Wahrheit. Nicht der Idee totaler Natürlichkeit, absoluter Authentizität, unverfälschter Realität gilt seine Kritik, sondern ihrem uneinholbaren Zuspätkommen. Dass »wir« die Zuñi und die Tasaday hätten in Ruhe lassen sollen und es jetzt nicht mehr können, mag sehr wohl sein, aber wie datieren wir den Sündenfall, der uns zur Verspätung verdammte?

Die Verspätung, den Aufschub, nicht als Mangel und Makel, sondern als Wesen des Lebens zu fassen, wie Derrida es tut, erst das führt aus dieser Aporie hinaus. Derrida: »Die Verspätung also ist ursprünglich« – »es gibt nicht *zunächst* präsentes Leben, das sich *anschließend* zu schützen, zu verzögern und im Aufschub vorzubehalten begänne.« Es gibt nicht erst die Lust und dann deren Aufschub, sondern der Aufschub ist Bedingung der Lust in ihrem Verhältnis zur Realität. Es gibt nicht erst die »ursprüngliche« Bedeutung eines Textes, die dann via Interpretation recht oder schlecht zu enthüllen wäre. Und es gibt nicht zuerst die reinen Wilden, deren jungfräuliche Reinheit nachträglich durch kulturelle Penetration beschmutzt (oder von Anthropologen beschützt und bewahrt) würde, sondern auch die Zuñi, auch die Tasaday sind durch »befleckte Empfängnis« und erst im Nachhinein zu dem geworden, was sie sind.

Zwergenweitwurf. In Australien, hört man, ist der Zwergenweitwurf beliebt. Das erregte Protest. Eine Kampagne wider diese Diskriminierung wurde ins Leben gerufen. Das ärgerte die Zwerge. Aber nicht, weil sie Baudrillard gelesen hatten, sondern weil es pro Wurf ein paar Dollar gab (*Der Spiegel* 10/1992, S. 128).

Unaufhörlichkeit. Maurice Merleau-Ponty – »wie den Anderen verstehen, ohne ihn unserer Logik zu opfern und diese ihm?« – hat eine andere epistemologische Konsequenz vorgeschlagen als Baudrillard: die Idee einer ethnologischen Erfahrung, »die unaufhörlich das Selbst durch den Anderen und den Anderen durch das Selbst erprobt.« Wir können vielleicht die Erfahrung eines *lateralen* Universalen machen, weil das Eigene und das Fremde einander nicht unvermittelt gegenüberstehen, wir vielmehr aus einer »wilden Region« unserer selbst schöpfen, über die wir mit anderen Kulturen in Verbindung stehen. Ob in dieser Idee nicht noch ein letzter Rest Eurozentrismus steckt, insofern darin die Frage ungeprüft bleibt, ob den anderen Kulturen die komplementäre Erfahrung offensteht: ob also eine Ethnologie Europas durch Nichteuropäer gleichsam aus einer »europäischen Region« ihrer selbst schöpfen kann, wäre allerdings noch zu bedenken. Schön aber Merleau-Pontys Rede von der Unaufhörlichkeit einer solchen wechselseitigen Erfahrung und Erprobung. Diese Unaufhörlichkeit, die den Bogen von der Vergeblichkeit finalen Gelingens bis zur Unbeirrbarkeit immer neuer Versuche spannt, entwindet sich vielleicht der Aporie des Noch-nicht-und-nicht-mehr.

Reinhold Messner. Es gibt Männer und Frauen, die es brauchen, das Unerhörte zu tun; als Erste den noch nicht bezwungenen Fels zu erklimmen, das noch unberührte Land zu betreten. Das sind gewöhnlich die ersten, die allen anderen davon abraten. Wenn sie ehrlich wären, müssten sie, nachdem sie da waren, zugeben: »Es ist nun nicht mehr unberührt.« Das aber könnte ihr eigenes Tun decouvrieren, und so pflegen sie zu sagen: »Es wird sonst seine Unberührtheit verlieren.«

Die Hölle, das sind die Anderen.

Der Prozess der Zivilisation. »Es ist würklich im Ernste zu wünschen, dass der Umgang der Europäer mit den Einwohnern der Südsee-Inseln in Zeiten abgebrochen werden möge, ehe die verderbten Sitten der civilisierten Völker diese Unschuldigen Leute anstecken können«, sagte Georg Forster – *nachdem er* mit Captain Cook auf Entdeckungsreise dort war.

Meine Nuba. Zwei Noch Nicht:

»Den Wegfall der Zivilisation«, sagt Leni Riefenstahl über »ihre« Nuba, »empfand ich als Befreiung. Diese Menschen, die *noch nicht* durch Geld verdorben waren, strahlen Menschlichkeit und Wärme aus. Trotz ihres harten Lebens waren sie immer fröhlich und hilfsbereit. Diebstahl und Mord gab es nicht. War einer krank, arbeiteten andere für ihn. Allerdings änderte sich der fast paradiesische Zustand über die Jahre. Bald standen einige Hütten nicht mehr offen. Geld, das sie vorher nicht kannten, hatte sie sehr verändert. Es gab erstmals Diebstähle. Auch dass sie jetzt gezwungen waren, Kleidung zu tragen, schadete ihnen. Da sie kein Geld für Seife hatten, liefen sie bald in Lumpen herum und bekamen für sie neue Krankheiten ...«

Seit zwanzig Jahren herrscht Krieg in der Heimat der Nuba, und alle Versuche, »etwas über ihr Schicksal zu erfahren, waren erfolglos. Verschiedenen Photographen ist es in den vergangenen Jahren gelungen, zu einigen Stämmen durch zukommen. Mit den meisten stehe ich in Verbindung. Über neue Nuba-Freunde konnte ich nichts erfahren. Ich muß das Schlimmste befürchten – trotzdem gebe ich die Hoffnung noch nicht auf, sie wiederzusehen.«

Wie verführerisch, wie hoffnungslos romantisch der Gedanke, dass es nicht der Krieg gewesen sein möge, sondern die Entschlossenheit der Nuba, sich unsichtbar zu machen, so dass sie *nicht mehr* behelligt werden könnten von Missionaren, Anthropologen, Photographen und anderen Goldsuchern (Quelle: Die Zeit, Magazin, Nr. 18 vom 23.4.98, S. 8).

Performativer Selbstwiderspruch (I). Der Kampf gegen Allgemeinbegriffe sei sinnlos, haben Horkheimer und Adorno gefunden und sich doch an deren Kritik gemacht: im Namen des Besonderen. Lévi-Strauss hat diese Kritik noch radikalisiert und gezeigt, dass selbst Namen für Einzelnes, für Einzelne bereits eine Verallgemeinerung enthalten und deshalb in einen solchen Kampf einbegriffen werden müssten. »Substantive implizieren Verdinglichung.« Dieser Satz enthält bereits zwei, ist aber nicht deshalb schon falsch. »Teuerung«, sagt Pooh, »statt 't ward aalns dürer un dürer.« (*Pooh's Corner*) Dass wir den Boden, auf dem wir stehen, nicht zum Gegenstand der Kritik machen dürften, solange wir eben dazu noch auf ihm stehen müssten, das ist der Sinn des Neu-Frankfurterischen Vorwurfs des performativen Selbstwiderspruchs. Kritik am Ideal des herrschaftsfreien Diskurses versenkt dieser Vorwurf im Orkus zwischen Noch Nicht und Nicht Mehr: »Noch darfst du es nicht kritisieren, denn du nimmst es ja noch in Anspruch.« Wenn du es aber nicht mehr in Anspruch nimmst, bist du im Diskurs nicht mehr satisfaktionsfähig.

Von solchen Denkverboten haben sich die älteren Frankfurter nicht abhalten lassen, und auch nicht Anatol Holt, Gregory Bateson, Karl Weick oder Harry Rowohlt, die Kritiker des Substantivs. Nietzsche, Freud, Heidegger, Derrida haben es nicht als ehrenrührig betrachtet, an den Ästen jener kathedralenähnlichen Bäume zu sägen, auf denen wir alle seit Jahrtausenden sitzen.

Zurückweichender Horizont. Forschung, so sehr sie unser Wissen von der Welt bereichert, verringert nicht, sondern vergrößert die weißen Flecken auf der Landkarte des Wissens, weil sie die Leere, die letztere ließen, zwar zu füllen erlaubt, im gleichen Zuge aber und gewissermaßen in geometrischer Progression neue, unerforschte Landschaften einzutragen nötigt, von denen wir eben noch nichts ahnten. Das Universum dehnt sich aus, *weil* unsere Teleskope immer weiter reichen. Der Horizont weicht zurück, *weil* unsere Neugier nach ihm drängt und ihn erreichen will.

Self-destroying prophecy. Dass Voraussagen auf dem Felde der Sozialwissenschaften die unangenehme Eigenschaft haben können, ihre eigene Falsifizierung zu bewirken, so dass sie zutreffen, solange sie noch nicht gemacht worden sind – oder sollte ich sagen: so dass sie zuträfen, würden sie nicht gemacht werden? –, nicht mehr jedoch, sobald sie gemacht werden, ist zwar bekannt, macht uns aber nach wie vor schwer zu schaffen. »Es braucht immer länger, als man erwartet.« Dieses eherne Gesetz wird vielleicht durch jene falsifiziert, die es kennen und umsichtig berücksichtigen.

Wie tröstlich daher, dass fast immer die Umstände so widrig sind, dass sie derart reflektiertem Umgang widerstehen – und die Erfinder von Gesetzen so raffiniert, dass sie die Vergeblichkeit ihrer Gesetze und die Aussichtslosigkeit ihrer Berücksichtigung durch die Handelnden berücksichtigen, wie zum Beispiel Douglas R. Hofstadter mit seinem ziemlich rekursiven

Hofstadterschen Gesetz: Es braucht immer länger als man erwartet, sogar wenn man das Hofstadtersche Gesetz berücksichtigt*.

Oskar Morgensterns Paradoxie objektiver Wirtschaftswissenschaft. »The kind of economic theory that is known to the participants in the economy has an effect on the economy itself. ... There is just a ›backcoupling‹ or ›feedback‹ between the theory and the object of the theory, an interrelation which is definitely lacking in the natural sciences«. Sobald die ökonomische Theorie ihren Gegenstand erreicht, hört er auf, reiner – von Theorie unberührter – Gegenstand zu sein. Er ist nicht mehr, was er einmal war, und zwar ist er *durch* eben jene Theorie ein anderer geworden, die ihn *rein* studieren und erklären wollte. Falls die Bestärkung und Legitimation des Eigennutzes – à la Mandeville – eine *Folge* sein sollte, erlangt auf diese Weise *das* basale Axiom orthodoxer Ökonomik den Status einer *self-fulfilling prophecy.*

Émile. »... das Geschrei dieser falschen Weisheit, die uns fortwährend uns selbst entfremdet, der die Gegenwart nichts gilt, die unablässig einer Zukunft nachjagt, die stets um so viel zurückweicht, wie wir voranschreiten, und die uns dahin bringt, wo wir nicht sind, weil sie uns immer dahin bringen will, wo wir niemals sein werden«: Diese Klage Rousseaus hat ihr Recht als Kritik der Finalität – endgültiger Lösungen, absoluter Zwecke, positiver Utopien. Sie verkennt, wie Derrida bemerkt hat, dass das Verlangen nach der Präsenz die Bestimmung seiner Unstillbarkeit schon in sich trägt, weil *jede* Präsenz sich einem Gestus entzieht, durch den wir uns ihrer bemächtigen wollen. Sie verkennt, dass *alles* Handeln, das diesen Namen verdient, alle Gegenwart, die Form der Vergegenwärtigung des Nicht-Gegenwärtigen, des Abwesenden, des Nicht Mehr und Noch Nicht annehmen muss. Und sie verkennt den Unterschied

---

* Vgl. aber Philip Musgrove: Why Everything Takes 2.71828 ... Times as Long as Expected, in: American Economic Review, Vol. 75 (1985), S. 250–252.

zwischen einem Ort, »wo wir niemals sein werden«, und einem Ort, an dem wir nicht-mehr-und-noch-nicht sind. Utopie heißt: *noch* kein Ort.

Mehr vom selben. Sofern es sich um diese Konstellation handelt: dass ein zu Berührendes vor der Berührung zurückweicht, *weil* sie versucht wird, sind Strategien des »Mehr vom selben« geeignet, das Problem zu verschärfen. Die objektive Repräsentation der sozialen Wirklichkeit zeigt »noch« Mängel? Also: Mehr Beobachtung, mehr Experimente, mehr Empirie, mehr Objektivität, mehr Daten, mehr Methodologie. Das ist wie lauteres Reden, wenn es an Überzeugungskraft fehlt.

Marionettentheater I. Dass Tänzern die Grazie, Schauspielern das sichere Spiel abhandenkommt, »wenn sich die Seele (vis motrix) in irgendeinem andern Punkte befindet, als in dem Schwerpunkt der Bewegung«, mit anderen Worten: wenn erst der Blitz der Reflexion eingeschlagen hat, ist bekanntlich nicht Kleists letztes Wort im *Marionettentheater.* Zwar sei derlei »unvermeidlich, seitdem wir vom Baum der Erkenntnis gegessen haben«, was ja nichts anderes bedeutet als: Die Grazie durch Reflexion und Erkenntnis zu berühren, heißt, sie zu zerstören. »... das Paradies ist verriegelt und der Cherub hinter uns«. Aber es gibt Hoffnung: »Wir müssen die Reise um die Welt machen, und sehen, ob es vielleicht von hinten wieder offen ist.« Wie das? »Wir sehen, dass in dem Maße, als, in der organischen Welt, die Reflexion dunkler und schwächer wird, die Grazie darin immer strahlender und herrschender hervortritt. – Doch so, wie sich der Durchschnitt (*der Schnittpunkt, G. O.*) zweier Linien, auf der einen Seite eines Punktes, nach dem Durchgang durch das Unendliche, plötzlich wieder auf der andern Seite einfindet, ...: so findet sich auch, wenn die Erkenntnis gleichsam durch ein Unendliches gegangen ist, die Grazie wieder ein«. Sie hat ihren Ort »in dem Gliedermann, oder in dem Gott«, und so »müßten wir wieder von dem Baum der Erkenntnis essen, um in den Stand der Unschuld zurückzufallen«. Das ist das wohl schönste Gegenprogramm wider die Paradoxie der Berührung des Unberührten. Lassen wir es so stehen.

Betwixt and between (Über die Falte I). Paradoxale Figuren, das Tangieren des Einen durch das Andere zu denken – seine Trennung-plus-Kontamination: Derridas und Mallarmés Hymen; Rilkes zarte Membran (s. oben, *Dazwischen I*, S. 65 f); Figuren wie Rand, Schale, Hülle, Haut, Saum, Naht und Damm, bei denen der Akzent auf Verbindung und Schutz, aber auch Grenze, Riss, Spalte, Bruch und Laküne, bei denen er auf Trennung und Niemandsland liegt, viertens Kante, Rand und Neige, die knapp davor, und fünftens die Fuge und die Schwelle (Limen), die genau dazwischen liegen.

Die Falte (Deleuze, Derrida) ist die Figur der Unmöglichkeit *reiner* Scheidung. Ein noch nicht Geschiedenes wird durch Faltung nicht zu zwei Räumen der Reinheit. Falls Gott jemals – wie es heißt: »am Anfang« – Himmel und Erde geschaffen und das Licht von der Finsternis geschieden hat, »das Wasser unter der Feste von dem Wasser über der Feste«, die Erde vom Meer, die Ordnung vom Chaos, den Abend vom Morgen und den ersten vom zweiten Tag, so muss er es im Wege des Faltens getan haben. Der Weltbaumeister muss ein Meister des Origami (gewesen) sein. Das hat zur Folge, dass es – außer vielleicht in der Welt der Ideale – nichts Reines gibt: nicht hie die reine Ordnung, da das reine Chaos, nicht reines Licht, nicht reine Finsternis. In säkularisierter Fassung: nicht rein Gutes und rein Böses, kein reines Sein im Gegensatz zu reinem Sollen, weder reinen Nutzen noch reine Pflicht, keine von Werten reine Wissenschaft und keine reine Ethik, und schließlich, irdischer: nicht reines Recht und reines Unrecht, kein reines Privateigentum, keine reine Ökonomie. Eben war »es« noch nicht geschieden, nun, nachdem die Faltung die Scheidung besorgt und so das Eine und das Andere allererst hervorgebracht und geschieden, durch Scheidung hervorgebracht und *nachträglich* ein Reinheitsbegehren in uns wachgerufen hat, werden wir mit der Nase auf den Schmutz gestoßen. Wir machen die Entdeckung, dass jenes Begehren auf etwas gerichtet ist – eben: Reinheit –, an das vor der Faltung noch nicht zu denken und zu begehren und das danach nicht mehr zu haben war.[*]

Berührung und Schmutz. »Nachdem die Haut berührt und Schmutz somit erzeugt worden sei, sagte er«, auf diese Weise implizierend, dass Berührung Beschmutzung *impliziert*, »geschehe etwas sehr Eigenartiges. Nämlich wünsche die Person Berührung wie Besudelung alsbald fort, und versuche sie so schnell wie möglich zu annullieren. Offenbar dulde sie es nicht, angefasst zu werden. Sie begreife sich als tabu. Durch Antastung fühle sie sich beschädigt. Dafür spreche auch, dass sie an sich Zonen von verschiedener Beschmutzbarkeit unterscheidet; diese sei am kleinsten an den äußeren und unteren Gliedmaßen, steige nach der Mitte und oben zu, sei am größten am oberen Leib und im Gesicht. Das seien aber doch gerade die Teile, von denen sie noch am ehesten vermuten könne, dort befände sie sich« – die Person – »sich *eigentlich*. Im Notfall ziehe sie sich auch ins Leibesinnere, also in ihren sichersten Aufenthaltsort, zurück.«

* Ein Beispiel aus der Theoriebildung ist das »Reinheitsbegehren«, das in Niklas Luhmanns Systemtheorie wirksam geworden ist (Albrecht Koschorke: Die Grenzen des Systems, in: A. Koschorke, C. Vismann (Hrsg.): Widerstände der Systemtheorie. Kulturtheoretische Analysen zum Werk von Niklas Luhmann, Berlin 1999, S. 49–60).

Dort kann sie nicht mehr berührt, nicht mehr beschmutzt werden.
»Diese Regung sei ganz elementar, dem Willen entzogen. Er spreche vom
Ekel« (Christian Enzensberger: *Größerer Versuch über den Schmutz*).
Elias Canetti spricht von »Berührungsfurcht«. »Die Hand, zur Kralle
geformt«, wird zum Symbol dieser Angst.

IX. »Sei doch Du selbst!«
Aporien der Pädagogik

Sollen und Wollen. Eben noch wollte ich es. Nun soll ich es. Da kann ich es kaum mehr wollen. Moralisches »crowding out«: Das »Du sollst« verdirbt und verdrängt das »Ich will«.

Wulst. Dass Kunst nicht vom noch so guten Wollen kommt, muss offenbar immer mal wieder gesagt werden. Als Sänger, nicht als singenden Zeigefinger, hatten wir Wolf Biermann verehrt.

Sein und Werden. »Was Du bist, bist Du durch mich«, spricht Pygmalion.
»Nicht mehr«, erwidert My Fair Lady.

»*Sei doch Du selbst!*« (Sagt Peter Falk zu Gina Rowland in »A Woman under Influence.«) »Sei nicht so gehorsam!«, »Lesen Sie diese Zeile *nicht*!«

Aufklärung I. Als mein Bruder und ich »im entsprechenden Alter« waren, hieß es: Die Jungs müssen aufgeklärt werden. Das war seinerzeit ein distinkter Akt hochnotpeinlicher Unterredung, die meine Mutter mit der Frage eröffnete, ob es da irgendetwas gäbe, was wir noch nicht wüssten. Natürlich ist das eine Frage, ungefähr so paradox wie die Geschichte mit dem Mann, der sagte: »Ich kann mich nicht erinnern, dass ich je in meinem Leben was vergessen habe.« Da wir erstens nicht wissen konnten, was wir noch nicht wussten, und da zweitens Jungen im »aufklärungsbedürftigen Alter«, nämlich in der Pubertät, nicht gerne zugeben, etwas nicht zu wissen, schon gar nicht, wenn es sich um *diese* Sache dreht, und nun schon überhaupt nicht der eigenen Mutter gegenüber, antworteten wir: »Nö.« So kam es, dass unsere Mutter uns so lange noch nicht aufgeklärt hat, bis es – wie sie sich energisch zu glauben entschied – nicht mehr nötig war.

Performativer Selbstwiderspruch (II). Dass Kinder sich entwickeln, heißt, dass sie die Grundlage bezweifeln, auf der sie sich entwickeln: die Unbezweifelbarkeit der Eltern. »Aber nicht übertreiben«, sagte ich zu Paul, meinem Sohn. »Reife ist die Fähigkeit, das Rechte zu tun, obwohl die Eltern es empfohlen haben.«

Entkommen à la Jandl.

ich
brech
dich
doch
noch
liebervaterbittebiegmichlieber
Ernst Jandl

Kontrastprogramm.

Schöner schöner florian
horchen wir ihm ohren an
küssen wir ihm einen mund
blicken wir ihm augen rund
rudern wir ihm arme dran
tanzen wir ihm beine ran
lieben wir ihm einen Mann
schöner schöner florian
Ernst Jandl

Das Achtzehnte Kamel. Ein weiser Virtuose des versäumten Augenblicks: der Mullah, der auf seinem Kamel nach Medina ritt und unterwegs drei Brüder traf, in Trauer über den Tod ihres Vaters und in Ratlosigkeit über das Erbe, siebzehn Kamele, das ihnen der Vater in einem seltsamen letzen Willen hinterlassen hatte: der älteste Bruder solle die Hälfte, der mittlere ein Drittel, der jüngste ein Neuntel der Herde bekommen.

»Nehmt meines dazu«, sagte der Mullah, und von den achtzehn Kamelen erhielt der älteste Bruder die Hälfte, neun, der mittlere ein Drittel, sechs, und der jüngste ein Neuntel, zwei Kamele. Ein Kamel, das des Mullahs, blieb übrig, er bestieg es und winkte den Brüdern einen Abschiedsgruß zu.

Manche bringen ein Achtzehntes Kamel von Haus aus mit: eine Siegesgewissheit *a priori*, die erst noch nicht begründet ist, aber zum Sieg führt, und die dann nicht mehr unbegründet erscheint. Andere müssen sich Achtzehnte Kamele immer wieder neu hervorzaubern. Ich plane kein Buch, sondern nur ein paar Aufsätze, diese Selbsttäuschung ist mein Achtzehntes Kamel, das entbehrlich wird im Maße des Anwachsens des Textes. Ich werde Lokomotivführer, Lehrer, Bundesligastar, Computerdesigner, Model, Superstar, das sind die Achtzehnten Kamele, auf denen Kinder durch die Schule in die Erwachsenenwelt reiten.

Freiheit und Fahrrad fahren. »Bildung zur Freiheit« lautete das Programm der Pädagogik um das 19. Jahrhundert. Wie leicht, das eine

Paradoxie zu nennen! Wer ist der Bildner? Wer definiert Freiheit? Wer kann sie gewähren? Es gibt aber ein Modell dafür, ein Modell à la Achtzehntes Kamel. Das kennen viele: Fahrrad fahren habe ich von meiner älteren Cousine gelernt, die das Rad bei meinen ersten Versuchen am Gepäckträger hielt und irgendwann heimlich losließ. *Dieses* Rad war mein Achtzehntes Kamel. Pädagogik muss Selbsterübrigung sein. Natürlich bin ich, sobald ich merkte, dass sie losgelassen hatte, sofort auf die Schnauze gefallen. Da aber war es, sozusagen, schon zu spät: Ich hatte es schon gelernt.

Zur Vernunft kommen. So genannte Primitive seien noch nicht zivilisiert, so genannte Kinder noch nicht erwachsen. Die frühe Geschichte, sei es der Menschheit, sei es des einzelnen Menschen unter den Vorbehalt dieses Noch Nicht zu stellen, impliziert eine Herabsetzung nicht nur der Frühzeit, sondern jeglicher Menschenzeit. Es impliziert die Degradierung der gesamten Geschichte, des ganzen Lebens zu einem nie endenden Noch Nicht. Piaget zum Beispiel »geleitet das Kind zum Alter der Vernunft, als genügten die Gedanken des Erwachsenen sich selbst und höben alle Widersprüche auf. In Wirklichkeit muß das Kind in gewisser Weise gegen die Erwachsenen – oder gegen Piaget – Recht behalten, muß, soll es für den Erwachsenen auch eine einzige intersubjektive Welt geben, das barbarische Denken des frühen Kindesalters als unentbehrlicher Erwerb auch dem des Erwachsenen zugrundeliegenbleiben.« (Merleau-Ponty) Kinder sind für Piaget »Noch-nicht-Erwachsene«.

Nicht mehr, noch nicht. Übergänge – vom Kind zu Frau oder Mann, von Unverheirateten zu Verheirateten, vom alten zum neuen Jahr und so fort – werden von Ritualen markiert, von *rites de passage.* Sie markieren *und formen* die Zustände und Prozesse des »betwixt and between«. Die liminale Person ist »nicht mehr und noch nicht« – nicht mehr Kind, noch nicht Mann/Frau. *Coming of age*, das ist das Gegenteil des Noch nicht/ Nicht mehr, das hier überall Thema ist. Nicht mehr Kind, noch nicht Mann/Frau – *aber bald. Rites de passage* münden, sollen ihrem Sinn nach münden, in ein Positives, Neues (außer beim Übergang vom Leben in den Tod). Reifen, Gebären und Säugen sind die Analogien, in deren Nähe liminale Prozesse gerückt werden. Auflösung und Zerfall werden geheilt durch Geburt und Wachstum. Am Ende von Noch nicht/Nicht mehr dagegen steht ein Negatives, ein Nein. Erst wenn man die Passagen rückwärts liest, wird aus ihnen ein Nicht Mehr, in dem eine Wehmut mitklingen mag: nicht mehr Kind, nicht mehr Junggesellin, nicht mehr die gute alte Zeit.

Reise nach Jerusalem. Die Kinder laufen noch so schnell um die Stühle – immer gibt es einen Stuhl zu wenig, weil ja für jedes ausgeschiedene

Kind ein Stuhl weggenommen wird. Wenn das Home, das Base, das Mal in vielen Spielen für die Sicherheit primärer Liebe steht, und die Spiele selbst – »Fort da«, *Peekaboo*, Verstecken, Baseball – den Kitzel der Entfernung, der Trennung von diesem sicheren Hafen spielerisch zu erfahren erlauben, sanft, mit eingebauter Garantie, zurückkehren zu können, so bringt die »Reise nach Jerusalem« die Dinge in Bewegung, bringt Zeit ins Spiel, und den neuartigen Kitzel der Gefahr, den Augenblick der Rückkehr deswegen zu versäumen, weil die anderen schneller sind.

Meinungen und Deinungen. Verstehen ist nie die (Re-)Konstruktion des Gemeinten. Solange es noch das Gemeinte ist, kann es noch nicht verstanden, sobald es das Verstandene ist, kann es nicht mehr das Gemeinte sein. Verstehen ist über*setzen*, *über*setzen über die Kluft zwischen Noch Nicht und Nicht Mehr.

Die Quintessenz des Zen. »Es ist die Geschichte eines Zen-Meisters, der eine Predigt für einige Mönche vor seiner Hütte hielt. Plötzlich ging er hinein, verschloß die Tür, steckte die Hütte in Brand und rief nach draußen: ›Ich komme erst heraus, wenn jemand das Richtige sagt.‹ Daraufhin bemühten sich die Mönche verzweifelt, das Richtige zu sagen, natürlich ohne Erfolg. Ein Mönch, der sich verspätet hatte, kam hinzu und fragte nach der Ursache der Aufregung. Einer der anderen Mönche erklärte ihm hastig: ›Der Meister hat sich eingeschlossen, die Hütte angezündet und wird erst herauskommen, wenn jemand das Richtige sagt!‹ Der später gekommene Mönch sagte: ›Mein Gott!‹ Daraufhin kam der Meister heraus.« (Raymond Smullyan)

Falls diese Geschichte uns lehren soll: Beabsichtige nichts, intendiere nichts, verfolge keine Zwecke, dann kommt sie mir in sich paradoxal vor, weil man den ausgestreckten Zeigefinger – die pädagogische Absicht – sieht. Ich sage mir: Bevor die armen Mönche die Geschichte kannten, konnten sie das Richtige *noch nicht* sagen, weil sie es nicht wussten. Nachdem sie erzählt worden ist, können sie es *nicht mehr*, diesmal, weil sie es nun wissen.

Lernen. Lernen funktioniert auf der Basis dieser Paradoxie: Erst wissen wir noch nicht, daher aber auch nicht um die Beschwernisse des Lernens. Wenn wir um sie wüssten, sie würden das Lernen lähmen. Davor schützt Ignoranz. Deswegen hat Albert Hirschman Ignoranz unsere »hiding hand« genannt (siehe »*Ignorance of ignorance*«, S. 202 f), verbergende *und schützende* Hand. Dann wissen wir. Wir haben gelernt und wissen um die erdrückende Mühsal, aber *dann macht es nichts mehr*. So lernen Kinder laufen. So lernen wir leben.

Ein kleines »f«. Der Bogen oben am kleinen »f« kann (1.) fehlen. Er kann (2.) zu eng oder (3.) zu weit, nicht rund, sondern (4.) zu flach, (5.) eckig, (6.) zu spitz, (7.) krakelig oder (8.) dort, wo er oben rechts ausläuft, zu tief heruntergezogen sein oder (9.) nicht tief genug, er kann (10.) zur falschen Seite, nach links gezogen oder (11.) durch einen rechten Winkel, wie beim großen »F« ersetzt sein. Die senkrechte Linie des »f« mag schief, nämlich (12.) von links oben nach rechts unten oder (13.) von rechts oben nach links unten verlaufen, (14.) über oder (15.) auf der Grundlinie enden, (16.) nicht tief genug unter die Grundlinie gehen oder (17.) zu tief. Sie mag als (18.) Links- oder (19.) Rechtsbogen geraten sein oder als (20.) Schlangenlinie. Sie kann unten als Haken (21.) nach links oder (22.) rechts enden. Der Bogen oben mag im Verhältnis zur senkrechten Linie (23.) zu klein oder (24.) zu groß geraten sein. Bogen und Linie mögen im Verhältnis zu den Grundlinien (25.) zu klein oder (26.) zu groß geraten sein. Der Querstrich des kleinen »f« kann (27.) fehlen, (28.) zu kurz, (29.) zu lang, (30.) zu hoch, (31.) zu tief, nicht gerade, sondern als (32.) nach oben oder (33.) nach unten offener Haken oder (34.) als wackelige Linie ausgeführt sein, asymmetrisch angebracht, nämlich (35.) links weiter gezogen als rechts oder (36.) rechts weiter als links oder (37.) nur nach rechts oder (38.) nur nach links gezogen. Die Höhe des Querstrichs mag (39.) nicht zur Höhe des oberen Bogenendes passen, seine Breite (40.) nicht zur Breite des Bogens, (41.) nicht zur Länge des senkrechten Striches. Die Breite der Linien mag (42.) in sich und (43.) im Verhältnis zu den Nachbarbuchstaben ungleichmäßig sein. Die Linien mögen (44.) zu dick, (45.) zu dünn oder (46.) zu verhuscht geraten sein.

Und die Proportionen zu den Nachbarn sollten stimmen.

Und die Hand sollte nicht gezittert haben.

Und Tintenkleckse sollten fehlen.

Und Daumenabdrücke.

Und Marmeladenreste.

Und Nutellaspuren.

Und Colaflecken.

Und Eselsohren.

Von dieser Mühsal weiß Hänschen nicht, und Hans nimmermehr. Hänschens Ignoranz aber ist notwendige Bedingung des Lernens – Hirschmans schützende Hand. Sie erspart ihm das Verzagen.

Der kleine Fritz (Paradoxie der Pädagogik). Melanie Klein schreibt in ihrer Arbeit »Die Rolle der Schule in der libidinösen Entwicklung des Kindes«:

»Beim Schreiben des kleinen Fritz bedeuten die Zeilen Wege, und die Buchstaben fahren auf Motorrädern – der Feder – in sie ein. Z. B. fahren das ›i‹ und das ›e‹ auf einem gemeinsamen Motorrad, das meist vom ›i‹ gelenkt wird, und sie lieben einander so zärtlich, wie man es in der wirklichen Welt gar nicht kennt. Weil sie immer miteinander fuhren, wurden sie einander so ähnlich, dass kaum ein Unterschied zwischen ihnen besteht, denn Anfang und Ende – er sprach dabei vom kleinen lateinischen Alphabet – sind bei ›i‹ und ›e‹ gleich, nur in der Mitte hat das ›i‹ einen kleinen Strich, das ›e‹ ein kleines Loch. Von den gotischen Buchstaben ›i‹ und ›e‹ erklärt er, dass auch sie auf einem Motorrad führen; dass das ›e‹ ein Kästchen habe, anstatt des Lochs beim lateinischen ›e‹, sei nur ein Unterschied wie ein anderes Fabrikat bei Motorrädern. Die ›i‹ sind geschickt, vornehm und klug, haben zahlreiche und spitze Waffen und wohnen in Höhlen, zwischen denen es aber auch Berge, Gärten und Häfen gibt. Sie stellen das Glied, ihr Weg den Koitus dar. Im Gegensatz dazu werden die ›l‹ als dumm, ungeschickt, faul und schmutzig geschildert. Sie wohnen in Höhlen unter der Erde. In der L-Stadt sammelt sich in den Straßen Schmutz und Papier, in kleinen ›dreckigen‹ Häuschen mischen sie zum Wasser einen im i-Land gekauften Farbstoff und trinken und verkaufen das als Wein. Sie können nicht richtig gehen, können nicht graben, weil sie die Schaufeln verkehrt halten usw. Es wurde deutlich, dass die ›l‹ den Stuhl darstellen. Auch anderen Buchstaben gelten zahlreiche Phantasien. So schrieb er anstatt des doppelten ›s‹ immer nur eines, bis eine Phantasie Aufklärung und Auflösung dieser Hemmung brachte. Das eine ›s‹ war er selbst, das andere sein Papa. Sie sollten miteinander in ein Motorboot steigen, denn die Feder war auch ein Boot, das Heft ein See. Das ›s‹, das er war, stieg nun ins Boot, das dem anderen ›s‹ gehörte, und fuhr schnell damit weg auf See. Das war der Grund, dass er die beiden ›s‹ nicht zusammen schrieb. ...«

Schreiben lernt der kleine Fritz, weil es nicht Lernen ist, nicht Weg-zu-einem-Ziel, sondern Leben, Tun-in-einer-Welt, getrieben von Trieben.

Dackel im Volkspark (Notwendiges Als Ob). Die ältere Dame im Wilmersdorfer Volkspark sprach streng zu ihrem Dackel: »Nun sei doch vernünftig!« Worin unterscheiden sich Eltern, die so zu ihren noch nicht sprachfähigen Babys sprechen, von dieser Dame? Die Babys, da sie noch nicht sprachfähig sind, können die gesprochenen Worte doch nicht kennen? Sinnlos, das Wort an sie zu richten? Und nun gar das Wort »vernünftig«? Darüber machen Eltern sich gar keinen Kopf. Verstehen und Sprechen lernen Kinder, indem ihre Eltern wider besseres Wissen so tun, *als ob* die Kinder es immer schon könnten. Es ist zwar erst noch nicht wahr, aber schließlich nicht mehr falsch, dass die Kinder verstehen und sprechen können.

Non scholae sed vitae discimus. Pädagogik ist in Gefahr, die Welt zu einem Noch Nicht herabzusetzen. Darin ist das Nicht Mehr ihres Erfolges schon angelegt: »Nicht für die Schule, *sondern* fürs Leben lernen wir«, in dieser nachträglichen Wahrheit steckt, wenn sie im Vorhinein postuliert wird, Resignation – das Eingeständnis, dass die Schule nicht Leben sei: noch nicht.

»Du verstehst mich nicht!« – »Hä?«

Mikrologie eines zur Zeit grassierenden »Okay«. Seit einigen Jahren ist eine neue Art, »okay« zu sagen, in Mode gekommen: als Antwort auf eine Erzählung, Erläuterung oder Argumentation. Es ist dies ein gedehntes, noch nicht überzeugtes, zwischen erstem Verständnis oder vorläufiger Zustimmung und doch noch verbleibender Frage changierendes, manchmal auch gönnerhaftes, einen heimlichen Vorbehalt verbergendes oder auch anzeigendes »okay«, welches seine besondere Bedeutung ausschließlich durch Modulation erhält, durch leichtes Anheben der Stimme ganz zum Schluss – nicht schon auf der letzten Silbe, sondern sozusagen erst auf dem letzten Buchstaben, dem Ypsilon. »Okayyy?« Das ist ein fragendes Ypsilon, das einen Hauch von Fragwürdigkeit andeutet. Woher wissen wir um diese Bedeutung? Niemand hat sie doch je expliziert? Wie immer: durch Einübung. Danach musste es niemand mehr erklären.

Kindermund. »Du Flitzpiepe«, sagt der Vater zu der dreijährigen Tochter. »Bin keine Flitzpiepe«, mault die Tochter. Dieses Kind ist eine praktizierende Wittgensteinianerin. Das Wort »Flitzpiepe« hat sie noch nie gehört. Woher weiß sie also, dass sie keine ist oder sein will? »Eine Bedeutung eines Wortes ist eine Art seiner Verwendung. Denn sie ist das, was wir erlernen, wenn das Wort zuerst unserer Sprache einverleibt wird.« Für den Sinn von Wörtern gilt: Am Anfang war die Tat. Erst der Gebrauch, dann die Bedeutung. Dann möchte man erst recht keine Flitzpiepe mehr sein.

Berliner Schnauze. »Alte Klaferze!« zischte die Marktfrau auf dem Steglitzer Wochenmarkt. Die Kundin hatte genörgelt. Das war 1964. Das Wort hatte *ich* noch nie gehört, aber nachdem es raus war, musste es mir keiner mehr erklären. Wittgenstein: »*Die Praxis* gibt den Worten ihren Sinn.«

X. Paradoxien des Organisierens

Mañana. Die Verwaltung handelt nach dem Motto, das lehrte mich schon meine Mutter, damals medizinisch-technische Assistentin am Stader Krankenhaus: Es gibt nichts, was sich nicht durch längeres Liegenlassen von selbst erledigt. Heute brauchen wir es noch nicht anzupacken, morgen nicht mehr. Aber:

Die Beule unterm Teppich. »Nur« die Beule unterm Teppich zu verschieben, wird zu Unrecht allgemein missbilligt. Es ist ein probates Mittel – für solche Probleme, die Beulen unterm Teppich gleichen. Fast alle Probleme sind so.

Problemlösung? Näher besehen: Problemverschiebung mit eingebauten Folgeproblemen. Ein valentinesker Trost: »Aufgaben wollen ja eigentlich nie ganz gelöst sein, damit es immer noch irgendetwas zu tun gibt.« (Robert Walser)

Dies ist keine Bohne, oder: Prolegomena und Paralipomena zu einer rekursiven Rezeptionsästhetik. »Vom Zaudern: Motive des Aufschubs, Übergangs und Abschweifens« hieß eine Ausstellung des Württembergischen Kunstvereins Stuttgart (2013), auf der unter anderem ein Ensemble Anna Oppermanns zu sehen war, eine übermannshohe, über etwa 2x2x2 Meter in eine Ecke gebaute Installation mit dem Titel »Ersatzprobleme am Beispiel Bohnen« und den Themen Hysterie, Naturempfinden des Mittelstandsbürgers, Reflexion des Zeichnens, Deutung und Vieldeutigkeit von Zeichen, Ersatzprobleme. Es liegt in der Natur der Sache, dass dieses Ensemble an allerlei Stellen Bohnenbilder enthält. Selbstreferentiellerweise hat Oppermann nicht nur ein früheres Foto eben dieses Ensembles, sondern auch, auf kleinen, handtellergroßen Zetteln, Bleistiftzeichnungen – unter anderem von Bohnen – in die Installation eingefügt, auf denen Platz für Kommentare der Besucher gelassen war. Dieses Angebot wurde von Vielen genutzt. Ein Kommentar lautete: »Meinen Sie, dass sich jemand so etwas übers Sofa hängt?« Ein anderer: »Finden Sie Bohnen nicht zu banal?« Ein dritter: »Finden Sie Ihre Bohnen nicht zu elitär? Meinen Sie etwa, dass ein Arbeiter das versteht? Guckt sich der denn so etwas an?« Ersatzprobleme, Problemverschiebungen. Zusammengenommen ergeben schon diese wenigen Fragen das surreale Bild einer nicht über dem Sofa eines Arbeiters hängenden, ungefähr 8 Kubikmeter messenden Installation, welche dieser einerseits nicht versteht, andererseits auch gar nicht anschaut und im Übrigen zu banal und zu elitär findet. Ein Besucher hat neben eine der Zeichnungen die an Magritte gemahnende Frage geschrieben: »Ist das etwa auch eine Bohne?« Meine Lieblingsfragen aber, Meta-Ersatzprobleme, lauten: »Bleiben da nicht viele Fragen offen?« und »Könnte man das nicht einfacher sagen?« Nun, wie Wittgenstein sagte: Reden ist Silber, Schweigen ist Gold. Die Version I meiner Rezeptionsästhetik besagt: Die Bohne ist im Auges des Betrachters. Die rekursive Version II lautet: Die Bohne im Auge des Betrachters ist im Betrachteten. Wenn sie von dort wiederum dem Betrachter entgegen- und einleuchtet, dann als Bild der Künstlerin vom Bild der Rezipienten vom Bild der Bohne, jedenfalls nicht mehr: Bohne. Ich selbst finde Bohnen so banal wie Christian Enzensbergers amorphe Kartoffel (s. S. 38).

Aussitzen. »Zwei wichtige Entscheidungsstrategien in Mülltonnen-Organisationen sind *Übersehen* und *Flucht*«, lehrt Karl Weick. »Die Strategie des *Übersehens* erfordert schnelle Entscheidungen. Du triffst eine Entscheidung immer dann, wenn die wichtigen Probleme an anderen Entscheidungen hängen und bevor sie der Entscheidung zutreiben können, die du triffst. Durch das Treffen der Entscheidung hast du nichts gelöst, da die Probleme noch immer an anderen Entscheidungen hängen. Ähnlich beinhaltet der Entscheidungsstil der *Flucht* ein Hinauszögern von Entscheidungen, bis die Probleme abwandern und sich an andere Entscheidungen hängen. Sobald die Probleme weg sind, triffst du die Entscheidung.«

Mañana, reflexiv. Mein Bruder, der es wissen muss, weil er nämlich in einer Berliner Senatsbehörde gearbeitet hat, macht mich auf einen Mechanismus reflexiver Verstärkung des Mañana-Prinzips aufmerksam: Jedem von uns ist es schon widerfahren, eine Arbeit, die für ganz dringlich erklärt worden ist, besonders zügig erledigt zu haben, um anschließend zu erleben, dass sie irgendwo liegenblieb, ohne dass sich jemand darum scherte, und ohne dass irgendetwas anbrannte. Das aber brennt sich ins Gedächtnis ein. Mein Bruder, wenn er auch vorher noch nicht viel Neigung gezeigt haben mochte, Eilsachen eilig zu bearbeiten, zeigte sie nach dieser Erfahrung überhaupt nicht mehr.

Der falsche Daumen des Panda. Als die Organisationsforscher eingesehen hatten, dass in Organisationen so viel Wahnwitz herrscht, kam einigen von ihnen die Idee: Organisationen vervollkommnen aber ihre Rationalität trotz irrationalen Handelns der Akteure auf den Wegen der Evolution – *via survival of the fittest* oder wenigstens *via* Überleben nur des Überlebensfähigen. Die größten Dummheiten werden aussortiert. Es ist an dieser Stelle, dass Stephen Goulds Prinzip der Unvollkommenheit ins Spiel kommt, das er an seinem Lieblingsbeispiel erläutert hat, dem falschen Daumen des Pandas. Der Panda war lange ein Fleischfresser, und sein anatomisch echter Daumen wurde damals auf eingeschränkte Beweglichkeit festgelegt – Fleischfresser brauchen keine beweglichen Daumen. Als er sich auf Bambus umstellen musste – ein Fall darwinistischer Anpassung –, hätte er den Daumen dringend gebraucht, aber der war unwiederbringlich dahin. Er musste sich mit einem Ersatz behelfen, einem im Zuge der Evolution allmählich vergrößerten Sesamknöchelchen des Handgelenks. Den echten Daumen brauchte er erst noch nicht und hatte keinen mehr, als er ihn gebraucht hätte.

Das Prinzip der Unvollkommenheit *sensu* Gould besagt also: Evolution beschert nicht Vollkommenheit, sondern Anpassungserfolge einschließlich notwendig implizierter Unvollkommenheiten à la Daumen des Panda.

Ausgepichte Kontrollsysteme in Organisationen sind vielleicht der falsche Daumen, den Organisationen auf ihre Leute halten, rechter, schlechter Ersatz für verkümmerte *high-trust*-Organisationskultur.

Kontrollzirkel. Kontrolle ruft leicht Abwehr der Kontrollierten hervor. Dann heißt es: noch nicht genug. Die Kontrolle wird verstärkt. Dann hilft sie erst recht nicht mehr.

Die Führungsphilosophie der Bremer Straßenbahn AG hieß in den achtziger Jahren bei den Kontrollierten, wie mir die Straßenbahn- und Busfahrer nicht ohne Erbitterung verrieten, in ihrem Jargon: VEB. VEB? Verfolgen, Erwischen, Bestrafen. Ob das inzwischen anders ist, weil die BSAG vom Fleischfresser zum Veganer mutiert ist, weiß ich nicht. Vielleicht gibt es jetzt ein vergrößertes Sesamknöchelchen.

Regeln folgen. Unser Handeln, zumal in Organisationen, folgt – folgt? – Regeln. Einer Regel aber, sei es einer Norm, sei es einem Deutungsschema, einem Handlungsprinzip oder einem Rezept, ist immer eine gewisse Unbestimmtheit eigen, notwendig, weil sie Resultat und Garant von Wiederholung und Verallgemeinerung sind und sein sollen. Wir müssen in *vielen* Handlungssituationen auf sie zurückgreifen können, und dazu müssen sie eine gewisse Leere lassen, die wir erst *in situ* füllen – wenn wir sie anwenden. Darin steckt immer auch: wenden, nämlich auf die Situation hinwenden, interpretieren, umdenken, ergänzen, umgehen, verletzen, missbrauchen, ersetzen. Dieses situative Füllen/Erfüllen/Ergänzen/Ersetzen aber beraubt die Regel jener Leere und Unbestimmtheit, mit Alfred Schütz zu sprechen: ihres typischen Wesens. Das bedeutet merkwürdigerweise, dass der Sinn einer Regel erst *in* jener Situation, *in* jener Anwendung vollends konstituiert wird, die sie regulieren soll. Es bedeutet, dass Regeln zwar Auferlegungen verallgemeinerter Verfahren der Praxis sind, dass sie aber als reine Regeln, in reiner Allgemeinheit *noch nicht* praktikabel sind, sondern erst, wenn sie *nicht länger* reiner Grund, reiner

Ursprung, reines Prinzip des Handelns sind. Anwendung ist ein Fall dessen, was Derrida als *différance* und Supplément vorschwebt, Erfüllung, Ergänzung, Verschiebung, Veränderung, Ersetzung.

»*Vor dem Gesetz*«. Der Mann vom Lande, der in Kafkas Erzählung vor das Gesetz treten will, ist die emblematische Figur solcher Nachträglichkeit. Es ist ein Gesetz, in das einzutreten der Türhüter ihm verbietet, wenn auch auf zweideutige, ja: paradoxale Weise – »Wenn es dich so lockt, versuche doch, trotz meines Verbots hineinzugehen. Merke aber: Ich bin mächtig« –, und das der Mann vom Lande daher nicht zu betreten wagt, nur um am Ende seines Lebens zu erfahren: »Dieser Eingang war nur für dich bestimmt. Ich gehe jetzt und schließe ihn.« Es ist ein Gesetz, in das der Mann erst noch nicht und dann nicht mehr eintreten konnte, weil die Eröffnung, die Tür des Gesetzes habe (ihm) die ganze Zeit offen gestanden, mit der Schließung der Tür einhergeht.

So sind, *cum grano salis, alle* Gesetze, insofern über die Pflicht zu ihrer Einhaltung und das Recht, auf sie zu pochen, erst nachträglich, in ihrer Anwendung, entschieden wird, mehr noch: insofern jedes Gesetz erst *in der* und *durch die* Anwendung in seiner Bedeutung und Geltung vollends konstituiert wird. »Nulla poena sine lege«? Das ist nur eine operativ wirksame Fiktion – notwendig zwar, aber Fiktion. Die Tat geschieht immer *vor* dem Gesetz.

Nach dem Gesetz. Mit *dem* Gesetz – dem reinen, von jedem Interesse, jedem Inhalt, jeder Neigung gereinigten Gesetz, das nur spricht: »Handle aus Pflicht« – hat es die merkwürdige Bewandtnis, dass es in seinem Verlangen niemals gesättigt ist – nicht, weil unser Fleisch schwach, sondern weil das Gesetz unersättlich ist. »Je genauer wir es befolgen, desto strenger richtet es sich auf« (Gilles Deleuze). Psychoanalytisch gesprochen, mit Freud: »Jeder Triebverzicht wird ... eine dynamische Quelle des Gewissens, jeder neue Verzicht steigert dessen Strenge und Intoleranz.«

Das hat eine handfeste, allerdings nun von aller Moralität gereinigte Entsprechung in der Moral der hypermodernen Organisation, die lautet: Gut ist nicht gut genug. Je genauer wir den organisationalen Imperativ der Überbietung befolgen, desto strenger richtet er sich auf.

Unmerkliche Veränderungen. Unmerkliche Veränderungen bemerken wir erst nachträglich, wenn sie nicht mehr unmerklich sind, und das ist manchmal: zu spät. Alle Arten von Driften zählen dazu, zum Beispiel die – manchmal gefährliche – »practical drift« organisatorischer Regelwerke unter dem Druck mikropolitischer Interessen und/oder lokaler Rationalitäten und praktischer Erfordernisse der Aufgabenerfüllung vor Ort.

Uncertainty of the past. Entscheidungen in Organisationen fallen nicht nur *ex ante* schwer. Auch hinterher ist man meist nicht viel klüger. Hat sich Erfolg (Misserfolg) eingestellt wegen oder trotz der Entscheidung – weil sie richtig war oder obwohl sie falsch war? Das eben ist verhüllt von dem, was James G. March »the uncertainty of the past« genannt hat. Es ist der Fluch des Controllers. Wirtschaftlichkeitsrechnungen sind zunächst noch nicht, *a posteriori* jedoch nicht mehr möglich: »Denn dann haben sich alle möglichen Faktoren längst geändert.«
In dieser Zeitspalte verschwinden Jahr für Jahr Milliardensummen. Darin wird unsichtbar, was Wirtschaft *auch* ist: eine Veranstaltung zur Verschwendung von Geld im Namen der Knappheit.

Kognitive Dissonanz (I). Wenn man sich entschieden hat, beginnt der Zweifel zu nagen. War es nicht doch die falsche Wahl? Die Mängel der gewählten Alternative scheinen ebenso schnell zu wachsen wie die Vorzüge der verschmähten. Man zuckt zurück. »Ich kaufe die Wohnung doch nicht.« Sofort jedoch setzt der umgekehrte Prozess ein: »Soll ich sie mir wirklich durch die Finger gehen lassen?« Ihre Vorzüge wachsen wieder, die Nachteile schrumpfen. Nie bin ich entschieden – erst noch nicht, dann nicht mehr. »*Do you have personally any problems in making decisions?*« – »*Well – yes and no.*«

Kognitive Dissonanz (II). Die reine Lehre stellt auf den umgekehrten Fall ab: Die Menschen neigen dazu, jedwede kognitive Dissonanz sogleich unter einem Schwall guter Gründe für die getroffene Wahl zum Verstummen bringen. Solche Menschen sind nie unentschieden. Mögliche Zweifel begraben sie in der Schlucht zwischen Noch Nicht und Nicht Mehr.

Fachbereichsmittel. Seit Herr Finger, damals Fachbereichsleiter an der Bergischen Universität Wuppertal, die Budgets für Hochschullehrer und Mitarbeiter mittels Computer verwaltete, war ich in jedem Jahr ungefähr Ende Januar im Minus – rechnerisch, denn das Computerprogramm konnte hochrechnen. Es rechnete meine – aus vielerlei Gründen besonders hohen – Januarausgaben für Telefon, Kopieren etc. hoch, ermittelte: »Wenn's so weiterginge, hätte Ortmann am Jahresende das Budget überschritten«, und sperrte meine Restmittel. Bis ungefähr Oktober schlug ich mich dann auf den krummen Pfaden informeller Beschaffung durch, denn an die Restmittel kam ich nicht ran. »*Noch* nicht«, sagte Herr Finger, »irgendwann kommen Sie ja zwangsläufig wieder ins Plus.« Das war im Oktober, nach den Sommersemesterferien. »Jetzt geht's *nicht mehr*,« sagte Herr Finger Ende November, »jetzt ist Haushaltsschluss.«

Novembersonne. Andererseits scheint kurz zuvor bekanntlich die No-vembersonne. »Schnell noch alles Geld ausgeben, sonst wird das Bud-get für das nächste Jahr gekürzt.« Blitzschnelle Anschaffungen sind das Gebot der Stunde, sinnlos, aber rechtzeitig vor Haushaltschluss. Danach heißt es, wie gesagt: *Rien ne va plus.*

Abendsonne. Die Abendsonne andererseits scheint am Abend einer Re-gierungszeit jenen Parteifreunden, die sonst nichts mehr werden können.

Das erste und das zweite Ortmannsche Gesetz. Das erste Ortmannsche Gesetz, es ist das erste wirkliche Gesetz innerhalb der Sozialwissenschaf-ten überhaupt, lautet: »Die Sitzungsdauer von Gremien ist konstant«. Die Sitzungsdauer von Gremien ist das Produkt aus der Zahl der Ta-gesordnungspunkte und der Dauer der Redebeiträge je Tagesordnungs-punkt. Zwischen diesen beiden Faktoren aber besteht ein menschlich-allzumenschlicher Zusammenhang: je weniger Tagesordnungspunkte, desto länger reden die Leute zu jedem Punkt – in der beruhigenden Ge-wissheit, diesmal die Zeit dafür zu haben.

»Letztes Mal ging's noch nicht schneller, da war die Tagesordnung so voll«; sagte entschlossen der neue tatkräftige Sitzungsleiter, »aber nächs-tes Mal!« Nächstes Mal war die Tagesordnung schön leer. Da ging's nicht mehr schneller.

Dieses Gesetz behält Geltung auch in der rekursiven Fassung à la Hof-stadter (s. S. 134 f: »*Self-destroying prophecy*«). Ich nenne diese Fassung das zweite Ortmannsche Gesetz: »Die Sitzungsdauer von Gremien ist konstant, auch wenn man das erste Ortmannsche Gesetz berücksich-tigt.«

Leidensdruck. Eine Krisentheorie der Reform oder Reorganisation be-sagt: Bevor sich etwas ändern lässt, bedarf es des nötigen Leidensdrucks durch eine Krise. Das Kommen der Krise aber unterminiert die Bedin-gungen – Zeit, Ruhe, Nerven, Geld – der Veränderung.

Abschüssige Bahn. In der Krise, *wegen* der Krise, wandern die Kräfte ab, die zu ihrer Bewältigung gebraucht würden und zu deren Mobilisierung die Krise gebraucht wurde.

Schlafende Hunde. Rechtzeitige Mitarbeiterinformation? Früh genug ist, wenn es zu spät ist: wenn nichts mehr zu ändern ist.

Permanente Verspätung. Organisationen, so lautet die Lehrbuch-Weis-heit, reagieren auf veränderte Umweltanforderungen mit Anpassung ihrer Strukturen – oder sie scheiden aus. Adaption aber oder Ausle-se, beides braucht Zeit, *viel Zeit*, wie man seit längerem – Stichwort:

»blockierte Gesellschaft« – schärfer sieht. Wie nun, wenn die Umwelt sich schneller verändert als Reorganisation oder Selektion dauern? Das ergibt das beunruhigende Bild der notorisch zu spät kommenden Organisation. Eben passten ihre Strukturen noch nicht, nun nicht mehr.

Glass Ceiling oder: Geschlossene Gesellschaft. Bestimmte Unternehmen sind für evangelische Mitarbeiter, bestimmte Universitäten für progressive Wissenschaftler, bestimmte Behörden für Bewerber, die der CDU (oder: der SPD) nahestehen, unzugänglich. Solche *closed shops* entstehen im Zuge einer sich selbst verstärkenden Entwicklung. Wenn man den Fuß nicht am Anfang in die Tür bekommt, dann gelingt es später eben deshalb erst recht nicht mehr.

Organisationen schlechthin waren jahrhundertelang und sind noch heute für Frauen schlecht zugänglich, besonders ihre höheren Etagen. Warum?

»Die Bedeutung des informalen Meinungsaustausches unter Kollegen macht es verständlich,« schreibt Niklas Luhmann, Deutschlands bedeutendster Organisationstheoretiker 1964, »dass die Zulassung von Frauen in einem männlichen Kollegenkreis gewisse Sorgen bereitet. Sie können nicht so leicht sich zu einen Kollegen setzen, die Pfeife anzünden und eine schwierige Sache zwanglos aus gemütlicher Distanz mit einem durchsprechen.«

Fußnote: »Dass dieses Symbol freundlich-informaler Absichten Frauen im allgemeinen nicht zur Verfügung steht, wurde in einer britischen Untersuchung über den Staatsdienst gegen ihre Zulassung angeführt. Vgl. Royal Commission on the Civil Service (1929 – 30), Minutes of Evidence Q 8936 und 8937, zit. bei Kingsley 1944, S. 1984 f.«

Luhmann fährt fort: »Es fällt ihnen schwerer, die Fesseln strikter Formalität und pedantischer Selbstbezogenheit abzuwerfen, ohne damit andere Türen zu weit zu öffnen.«

Diese Argumentation, einschließlich der zuletzt sich andeutenden Männerphantasien –»andere Türen«, oho! –, setzt die Organisation als Männerhaus – den »männlichen Kollegenkreis« – bereits voraus. Weit davon entfernt zu begründen, warum Frauen schlecht in den Staatsdienst oder andere formale Organisationen passen, begründet er allenfalls, warum Frauen nicht mehr passen, wenn sich erst einmal Männer dort breitgemacht haben. In Wirklichkeit begründet er natürlich nicht einmal das, sondern er *führt nur vor*, wie Männer begründen, warum Frauen nicht dazu passen. Und sie müssen es generell begründen: »Frauen gehören nicht in den Staatsdienst«, weil sie schlecht sagen können: »Wir waren zuerst da.« Sie können schlecht sagen: »Heute nicht mehr, weil damals noch nicht«, weil dann die Kontingenz der Verhältnisse eingeräumt wäre. Die Möglichkeit von Organisationen voller Frauen: verschüttet nur –»nur«! – in der Kluft zwischen Noch Nicht und Nicht Mehr.

Mode. Mode ist, wie wir von Nietzsche wissen, *die Form der Vielen.* Sie wird es, indem die Vielen nach ihrer *einzigartigen* Form suchen, die sie eben deshalb, weil es so viele sind, erst noch nicht, dann nicht mehr finden.

Und: »Ihrem Wesen nach ist die Zeit der Mode sich selbst voraus und eben deshalb auch immer zu spät: Sie gleicht dem unfassbaren Übergang zwischen einem ›noch nicht‹ und einem ›nicht mehr‹. ... das ›Nun‹, der *kairós* der Mode, ist nicht zu greifen, ist flüchtig: Der Satz ›ich bin in diesem Augenblick *à la mode*‹ ist widersprüchlich, weil man in dem Moment, in dem man ihn äußert, schon wieder außer Mode ist« (Giorgio Agamben). Und leider nicht mehr einzigartig.

Managementmoden (I). Nicht jede Managementmode ist heiße Luft von Anfang an. Auch gute Ideen vertragen es im Wirtschaftsleben nicht, zur Mode zu werden: zur Form *der Vielen.* In der Ökonomie pflegt es um Wettbewerbsvorsprünge zu gehen. Die aber können nicht die Vielen, sondern nur die Wenigen erringen. »In Search of Excellence«, das ist, als allgemeines Programm, paradoxal.

Managementmoden (II). »Alter Wein in neuen Schläuchen«: Dieser Einwand gegen Managementmoden ist nicht auf der Höhe der gebotenen Reflexion. »Nicht dass man etwas Neues zuerst sieht«, das wusste schon Nietzsche, »sondern dass man das Alte, Altbekannte, von jedermann Gesehene und Uebersehene w i e n e u sieht, zeichnet die eigentlich originalen Köpfe aus. Der erste Entdecker ist gemeinhin jener ganz gewöhnliche und geistlose Phantast – der Zufall.«

Kierkegaards Paradoxie der Wiederholung. Alle Organisation ist die Organisation von Wiederholung. Ein Wieder-und-Wieder, ein Immer-wieder-so-und-nicht-anders soll gewährleistet werden. Aber: »Die Dialektik der Wiederholung ist leicht; denn was sich wiederholt, ist gewesen, sonst könnte es sich nicht wiederholen, aber eben dies, dass es gewesen ist, macht die Wiederholung zu dem Neuen«.

Derridas Paradoxie der Wiederholung. »Denn die Struktur der Iteration ... impliziert *gleichzeitig* Identität und Differenz. Die ›reinste‹ Iteration – aber sie ist niemals rein – bringt *in sich selbst* die Abweichung [*écart*] einer Differenz mit sich, die sie als Iteration konstituiert.« Derselbe Witz, zum wiederholten Mal erzählt, wird eben deshalb öde – oder als *running gag* besonders witzig. Ein Handgriff wird via Wiederholung routinierter und routinierter, womöglich virtuos – und/oder monotoner und monotoner.

Kleists Paradoxie der Wiederholung (Marionettentheater II). Kleists Marionettentheater handelt nicht nur vom Blitz der Reflexion, sondern auch von der Kraft der Differenz in der Wiederholung.

»Ich badete mich«, erzählte ich, »vor etwa drei Jahren, mit einem jungen Mann, über dessen Bildung damals eine wunderbare Anmut verbreitet war. Er mochte ohngefähr in seinem sechszehnten Jahre stehn, und nur ganz von fern ließen sich, von der Gunst der Frauen herbeigerufen, die ersten Spuren von Eitelkeit erblicken. Es traf sich, dass wir grade kurz zuvor in Paris den Jüngling gesehen hatten, der sich einen Splitter aus dem Fuße zieht; der Abguß der Statue ist bekannt und befindet sich in den meisten deutschen Sammlungen. Ein Blick, den er in dem Augenblick, da er den Fuß auf den Schemel setzte, um ihn abzutrocknen, in einen großen Spiegel warf, erinnerte ihn daran; er lächelte und sagte mir, welch eine Entdeckung er gemacht habe. In der Tat hatte ich, in ebendiesem Augenblick, dieselbe gemacht; doch sei es, um die Sicherheit der Grazie, die ihm beiwohnte, zu prüfen, sei es, um seiner Eitelkeit ein wenig heilsam zu begegnen: ich lachte und erwiderte – er sähe wohl Geister! Er errötete und hob den Fuß zum zweitenmal, um es mir zu zeigen; doch der Versuch ... mißglückte. Er hob verwirrt den Fuß zum dritten und vierten, er hob ihn wohl noch zehnmal: umsonst! er war außerstand, dieselbe Bewegung wieder hervorzubringen – was sag ich? die Bewegungen, die er machte, hatten ein so komisches Element, dass ich Mühe hatte, das Gelächter zurückzuhalten: –
Von diesem Tage, gleichsam von diesem Augenblick an, ging eine unbegreifliche Veränderung mit dem jungen Menschen vor. Er fing an, tagelang vor dem Spiegel zu stehen; und immer ein Reiz nach dem anderen verließ ihn. Eine unsichtbare und unbegreifliche Gewalt schien sich, wie ein eisernes Netz, um das freie Spiel seiner Gebärden zu legen, und als ein Jahr verflossen war, war *keine Spur mehr* von der Lieblichkeit in ihm zu entdecken, die die Augen der Menschen sonst, die ihn umringten, ergötzt hatte.« (Hervorh. G.O.)

Diese unsichtbare und unbegreifliche Gewalt heißt bei Derrida: *différance.*

Nachträglichkeit II. Wenn Kleist Recht hat mit dem, was er *Über die allmähliche Verfertigung der Gedanken beim Reden* sagt, und daran zweifle ich nicht, dann hat Mirabeau, als er nach Aufhebung der letzten monarchischen Sitzung am 23. Juni 1789 mit einer flammenden Rede »den Umsturz der Ordnung der Dinge« bewirkte, zu Anfang noch nicht gewusst, was er sagen würde, und als er es gesagt hatte, war es nicht mehr das, was er zu Anfang hatte sagen wollen. So etwas hat der Organisationspsychologe Karl Weick im Sinn gehabt mit einer seltsamen Frage, die sein Hauptwerk (deutsch: *Der Prozeß des Organisierens*) durchzieht: »How can I know what I think until I see what I say?« Etwas

Ähnliches könnte Günter Schabowski gedacht haben, als er am 9. November 1989, gefragt, wann die neue Ausreiseregelung der DDR in Kraft tritt, die schon einmal zitierte, mauerstürzende Antwort gab: »Das tritt nach meiner Kenntnis ... ist das sofort, unverzüglich.« (S. oben »9. November 1989«, S. 110)

Stille Post (Nachträglichkeit III). Da die Kommunikation von Sinn nicht dem Verschicken von Paketen gleicht, bei dem – außer bei der Deutschen Post – beim Empfänger genau das ankommt, was der Sender abgeschickt hat; da vielmehr schon das Gesagte ungleich dem Gemeinten, das Gehörte ungleich dem Gesagten und das Rezipierte ungleich dem Gehörten ist, leidet Kommunikation an konstitutiver Nachträglichkeit. Erst ist das Gemeinte noch nicht gesagt, das Gesagte noch nicht gehört, das Gehörte noch nicht rezipiert, dann ist es nicht mehr das, was es einmal war. Schiller: »Ach, wenn die Seele *spricht,* spricht schon die *Seele* nicht mehr.« (Hervorh. i. Orig. gesperrt) Abhilfe schafft nur: Meta-Kommunikation, nämlich Kommunikation über Verständigungsprobleme. Für die Metakommunikation aber gilt: [von hier zurück zum Anfang!].

Ein Trost (Das Noch nicht/Nicht mehr des Kannitverstan). Eheleute behelfen sich, wie Alois Hahns Forschung zur ehelichen Kommunikation gezeigt hat, mit Konsens*fiktionen.* Das merken sie gar nicht, und das wiederum sorgt für den schönen Schein ehelicher Verständigung. Diese Forschungsergebnisse sind verallgemeinerungsfähig. Das und den beträchtlichen Trost, den es spendet, zeigt Rattelschnecks Kommunikationsmodell, wenn auch an einem Sonderfall (Süddeutsche Zeitung Nr. 119 vom 25./26.5.2013, S. V2/2):

Stille Post in der Justiz. Thomas Darnstädt hat ein Buch, *Der Richter und sein Opfer* (München 2013), über einen Systemfehler der Justiz geschrieben: Wenn die Polizei Vernehmungen durchführt, läuft kein Band mit. Es gibt nicht einmal ein Wortprotokoll, sondern nur eine grobe Zusammenfassung in Beamtendeutsch. Was der Zeuge oder Angeklagte gesagt hat und ob er suggestiv beeinflusst wurde, ist dem nicht mehr abzulesen. Dem drogenabhängigen Nikolai H. wurde vorgeworfen, einen Holzklotz von einer Autobahnbrücke geworfen und so eine Frau getötet zu haben. Seine Antwort, nach langem Hin und Her, laut Protokoll:»Ich vermute, dass ich Frust über das Nichterlangen von Drogen hatte und deswegen zu dieser Handlung gekommen bin.« Das, nehme ich an, findet jeder Staatsanwalt Nazivollbart und jeder Richter nachvollziehbar.

Greenspeak oder die Unwahrscheinlichkeit der Kommunikation. Alan Greenspan, der sich als Chef der US-amerikanischen *Federal Reserve Bank* überaus vorsichtig ausdrücken musste, warnte einst einen Kongressabgeordneten:»Wenn meine Aussagen Ihnen ungewöhnlich klar erscheinen, dann haben sie mich wahrscheinlich missverstanden.« Unsterblich auch:»I know you believe you understand what you think I said, but I am not sure you realize that what you heard is not what I meant.«

Drei Küsse (Nachträglichkeit IV). Alfred Schütz, darin ganz Husserlianer, unterscheidet streng zwischen dem Hand*eln* als Erlebnis und der entworfenen oder erinnerten Hand*lung*. Entwerfen ist ein Phantasieren *modo futuri exacti*. Darin wird nicht das Erleben des Handelns, sondern die Handlung wie eine vollzogene phantasiert, als eine, die *nicht mehr* Handeln ist: Ich werde gehandelt haben. Erst, im Handeln, ist noch nicht die Zeit der Reflexion. Wenn es in den reflexiven Blick genommen wird, ist es nicht mehr das Handeln, sondern abgelaufene, entwordene Handlung. Der Reflexion kommt insofern immer eine Nachträglichkeit zu – und sei es die Nachträglichkeit des Futur II. Man erhält dann mindestens dreierlei: (1.) den Entwurf und die Protention der Handlung, (2.) das Handeln und sein Erleben, (3.) die Retention und die Erinnerung der Handlung, und jedes Mal herrschen Noch nicht/Nicht mehr-Verhältnisse: In Entwurf und Protention ist der Kuss noch nicht, was er im Küssen ist. Im Küssen aber ist er schöner – oder scheuer, flüchtiger, nasser, fader – als im Entwurf. Der retentionale Kuss aber, der Kuss, der nachschmeckt und auf den Lippen brennt, ist wieder ein anderer. Und erst der erinnerte, der zum Zeichen und zum Versprechen wird, wie der damals am Dammtor...

Verzögerungen (Zeitzünder). Einer, der philosophisch Ernst macht mit Zeitverhältnissen; mit Nachträglichkeiten, Versäumnissen, Verspätungen; mit Vorahnungen, Vor-Läufigkeiten und Zu-früh-Kommen; mit

Verlust und der Suche nach der verlorenen Zeit; mit Vergessen und Erinnern; mit einer Vergangenheit, die niemals Gegenwart war: das ist Bernhard Waldenfels. In *Deutsch-Französische Gedankengänge* kann man sehen, dass und wie er dazu auf Ressourcen zurückgreift, die, um einige zu nennen, Nietzsche, Husserl, Proust, Merleau-Ponty, Levinas und Derrida bereitgestellt haben. Ein kleines Stück im Vorwort, »*Verzögerungen/retard*«, enthält schon eine exemplarische Skizze. Sie ist auf das Gespräch gemünzt, aber ich schlage vor, den Text, ganz in Waldenfels' Sinne, auf seine Verallgemeinerungsmöglichkeit hin zu lesen – nicht nur an Gespräche, sondern an *alles* Handeln zu denken, das versäumt, verpasst, verzögert, verschleppt, verspätet und einem Noch nicht/Nicht mehr unterworfen sein kann.

> »*Verzögerungen/retard*. – Ein Gespräch oder ein Stelldichein kann daran scheitern, dass man sich verpaßt, dass einer zu früh, der andere zu spät kommt. Starrt man auf den gemeinsam fixierten Termin, so unterschlägt man die Möglichkeit des Wartens, des Zögerns, der Tempoverzögerung, des Ritardando, der retardierenden Momente. Jede Synchronisierung bedeutet eine Zusammenführung, eine Vereinheitlichung der Zeit. Unsere individuellen und kollektiven Lebensuhren gehen jedoch verschieden, weil niemand je ganz auf der Höhe der Zeit ist. Jedes Leben setzt ein mit einer ›Urvergangenheit, einer Vergangenheit, die nie Gegenwart war‹ (Merleau-Ponty, Levinas: 25). Nachhaltige Wirkungen pflegen als ›Rückwirkungen‹ aufzutreten, denen die Möglichkeit des ›Zurückstrahlens‹ innewohnt (Hua. x, 54); sie lösen einen ›mouvement rétrograde du vrai‹ aus (Bergson, Merleau-Ponty: 116, 135); sie unterliegen einer originären Form der Nachträglichkeit (Freud, Derrida: 24). Es gibt Gespräche, die sich verzögern, Gesprächskrisen, die verschleppt werden wie Krankheiten, Gesprächschancen, die man verpaßt. Dies rührt nicht zuletzt daher, dass man eine bestimmte Form von Gleichzeitigkeit erhofft und nicht beachtet, dass Gespräche, die etwas und sich selbst bewegen, *als verzögerte stattfinden*, dass jede Antwort *als Antwort* verspätet kommt, dass Gespräche in der unvermeidlichen Form einer *Diachronie* (Levinas) gegenüber sich selbst verschoben sind. Antworten, die nicht einfach herbeigeführt werden, sondern sich ergeben, gleichen Zeitzündern, die sich nicht durch eine Synchronisierung entschärfen lassen. Verschiebungen und Verzögerungen markieren Bewegungen, die anderswo und anderswann beginnen und nur so Fremdem Raum und Zeit geben.«

Was Waldenfels hier für das Verhältnis von Rede und Antwort sagt, auf jedwede Praxis, jedwede Interaktion auszudehnen, das eröffnete zumal der Organisationsforschung ein neues Feld. *Alles* soziale Handeln hat etwas von einer Antwort auf vorangehendes, und nicht nur seine unintendierten/unerwarteten Konsequenzen, sondern auch die Art seiner Ausführung und erst recht die intendierten/erwarteten Folgen können erst noch nicht recht gewusst/beurteilt und dann nicht mehr geändert werden. In der Entscheidungstheorie ist das bekannt. Man denke an kognitive Dissonanz und »post-decision regret«. Nicht nur Entscheidungen aber, auch (darüber hinausgehende) Handlungen sind Fakten im Sinne von *post factum*, im Sinne einer Verspätung, wie Alfred Schütz dargetan hat. Dem Befolgen von Anweisungen und Regeln, der Realisierung von Plänen, der Umsetzung von Strategien zumal kommt jene Nachträglichkeit eines Zeitzünders zu: Erst in der Antwort auf die Anweisung, die Regel, den Plan, die Strategie zündet (vielleicht) die zu Grunde liegende Idee (und vollendet und erweist – und modifiziert – sich deren Bedeutung). Nicht nur im Verhältnis zwischen Gemeintem und Gesagtem, Gesagtem und Verstandenem, sondern im Verhältnis jedweder Handlungsorientierung zu Normen, Zwecken, Entwürfen, Plänen, Regeln etc. gibt es, was Waldenfels (ebd., S. 119), eine ›gebrochene‹ Intention nennt, »gebrochen wie ein Stab im Wasser, der in ein fremdes Medium getaucht ist.«

Die Vorläufigkeit von Verträgen (Nachträglichkeit V). Verträge – man denke an Lieferverträge zwischen VW und Zulieferern oder auch an Arbeitsverträge – sind für die moderne Institutionenökonomik nicht viel mehr als Startpunkte für Nachverhandlungen. Jederzeit sind sie nur vorläufig, und endgültig werden sie nie mehr. Im Falle von Arbeitsverträgen ereignen sich die jeweils letzten Nachverhandlungen im immer vorläufigen *day-to-day-bargaining* zwischen Untergebenen und Vorgesetzten, Arbeitern und Meistern.

Über die Falte II (Der Zauberlehrling als »korporativer Akteur«). Gewalt anzuwenden, ist verboten, aber dieses Verbot hängt vollständig ab vom Gewaltmonopol des Staates. Das Innere des Rechtsstaats erweist sich als gigantische Faltung rechtloser, gewaltdurchsetzter Verhältnisse, nicht derart, dass es nun keine Gewalt mehr gibt und geben darf, sondern derart, dass, wie jeder weiß, Gewaltanwendung nurmehr dem Staat erlaubt ist, und zwar vor allem, um Gewaltanwendung aller seiner Bürger zu unterbinden. So können wir Organisationen als Faltungen der nichtorganisierten Gesellschaft verstehen, nicht derart, dass es im Inneren der Organisationen kein Chaos mehr gibt und geben darf, sondern derart, dass die Duldung und gar Förderung von Chaos, die Duldung von Regelverletzungen nurmehr in Abhängigkeit von den Funktionserfordernissen und Machtverhältnissen der Organisation gewährt wird. Nicht etwa ist, wie von Hobbes bis Gehlen immer wieder wie selbstverständlich unterstellt, das Chaos ursprünglich. Es ist vielmehr Resultat einer Faltung, mittels derer Chaos und Ordnung *zugleich* entstehen.

Durch die Ritzen sickert der Inhalt aus der Form, das Chaos ins Reich der Ordnung (oder umgekehrt). Die Metapher trägt auch dort noch, wo die Angst des Dezisionismus einen Abgrund ahnt, einen Abfluss, in dessen Sog die institutionelle Ordnung jederzeit geraten und fortgerissen werden kann, und vor dem in dieser Logik nur *law and order* bewahren kann. Dass in der Faltschachtel namens Recht und Ordnung Kostbares aufbewahrt werden kann, bleibt ja mehr als ein Körnchen Wahrheit solchen obsessiven Ordnungsdenkens. Wie aber, wenn nicht dezisionistisch, ist so ein Recht zu begründen? Dafür bedarf es des Übergangs zu einer anderen Metapher, der des Kreises, der Spirale oder der Helix, die zu denken erlaubt, dass bei mehrfacher Faltung eine Seite die andere stützt und hält, so, wie eine Tüte entsteht, wenn ein Blatt Papier spitz zulaufend spiralförmig *um sich selbst* gefaltet, also: gewickelt wird. Darin ist die Figur einer Verwicklung, eines zunächst rätselhaften Zirkels wechselseitiger Voraussetzungen und, als Lösung des Rätsels, die Idee einer selbsttragenden Konstruktion und sodann selbsttragender Prozesse angelegt, ohne die man hier nicht auskommt. Selbstorganisation.

Die beiden großen Hälften der berühmten »Doppelkonzession der bürgerlichen Gesellschaft« (Teubner), Gesetz und Vertrag, und näherhin: Eigentum und Vertrag, kann man aus der Warte einer Theorie der Zugehörigkeit sehen, die den Prozess der Faltung ins Auge fasst, in dem die Welt der Dinge, der Rechte und der Pflichten in Eigenes und Fremdes, Mein und Dein, mir oder dir Gehörendes zerlegt wird (Deleuze). Man kann den Prozess der Konstitution und Anerkennung von Organisationen als korporative Akteure, wie er in der Figur der juristischen Person seinen rechtlichen Ausdruck gefunden hat, als neue Ent- und Einfaltung dessen auffassen, was in der Gesellschaft der Klasse der – zurechnungs-, verantwortungs-, haftungsfähigen, zu Eigentum berechtigten – Akteure zugehört. »Corporate personhood« sagt man dazu in den USA, mühsam durchgesetzt in ziemlich verschwiegenen politischen Winkelzügen und großen Gerichtsentscheidungen des Supreme Court, beginnend, wie Ted Nace in *Gangs of America* gezeigt hat, 1819 mit *Trustees of Dartmouth College vs. Woodward*, vorläufig gipfelnd im Urteil *Citizens United vs. Federal Election Commission* aus dem Jahre 2010. Darin erklärt es der Supreme Court für verfassungswidrig, die freie Rede durch Begrenzung unabhängiger Kommunikation wie zum Beispiel Fernsehwerbung durch »corporations, associations, and unions« zu begrenzen. Das ist der Freibrief für Unternehmen und Verbände, ihre gewaltigen finanziellen Mittel für eine »direct advocacy« von Parteien und Kandidaten bei Wahlen einzusetzen – unter Berufung ausgerechnet auf das *First Amendment*, das *Bürgern* das Recht auf freie Rede garantiert. Damit werden Korporationen und Organisationen insoweit als Bürger behandelt – mit der fadenscheinigen, aber folgenreichen Etikettierung als Personen und »associations of citizens«. Geld kann fortan, weitgehend ungehindert, Wahlergebnisse und Gesetze kaufen. Es ist das Geld korporativer Akteure. Das sind die Zauberlehrlinge unserer Tage. »Die ich rief die Geister, werd' ich nun nicht los.«

Midas-Gold. Organisation, das ist ihr Sinn, macht alles zu Gold. Es ist das Gold der Funktionalität.

Die Wunde schließt der Speer nur, der sie schlug. Eine schöne Wunde, noch nicht tödlich, und ein schönes Werkzeug: eben noch Waffe, schon das Heilmittel – Amfortas' Hoffnung. (Das hatte ja schon Telephos geholfen, der von Achilles' Speer verletzt worden war.) Was ist nicht alles als so ein Speer behandelt worden! Erkenntnis, Reflexion, Technik, Geld, Zins, Wissenschaft, Organisation, und jedes Mal lautete die Geschichte ihres In-die-Welt-Kommens: Anfangs konnten die Menschen noch nicht absehen, worauf sie sich da einließen, alsbald aber nicht mehr zurück. Prometheus, Ikarus, Émile, Zauberlehrling, Marionettentheater, Parsifal, Homo Faber, Godot – mit Adam und Eva beginnen die Mythen des Noch Nicht und Nicht Mehr. Da verheißt Klingsors Speer Rettung.

Ist, zum Beispiel, Organisation so ein Speer, der die Wunde schließt, mehr noch: der allein die Wunde schließen kann, die er der Menschheit schlug? Ist die Wunde – geschlagen in Akten der Erniedrigung, Entfremdung, Ausbeutung, des Ausschlusses, der Entlassung, des Mordes und des Massenmordes – die Bedingung der Möglichkeit ihrer Schließung, die positive Bedingung unserer Freiheit und moralischen Würde, wie die Wunde des Amfortas, Slavoj Žižeks Interpretation zufolge? Es wäre jedenfalls, wie Žižek zu bedenken gibt, ein im strengen Sinne perverses Subjekt, wenn es der Wunde bedarf, weil sie die positive Bedingung für die Schließung ist. (Vgl. auch *The Postman only Rings Twice*, die alte Schwarz-Weiß-Version von Tay Garnett aus 1946, mit Lana Turner und John Garfield: die Bereitschaft des Mannes, sie, die in den Tod/ins Wasser gehen will, zu retten und dafür die Beute zu opfern .... Der Mann treibt sie fast in den Selbstmord – nur so können sie einander ihrer Liebe versichern.)

Man ist versucht, allen fortschrittsgläubigen Geschichtsphilosophien, auch den marxistischen, diese Perversion zu unterstellen: Technik, Geld, Organisation mussten ihre Wunden schlagen, *um* für deren Schließung unentbehrlich *zu* werden. Das wäre die Theodizee der Organisation, ihre Malitätsbonisierung.

Organisationspersönlichkeit. Žižek führt als weiteres Beispiel für die Heraufkunft des perversen Subjekts, dessen Zeuge wir schon bei Wagner werden, jene Gouvernante Judith aus Patricia Highsmiths früher Short-Story *Heroine* an, die so über die Maßen und so vergeblich nach Anerkennung ihrer Ergebenheit lechzt, dass sie schließlich das Haus der Familie anzündet, deren Kind sie betreut, *um das Kind aus den Flammen retten zu können* (und so die Anerkennung, die ihr noch nicht zuteil wurde, doch noch zu erzwingen - und natürlich eben dadurch zu verspielen).

Wenn diese Schleife die Perversion definiert, dann ist es wohl kaum ein Zufall, wie gut die folgende Geschichte aus einem der berühmtesten Bücher der Organisationstheorie, »The Functions of the Executive« von Chester Barnard aus dem Jahre 1938, dazu passt. Sie handelt von einer Telephonistin der *New Jersey Bell Telephone Company*, die eine nicht sehr attraktive Stelle in einem Außenbezirk nur annahm, um während der Arbeit das Haus ihrer kranken Mutter beobachten zu können. Als das Haus eines Tages Feuer fing, blieb die Arbeiterin an ihrem Platz und musste mit ansehen, wie das Haus niederbrannte. Barnard *rühmt* ihr Verhalten als Sieg ihrer, wie er es nannte (und postulierte!), »Organisations-« über ihre individuelle Persönlichkeit – »außerordentlicher moralischer Mut«, »hohe Verantwortlichkeit« – und teilt in einer Fußnote mit, dass die Mutter gerettet wurde. (»Organisationspersönlichkeit« ist vielleicht nur ein anderer Name dafür, dass für die Frau das Phantasma der Organisation als Gemeinschaft auf dem Spiel steht; Žižek, *Mehr-Genießen*) Der Tod der individuellen als Geburt der Organisationspersönlichkeit, das bleibt ein dominantes Motiv der Organisationspraxis – und Barnards Lobgesang fast einer Wagner-Oper würdig: »Frau, die Wunde, die du dir und deiner Mutter schlugst, hat die Heilung ermöglicht« – in Barnards Worten: »einer Verhaltensregel ihrer Organisation zu entsprechen – der moralischen Notwendigkeit zu ununterbrochener Dienstbereitschaft der Telefonvermittlung.« Für *diese* Frau, für diese Organisation mag es zur Wahrheit geworden sein: Die Wunde fehlender Anerkennung schließt der Speer nur, der sie schlug.

Schere im Kopf. Vielleicht aber gab es bei *Bell* einfach nur eine ausgepichte Überwachung. Vielleicht hatte die Frau auch eine Schere im Kopf. Vielleicht saß sie – oder wähnte sich – in einem Panopticon à la Bentham. Dann war es gar nicht mehr nötig, sie zu überwachen.

Vorauseilender Gehorsam: hört das Gras wachsen und die Nachtigall trapsen. Macht aber selbst den Wind, nach dem er sich dreht. Oder es geht so:

Die Furcht

Einer gibt sie dem anderen weiter,
die Furcht, und weiß nichts davon,
wie ein Blatt seinen Schauder
weitergibt an das nächste.

Auf einmal zittert der ganze Baum,
und vom Wind keine Spur

Charles Simic

XI. Der Lorbeer der Politik

»Eigentlich ist doch alles beklagt,
was noch nennenswert wäre.«

Peter Rühmkorf,
Paradiesvogelschiß

Das mañana der Politik. Auch Politiker wissen, wie man die Dinge solange noch nicht anpackt, bis man sie nicht mehr anpacken kann oder
muss. Das hieß bei Helmuth Kohl noch »Aussitzen«. Bei Angela Merkel
ist es zur Tugend der Ruhe und Besonnenheit avanciert.

Die Indianereinstellung à la Harry Rowohlt. »Die Indianereinstellung
geht so: Der Film zieht sich hin, Richard Widmark lacht irre, Henry
Fonda blickt besorgt, das Drehbuch ächzt und krächzt, und dann wird
es plötzlich still. Richard Widmark gefriert das irre Lachen, Henry Fonda blickt noch einen Tick besorgter, und dann haben wir die Besche-
rung. Die gesamte Hügelkette ist mit kostspieliger berittener Kompar-
serie vollgestellt.

Halblaut sagt Richard Widmark zu Henry Fonda: ›Indianer!‹

Henry Fonda blickt besorgt zum anderen Horizont. Leben heißt Hoffen. Aber wieder nichts. Wieder nur Indianer. ›Sie sind uns‹, sagt er mit
tonloser Stimme, und das ist die Unverschämtheit, ›die ganze Zeit gefolgt.‹

WENN IHR NICHT DIE GANZE ZEIT DIALOG GESPROCHEN
HÄTTET, ist man versucht zu schreien, HÄTTET IHR DOCH GE-
MERKT, DASS EUCH VIERTAUSEND KOMPARSEN AUF DEN FER-
SEN SIND. Denn das merkt man doch. Da können sich die Komant-
schen noch so sehr die Hufe mit alten Socken umwickeln. So was merkt
man immer. Als ich vor drei Jahren in Ost-Berlin war, habe ich gedacht:
›Dir, meine liebe DDR, gebe ich noch drei Jahre. Aber dann ist Schluß.‹«
(*Pooh's Corner*, S. 43.)

Richard Widmark, Henry Fonda und Erich Honecker haben es erst
noch nicht gemerkt, und dann war nichts mehr zu machen.

Die Schweizer Uhrenindustrie angesichts der Quarz-Uhren; wir Achtundsechziger; die sogenannten K-Gruppen zu Beginn der 70er Jahre; die
Rote-Armee Fraktion; Helmut Kohl und seine Koalition 1998; die Gor-
don Geckos dieser Welt – hätte ihnen und uns doch jemand gesagt: »Blicken Sie mal auf zur Hügelkette.« Die reichen Nationen auf ihren Gipfel-
treffen – wenn sie doch nicht die ganze Zeit Dialog gesprochen hätten!

Die Indianereinstellung à la Hobbes und Locke. Die Indianereinstellung à la Hobbes geht so: Thomas Hobbes blickt besorgt zum Horizont. Halblaut sagt Thomas Harriot (im ersten, dem Virginia-Band der Amerika-Serie des Verlegers Theodor de Bry): »Indianer!« Hobbes blickt noch einen Tick besorgter. Die gesamte Hügelkette ist vollgestellt. Wie dann die Landnahme rechtfertigen? Bald hellt sich sein Gesicht auf. »Die sind im Naturzustand«, sagt Hobbes, »da ist das Leben einsam, armselig, ekelhaft, tierisch und kurz.« Da braucht es staatliche Ordnung. Ob durch Aneignung oder Einsetzung, gewaltsam oder freiwillig: einerlei.

John Lockes Indianereinstellung geht noch etwas anders: Eigentum, sagt er, erlangt man durch Arbeit. Die Indianer arbeiten nicht. Ergo ... (Indianische Landwirtschaft? Verdrängt Locke, in dessen Privatbibliothek sich Thomas Harriots Virginia-Band mit einschlägigen Details und Illustrationen von Theodorus de Bry sehr wohl befand.)

Solche Rechtfertigungen haben es an sich, dass die Landnehmer – sowohl Hobbes als auch Locke waren an kolonialen Geschäften beteiligt – ihr womöglich empfundenes Unbehagen erst noch nicht und dann nicht mehr ernst nehmen müssen. (Erst noch nicht, denn am Anfang war, auch in Sachen Landnahme, die Tat). Wenn Hobbes und Locke doch nicht die ganze Zeit Monolog gesprochen hätten!

Der Anfang einer Demokratie. Wie kann sich eine Demokratie konstituieren? Nicht auf demokratische Weise, denn die Demokratie soll ja erst konstituiert werden. Dieser Mangel kann erst nachträglich, und nie ganz, geheilt werden. Die Demokratie ist und bleibt »im Kommen« (Derrida).

Machtergreifung. Ob Hitler, ob die Muslimbrüder: *das* politische *Catch* 22 geht so: erst in demokratischer Abstimmung die Macht erringen, um sie dann zur Abschaffung der Demokratie zu gebrauchen. Dann kann man nicht mehr abgewählt werden.

Innovationspolitik. Es müsse Schluss damit sein, sprach einst Bundeskanzler Gerhard Schröder, bei technischen Innovationen erst von den Risiken und dann von den Chancen zu reden. Umgekehrt werde ein Schuh daraus: erst die Chancen realisieren und *noch nicht* von den Risiken reden; von den Risiken erst reden, wenn auch sie realisiert sind, also *nicht mehr* abzuwenden? Das »Zu spät« als parteipolitisches Programm – das war eine neue Qualität. In die Atomenergie waren wir ja wohl noch hineingeschlittert. Nun sollen wir sozusagen sehenden Auges die Augen verschließen und die Stalltür erst schließen, wenn die Pferde der Innovation freie Bahn haben.

470.000 Unterschriften gegen etwas, was es noch gar nicht gibt? 2014, als Aktivisten der Organisation Campact ihm Unterschriften gegen das

Freihandelsabkommen TTIP (Transatlantic Trade and Investment Partnership) übergeben wollten, sprach Sigmar Gabriel, Bruder im Geiste Schröders:»470.000 Unterschriften zu sammeln gegen etwas, was es *noch* gar *nicht* gibt, das muss man erstmal machen.« (Süddeutsche Zeitung, SZ.de vom 24.3.2015) Soll heißen: Hättet ihr doch gewartet, bis es das gibt! Bis die Verhandlungen abgeschlossen sind! Dann nämlich ist, das sagt ja schon das Wort »abgeschlossen«, nichts mehr zu machen.

Gleitende Bewegung. Nicht immer arbeitet die Furie des Verschwindens mit Blitzesschnelle. Manchmal ist ihr Operationsmodus, im Gegenteil, Langsamkeit. Schleichende, gleitende Bewegung, so langsam, dass sie mit bloßem Auge nicht zu sehen ist. Eine unmerkliche Drift zieht den Schwimmer langsam hinaus. Wenn er der Gefahr jäh inne wird, ist es womöglich zu spät. Die Plötzlichkeit ist dann Sache der Wahrnehmung, nicht des Wahrgenommenen. Langsam schmilzt das Polareis. Langsam steigt die Hitze im Wasserglas, aus dem Batesons Frosch nicht herausspringt.

Allmählich abwärts, passiv (intransitiv). Weichen, Schwinden, Gleiten, Schleichen, Driften, Rosten, Rutschen, Schlittern, Verblassen, Verwittern, Verlottern, Verludern, Verwahrlosen, Verfaulen, Verrotten, Erodieren, Verfallen, Sinken.

Dagegen: Stolpern, Hinken, Stottern, Wackeln, Zappeln, Lispeln, Blinzeln, Zwinkern, Zucken und *Das Zittern des Fälschers* (Patricia Highsmith).

»Dritte Welt«. Noch nicht »entwickelt«. Nicht mehr im Besitz ihrer Vermögen.
»Wachstumsraten noch nicht ausreichend«, sagt die Weltbank. »Wachstum nicht mehr möglich«, sagt Greenpeace. »Ihr habt beide recht«, sagt der Rabbi.

Risikogesellschaft. Wo aber Gefahr ist, weicht das Rettende auch.

Verlorener Posten. Noch nicht aufgegeben, nicht mehr zu halten. Walter Benjamin über die Position des Karl Kraus:»Kein Posten ist je treuer gehalten worden und keiner war je verlorener.«

Zu jung, zu alt. »Die Grünen sind noch nicht reif für die Macht.« »Die Grünen kann man nicht mehr wählen.«

Vollendung der Tatsachen. »Mit der Genehmigung des Bebauungsplans ist noch nichts entschieden.« »Mit einem positiven Bescheid, betreffend die wasserrechtliche Prüfung, ist noch keine Vorentscheidung gefallen.«

»Mit der Erteilung der Teilerrichtungsgenehmigung ist noch nichts präjudiziert.«

»Das Unternehmen hat im Vertrauen auf die Politik der Regierung Milliardensummen investiert. Dieses Vertrauen dürfen wir nicht enttäuschen.«

Unsere ausländischen Mitbürger. Wenn die Regierungskoalition den Ausländern das Recht auf die deutsche Staatsbürgerschaft nur deshalb verweigert hat, weil die Opposition es beantragt hat und die Opposition es beantragt hat, wissend, dass die Koalition es eben deshalb verweigern wird, dann hatte jenes Recht noch keine Chance, weil es noch nicht als Gesetz eingebracht, und dann keine Chance mehr, weil es als Gesetz eingebracht wurde.

Ach wie gut, dass niemand weiß ... Der Jäger 90 heißt jetzt Eurofighter heißt jetzt Taifun. »Mindestens 23 Milliarden Mark«, schreibt das Hamburger Abendblatt vom 17.8.2000, S. 2, »wird der Superfighter kosten, den Kritiker schlicht als das ›unsinnigste Projekt der Militärgeschichte‹ bezeichnen.« Solche Kritiken gibt es, seit er entwickelt wird – seit über 30 Jahren. Der Umgang mit dieser Kritik ist eine Abfolge von Noch-nicht-nicht-mehr-Geschichten. Die Einwände – »zu teuer, militärisch überflüssig, technisch überholt« – galten jeweils als noch-nicht-oder-nicht-mehr triftig: noch nicht, weil man die Planungen jeweils revidiert, nicht mehr, weil man nun die Kritik verarbeitet hatte. Die Namenswechsel indizieren: Als Kritikobjekt blieb das Jagdflugzeug ein bewegliches Ziel, gleichsam das Gegenstück zum Buxtehuder Igel: »Ick bün all weg.« Gipfel dieser militärisch-industriellen Différance: »Mittlerweile argumentieren sogar Befürworter *nicht mehr* mit der militärischen Notwendigkeit, sondern wirtschaftlich: Ohne den Eurofighter gerate die europäische Luftfahrtindustrie gegenüber den Amerikanern zu sehr ins Hintertreffen.« (Hervorh. G.O.) Und wieder sticht also die Kritik *nicht mehr*? Im Jahre 2000 aber »ist der Eurofighter schon *nicht mehr* der letzte Schrei. Flugzeuge wie die amerikanische F 22 ›Raptor‹ fliegen mit Tarnkappen-Technologie und schwenkbaren Schubdüsen. Selbst Russland hat schon wieder Prototypen mit dieser Technologie gebaut.« Nun hören wir keine wirtschafts- und technologiepolitischen Argumente mehr, sondern unverblümt beschäftigungspolitische. Das Flugzeug hat das Licht der Welt erblickt, und Kritik richtet *deshalb* nichts mehr aus. Man hätte den Flieger ›Rumpelstilzchen‹ nennen sollen. Er heißt aber nun: Eurofighter Typhoon. 180 von ihnen wurden angeschafft. Davon waren im Herbst 2014 laut vertraulichem Bericht an die Spitze des Verteidigungsministeriums *acht* Maschinen einsatzfähig (Der Spiegel vom 24. 8. 2014).

Broken windows. Der Theorie, ein zerbrochenes Fenster eines Autos oder Hauses zöge in einer Art Dominoeffekt weitere Gewalt nach sich und münde in die pfadabhängige Konstitution eines Klimas tolerierter Kriminalität, in dem die nächsten kriminellen Akten noch besser gedeihen – *et cetera ad infinitum*? –, hat wegen der Schlussfolgerung der New Yorker Polizei, man müsse – wehret den Anfängen! *Zero tolerance!* – auch die sogenannte Kleinkriminalität sofort und unnachgiebig bekämpfen, Besorgnis einer liberalen Öffentlichkeit ausgelöst. Auf der anderen Seite entsteht, teils als Folge einer oft unangemessenen und dramatisierenden Berichterstattung durch Presse und Fernsehen, was die Experten »moral panic« zu nennen beginnen. Das Eigenartige ist, dass die *Broken-Windows*-Theorie, gerade wegen ihrer scheinbaren Plausibilität, geeignet ist, jene Panik zu fördern, indem sie die Toleranzschwelle, damit aber auch die Panikschwelle absenkt.

Diese Lage zeigt alle Züge, die es für eine unglückliche Kombination aus Voreiligkeit und Zuspätkommen braucht. Selbstverstärkende Mechanismen haben es an sich, unterschätzt zu werden. Man handelt allzu lange *noch nicht* – bis es zu spät ist, weil nun die Kraft der Selbstverstärkung übermächtig geworden ist. Das spüren jene, die mit »moral panic« zu reagieren tendieren und deren Panik eben daher um so früher ausgelöst wird – auch bei einer insgesamt gleichgebliebenen Anzahl an Straftaten, trotz eines Rückgangs bei Mord und Totschlag, Wohnungseinbruch und Autodiebstahl. Wenn sich die Einen und die Anderen in politischen Lagern wiederfinden, mag es zusätzliche Verstärkungsmechanismen geben: Die Einen sagen »noch nicht«, auch *weil* die Anderen zu früh Angst verbreiten, oder weil sie *erwarten*, dass die Anderen – diese notorischen Panikmacher! – zu früh Angst verbreiten. Aber diese Anderen reagieren so früh, weil aus ihrer Sicht die Einen – »Wie immer! Wie erwartet!« – zu spät reagieren. Dann ist am Ende wirklich nichts mehr zu machen.

Allerdings hat sich herausgestellt, dass die Kriminalitätsraten in den meisten US-amerikanische Großstädten – also ganz ohne, und in New York auch schon vor Rudy Giuliani und dessen Polizeipräsident William Bratton mit ihrer Zero-Tolerance-Polizeistrategie – gesunken sind, und Kritiker der Broken-Windows-Theorie haben noch eine ganze Menge anderer Pfeile im Köcher. Das bedeutet: Es ist durchaus unklar und umstritten, ob wir es hier mit einem *praktischen* oder einem *argumentativen* Fall von *slippery-slope*-Argumentation zu tun haben. Vielleicht müssen wir nur den Anfängen des *Law-and-Order*-Arguments wehren, damit es nicht nach und nach überwältigende Suggestivkraft entwickelt.

Das Schöne am Ozonloch. »Sagenhafte Ozonlöcher«, höhnte einst Niklas Luhmann, dem jedweder Alarmismus auf den Geist ging. Tja. Das

Schöne am Ozonloch ist, dass heute noch nichts bewiesen und morgen nichts mehr zu machen ist.*

Epidemiologie. Epidemien entdeckt man immer zu spät.

Alexanders Flasche. Ich hatte einen Freund, Alexander, der fand ein eigenartiges, langandauerndes Vergnügen an einer Flasche, deren Gebrauchsanweisung eine Aufforderung und eine Warnung enthielt:

Vor Gebrauch schütteln,

und, weiter unten:

Nach dem Schütteln nicht mehr zu gebrauchen.

»Ach«, pflegten die anderen Freunde zu sagen, »Alex und das Kind im Manne ...«. Und sie lächelten gütig.

Mich aber beunruhigte Alexanders Flasche. In mir löste jene Kluft zwischen dem »noch nicht« und dem »nicht mehr zu gebrauchen« eine Irritation aus, ein Déjà-vu. Diese Lücke, diese Lakune, dieser Riss, dieses enttäuschende »nicht mehr«. Immerzu gerate ich ja in kleine schwarze Zeitlöcher, Spalten, in denen blitzartig, gedankenschnell – aber das wäre noch viel zu langsam, nein: – ohne jeden, und sei es nur den allergeringfügigsten, Zeitverbrauch einfach verschwindet, was hätte geschehen sollen. Es geschieht einfach nicht. Erst *noch nicht*; dann *nicht mehr*. Ich bin versucht zu denken: die ganze Welt eine alexandrinische Flasche.

Alexanders Flasche, slow motion. »Vor Gebrauch schütteln«, das heißt in der Bibel, vielleicht *noch* ohne Arg: »Macht euch die Erde untertan. Seid fruchtbar und mehret euch, bevölkert die Erde, unterwerft sie euch und herrscht über die Fische des Meeres, über die Vögel des Himmels und über alle Tiere, die sich auf dem Land regen« (Genesis 1, Vers 28). Dann geht es im Gegenteil unmerklich langsam vom Noch Nicht ins Nicht Mehr.

---

* Am 15.3.2011, in ihrer Nr. 61, meldete die Süddeutsche Zeitung unter Berufung auf das Bremerhavener Alfred-Wegener-Institut für Polar- und Meeresforschung in einer winzigen Notiz auf S. 10: Ein Drittel des Ozons über der Arktis zerstört, »nie ein Ausmaß wie jetzt«. Jedoch: SZ Nr. 134 vom 13.6.2013: »Das Ozonloch schließt sich.« Als Hauptursache für die Besserung gilt das weltweite FCKW-Verbot. Es war also doch noch etwas zu machen, aber nur, weil man die »Sage« ernst genommen hat. Das Ozonloch ist kanzerogen, aber *nicht* Ursache der globalen Erwärmung. Die aber wird erst unstrittig sein, wenn wirklich nichts mehr zu machen ist.

In Ansehung eines besonders prächtigen Paradiesvogels kamen Alfred Russel Wallace, dem großen Geistes- und Zeitgenossen Darwins, schon vor über 150 Jahren diese Gedanken:

»Ich dachte an die lange vergangenen Zeiten, während welcher die aufeinanderfolgenden Generationen dieses kleinen Geschöpfes ihre Entwicklung durchliefen – Jahr auf Jahr zur Welt gebracht wurden, lebten und starben, und alles in diesen dunklen, düsteren Wäldern, ohne dass ein intelligentes Auge ihre Lieblichkeit erspähte – eine üppige Verschwendung von Schönheit. … während es auf der anderen Seite, wenn zivilisierte Menschen jemals diese fremden Länder erreichen und moralisches, intellektuelles und physisches Licht in die Schlupfwinkel dieser Urwälder tragen, sicher ist, dass sie die in schönem Gleichgewicht stehenden Beziehungen der organischen Schöpfung zur unorganischen stören werden, sodass diese Lebensformen, deren wunderbaren Bau und deren Schönheit der Mensch allein imstande ist zu schätzen und sich ihrer zu erfreuen, verschwinden und schließlich aussterben.«

Alexanders Flasche erinnert an die Büchse der Pandora.

Das sechste Sterben. Das fünfte Sterben hat vor etwa 66 Millionen Jahre die Dinosaurier ausgelöscht. Nun ist das sechste im Gange, in rasender Geschwindigkeit: das dieses Mal menschengemachte Aussterben der Tiere und Pflanzen. Dessen wurden wir erst noch nicht inne und werden wir nun nicht mehr Herr (Elizabeth Kolbert).

Shifting baselines. Vor der kalifornischen Küste gab es früher einen großen Reichtum an Fischarten. Das wissen noch die alten Fischer. Die jungen nicht – sie ziehen die Küste gar nicht mehr als Lebensraum für Fische und daher als Fanggrund in Betracht. Sie kennen es nicht anders. Sie sehen die Fischarmut der Küste nicht als Resultat von Überfischung. Und ihre Maßstäbe für Biodiversität sind zusammen mit der Biodiversität verfallen. (Sáenz-Arroso u.a.)

End of the pipe. Wenn der Schaden erst verursacht ist, kann man nicht mehr anders als ihn spät, allzu spät wegfiltern: *end of the pipe.*

Der Boden, auf dem wir stehen. Als Kind habe ich mich gefragt: Wie kann ein Sandplatz perfekt geharkt, eine Eishockeyfläche perfekt geglättet, ein Estrich perfekt aufgeschüttet, ein Holzfußboden perfekt gestrichen werden, wenn man keine Möglichkeit hat, der Sache am Ende *von außen* den letzten Schliff zu geben? Perfekt, damit meinte ich: ohne dass der Gärtner, die Eismaschine, der Maurer, der Maler irgendeine Spur auf der glatten Oberfläche hinterlässt. Nie ist das Eis vollkommen – eben waren es die Kufen der Schlittschuhe, nun sind es die Räder der

Eismaschine, die Rillen hinterlassen. Unsere Welt ist so eine Fläche. In Garzweiler, Bitterfeld, Tschernobyl und Fukushima sind die Rillen ziemlich tief.

Allmählicher Verfall. Die Demokratie verfällt, wenn und weil sie gesichert scheint und in den Hintergrund unserer Sorgen rückt. Wenn sie dann wieder in den Vordergrund rückt, mag es zu spät sein, weil die Berlusconis oder Orbáns von morgen inzwischen die Gunst der Stunde genutzt haben.

Urmensch und Spätkultur. Alle Institutionen haben es an sich, allmählich den Schein ihrer eigenen Entbehrlichkeit zu erzeugen, weil sie Bedürfnisse in die »Hintergrundserfüllung« rücken. Der damit einhergehenden Sorglosigkeit galt Arnold Gehlens Sorge. Seine Sehnsucht nach Ordnung aber bewog ihn zur Feier des Führers, der die Welt ins Chaos stürzte.

Kleine Paradoxie des Rechts. Im Strafprozess wartet die Verteidigung mit neuen Beweisanträgen, neuen Zeugen, neuen Fragen an auf. Spielt sie auf Zeit? Fischt sie im Trüben? Der Richter kann es nicht sicher wissen, bevor der neue Zeuge gehört, der Beweis geführt, die neuen Fragen beantwortet sind. Er muss die Anträge und die Fragen aber vorher ablehnen oder zulassen. In US-amerikanischen Gerichtsthrillern ruft der erregte Staatsanwalt: »Euer Ehren, das sind doch nur Manöver der Verteidigung.« Der weise Richter pflegt dann zu sagen: »Herr Verteidiger, ich lasse Ihnen noch *etwas* Spielraum, aber ...«. »Noch etwas Spielraum« ist der Euphemismus, der verdecken soll, dass die Entscheidung über die Zulässigkeit der Anträge und Fragen erst noch nicht möglich, dann aber nicht mehr rückgängig zu machen ist. (Im deutschen Strafprozessrecht ist das Problem penibel geregelt, in § 244 III-VI der Strafprozessordnung. Beweisanträge dürfen nur unter sehr engen Voraussetzungen abgelehnt werden, und an die Ablehnung werden hohe Begründungsanforderungen gestellt. Mit Dank an Paul.)

Panopticon. Das Prinzip der Spähprogramme PRISM und *Tempora* des US-amerikanischen Geheimdienstes *National Security Agency* (NSA), im Volksmund auch »No Such Agency« genannt, lautet: »Um die Nadel zu finden, brauchst du einen Heuhaufen« (NSA-Direktor Keith Alexander laut der Süddeutschen Zeitung Nr. 196 vom 26.8.2013, S. 9). Dann ist die Frage aller Fragen, wie James Robert Clapper jr., oberster Chef der US-amerikanischen Geheimdienste es so unnachahmlich formuliert hat: »Wie trennt man das unschuldige Heu von den ruchlosen Nadeln?« (SZ vom 10.2.2014) Antwort: Mit Überwachungsmaßnahmen nicht warten, bis jemand auf dem Radar der Behörde aufgetaucht ist. Auch die Noch-nicht-Verdächtigen überwachen. Es *gibt* überhaupt nur noch Noch-nicht-Verdächtige. Wenn sich deren Harmlosigkeit – deren *vorläufige* Harmlosigkeit – herausstellt, kann die Überwachung nicht mehr ungeschehen gemacht werden, und das ist auch gut so, denn ihre Harmlosigkeit ist ja, wie gesagt, nur eine vorläufige.

In Steven Spielbergs *Minority Report* gibt es eine Polizeieinheit namens »Precrime«, die Verbrechen voraussieht, um sie zu verhindern. Diese Prä-Vention ist – soll sein – das Noch nicht/Nicht mehr des Verbrechens, der Verbrecher – und der Unschuldsvermutung. Weit davon entfernt sind wir nicht mehr. »Dank des Programms Blue Crush (Crime Reduction Using Statistical History) weiß die Polizei in Memphis, an welcher Straßenecke, an welchem Tag und zu welcher Zeit Verbrechen zu erwarten sind« (Süddeutsche Zeitung Nr. 196 vom 26.8.2013, S. 9). »Predictive policing« heißt das. Google-Chef Eric Schmidt sagt: »Wir wissen, wo Sie sind. Wir wissen, wo Sie waren. Wir wissen mehr oder weniger, worüber Sie nachdenken.« (Ebd.)

Not anymore. Danach gefragt, ob die NSA auch das Mobiltelefon von Kanzlerin Merkel abhört, hat US-Präsident Obama, wie man liest, im Jahre 2013 »Noch nie gehört« gesagt, und Keith Alexander, der Obama laut Wall Street Journal im Jahre 2010 darüber informiert hat: »Not anymore« (Süddeutsche Zeitung Nr. 262 vom 13.11.2013, S. 6).

Heuhaufen oder Nadel? Wer sich, wie Keith »Not Anymore« Alexander, einen Heuhaufen wünscht, *um* eine Nadel suchen und finden zu können, ist wie der pyromanische Feuerwehrmann, oder gar wie Patricia Highsmiths Judith (s. unten, *Organisationspersönlichkeit*, S. 161 f).

Alle Wanzen. Die goldene Ananas des Jahres 2013 für besondere Scheinheiligkeit in Sachen NSA geht an Sabine Leutheusser-Schnarrenberg, damals noch Bundesjustizministerin, für den Satz: »Alle Wanzen müssen auf den Tisch.« (*Süddeutsche Zeitung* Nr. 154 vom 6./7.7.2013, S. 5) Die Ananas ist, naturgemäß, aus Katzengold.

Nimmermüde. Die Bundeskanzlerin hatte im Juli 2013 die Formel gefunden, auf deutschem Boden habe deutsches Recht zu gelten. Sie sagte: »hat zu gelten«. Sie sagte nicht: »gilt«. »Das«, sprach Angela Merkel, »*erwarte ich* von jedem. Wenn das irgendwo nicht oder *noch nicht* der Fall sein *sollte*, dann *muss* es *für die Zukunft* sichergestellt *werden*.« (Süddeutsche Zeitung Nr. 106 vom 9./10.5.2015, S. 13; Hervorh. G.O.). Das nenne ich Virtuosität im Noch nicht/Nicht mehr. »Nimmermüde« und monatelang wiederholte Kanzleramtsminister Ronald Pofalla damals, »man erwarte den Abschluss eines No-Spy-Abkommens« (ebd., S. 15), das die USA nimmermüde und schon seit Monaten verweigert – oder: erst vage angedeutet und dann nicht mehr gewährt? – hatten. Am

9. Januar 2014 schrieb Christoph Heusgen, ranghöchster Berater der Kanzlerin in der Außen- und Sicherheitspolitik, für die Bundesregierung an die US-Chefstrategin Karen Dornfield: »Ich verspreche, diesen Ausdruck zukünftig *nicht wieder* zu verwenden.« (Ebd.; Hervorh. G.O.)

Maskerade. Die Maske fallen lassen: dafür ist das »Zu spät« der rechte Augenblick.

Patriot Act. Der *Patriot Act*, der den Geheimdiensten 2001 – nach »Nine eleven« – sehr viele Rechte einräumt, wurde, sagt John Mroz, Vorsitzender des *West-East-Institute* in New York, »von sechs Leuten geschrieben und ist in Kraft getreten, bevor ihn irgendjemand gelesen hatte.« (*Süddeutsche Zeitung* Nr. 156 vom 9.7.2013, S. 13). Nun aber ist er nicht mehr wegzukriegen.

Calea Act. Kennen Sie den *Calea Act* von 1994? Versehen mit einem schönen Namen – *Communications Assistance for Law Enforcement Act* – und verabschiedet unter Bill Clinton? Er verpflichtet US-amerikanische Telekommunikations- und Software-Anbieter, dem FBI eine Hintertür offen zu halten (ebd.). Das haben wir erst gar nicht gemerkt, und nun ist es ja ein *fait accompli*. Daher heißt es *Hintertür*.

Do ut des. Die flächendeckende Ausbreitung von Korruption ist eine Noch-nicht-nicht-mehr-Geschichte.
   Erst noch nicht:
»Allzulange wiegte sich Deutschland in dem naiven Glauben, die Do-ut-des-Politik sei vor allem bei den welschen Nachbarn zu finden, in Frankreich, Italien oder weit weg im Osten. ... Dann wurden in den neunziger Jahren die Schmiergeldaffären in den Kfz-Zulassungsstellen, in den Baubehörden, den Sozial-, Ordnungs- und Ausländerämtern öffentlich. ... Gleichwohl hätte niemand für möglich gehalten, was jetzt aus Leuna emporquillt ...« (*Die Zeit* Nr. 28 vom 5.7.2001, S. 1)
Dann nicht mehr:
»Die Justiz ist ohnmächtig, und wo sie mächtig ist, schaut sie zu.« (Ebd.)
Tätig indes wird sie, um den Riss zwischen jenem Noch Nicht und diesem Nicht Mehr zu kalfatern:
»Statt die Spur der Kanzleramtsakten über Leuna zu verfolgen, konzentrieren sich die Staatsanwälte lieber auf Journalisten, die sich um Aufklärung dieser Affäre bemühen. So wurde in diesen Tagen mehreren ZEIT-Redakteuren eine Klageschrift zugestellt.« (Ebd.)

»*Read my lips*«. Sagte George Bush. »Ich gebe Ihnen mein Ehrenwort.« Sagte Uwe Barschel. »Listen to me: I never lied«. Sagte William Jefferson Clinton. Da glaubten wir ihnen nicht mehr.

Einsdreißig. Politiker, Manager, Bundesligaspieler, im Fernsehen nach Interna ihrer Partei, ihres Unternehmens, ihres Vereins befragt, entwickeln sich zu Virtuosen des Noch Nicht. Sie dürfen nichts sagen, aber auch nicht schweigen, und sie müssen es nicht. Sie müssen nur über 1'30 Minuten kommen – und solange noch nicht zum Punkt. Danach laufen die Kameras nicht mehr. Denn »im Fernsehen dürfen Sie über alles reden, nur nicht über Einsdreißig«.

Warten auf Mitterand. »Mitterands Publikum«, so hat die New York Times einst beobachtet, »wartet immer; er kommt stets zu spät« – um Eindruck zu machen, den Eindruck von Wichtig- und Geschäftigkeit? Wenn das – wir wissen es ja nicht – nur Pose war, *impression management*, dann lief er Gefahr, vom Noch Nicht seines Kommens direkt ins Nicht Mehr der Anerkennung zu fallen. Denn um Eindruck bemüht zu sein, macht einen schlechten Eindruck.

Die Krümmung der Lippen am Mundwinkel Gerhard Schröders. Der noch nicht designierte Kanzlerkandidat Schröder sagte 1997: Umweltpolitik darf jetzt, in dieser wirtschaftlichen Lage, *noch nicht* erste Priorität haben.

Er hatte immer etwas an sich, das ihn zu einem zweifelhaften Kandidaten machte: Das war dieses wissende Lächeln; die winzige Krümmung der Lippen am Mundwinkel, die kleine, abschätzige Biegung nach unten, die uns verriet: »Weiß ich doch, was Euch bekümmert – die Elastizität meiner Grundsätze; dieser *slip* vom Noch Nicht ins Nicht Mehr. Ist ein bisschen glitschig. Aber gleitet so schön. And in the long run we are all dead. Ist okay.«

Dann, am 1. März 1998, hat er die niedersächsischen Landtagswahlen gewonnen, im Herbst ist er Kanzler geworden. Zwei Möglichkeiten: Die Leute haben ihn trotz oder wegen seines sich selbst und ihnen Absolution erteilenden Lächelns gewählt. Ich glaube: beides. Sie haben Schröders Lächeln die Bereitschaft angesehen, zur Not ein paar Überzeugungen, ein paar »Frauen und Gedöns«, ein paar Weggefährten und seltene Tierarten, deren Namen man sich so schlecht merken kann, auf die schlüpfrige Bahn vom Noch Nicht ins Nicht Mehr zu schicken. Sie haben sich, wie die Amerikaner im Falle Bill Clintons, gesagt: »We're talking meat and potatoes here; character is caviar.« Ein bisschen, klammheimlich, *wünschen* sich Wähler jene Bereitschaft und danken Schröder das durchaus unchristliche *te absolvo* – sein Okay. Und auch das Wissen *darum* ist bis heute Schröders wissendem Lächeln abzulesen: von den Lippen, wie man so sagt.

Sein Siegerlächeln hielt ja auch 2005 noch an, während jenes sagenhaften Fernsehauftritts nach verlorener Wahl, als er, von ZDF-Chefredakteur Nikolaus Brender angeredet mit »Herr Bundeskanzler – das sind Sie ja *noch*«, unverdrossen retournierte: »Das bleib' ich auch.« Indes, zwischen Lipp' und Kelchesrand ... Im Jiddischen heißt es: *Mentsh trakht, Got lakht.* Dass die Leute ihn nicht mehr wollten, war, als er ein Mal tat, was er für hart, aber nötig hielt.

Der kleine Prinz. Als der kleine Prinz zum Asteroiden 325 kam, traf er den allmächtigen König, der allerdings nur befahl, was ohnehin geschehen würde. »Die Autorität«, sagte der König, »beruht vor allem auf der Vernunft.« Der kleine Prinz bat ihn um einen Sonnenuntergang. »Deinen Sonnenuntergang wirst du haben. Ich werde ihn befehlen. Aber in meiner Herrscherweisheit werde ich warten, bis die Bedingungen dafür günstig sind. ... das wird heute gegen sieben Uhr vierzig sein!« Als uns Gerhard Schröder im Jahre 2001 das »Gesetz zur geordneten Beendigung der Kernenergienutzung« bescherte, gab es Kritik: Die Meiler müssten erst abgeschaltet werden, wenn ihr Betrieb sich ohnehin nicht mehr rechne. Diesmal sagte Schröders Lächeln: »Habt ihr den ›kleinen Prinzen‹ nicht gelesen?«

Kunst des Möglichen. Wenn das Gewollte sehr weit vom Möglichen entfernt ist und Politik die Kunst des Möglichen ist, dann gilt es, das Gewollte dem Machbaren anzunähern. Noch ist es nicht dicht genug dran, noch nicht, noch immer nicht – jetzt hat es jede Ähnlichkeit mit dem Gewollten verloren.

11.9.2001. Noch war der Gegenschlag der USA nicht geführt, da wusste man schon: Er wird kommen. Die USA werden ohne ihn ihren Frieden nicht finden, und mit ihm nicht mehr. »... what so proudly we hailed at the twilight's last gleaming ...«.

Doppelte Kontingenz. A macht sein Handeln von B abhängig, aber B das seine von dem des A. So kann, streng genommen, nie etwas in Gang kommen. Gesetzt nun, A und B seien die beiden Stars im Showdown eines Kriminalfilms, die verfeindeten Brüder, die einander mit der Pistole bedrohen. Keiner von beiden will schießen, außer, wenn der andere es tut. Beide wollen *noch* nicht schießen, haben aber das Problem, es nicht mehr zu können, wenn der andere schießt. Die Möglichkeit, Frieden zu schließen, ist in großer Gefahr, in der Kluft zwischen Noch Nicht und Nicht Mehr zu verschwinden.

Fliegerrennen. Eine Variante des Radrennens auf der Bahn, eine Duell namens Fliegerrennen, erfordert es, solange wie möglich Zweiter zu
bleiben, um den Endspurt *aus dem Windschatten* des Gegners anzie-
hen zu können, den man dann oft auf den letzten Metern abfängt. Das
kehrt den Fall des *shooting out* um. Es gewinnt, wer *als Zweiter* »zieht«.
Das Rennen verläuft zu Beginn quälend langsam, und in den Steilkur-
ven der Bahn kommt es zu minutenlangen artistischen Stillständen auf
zwei Rädern. Beide Fahrer folgen der Strategie: noch nicht antreten, bis
der andere es tut, dann aber sofort nachziehen und sich an dessen Hinterrad hängen. Noch nicht, noch nicht, noch immer nicht – *jetzt*. Zu
diesem Jetzt kommt es und kann es nur kommen aus zwei miteinander
zusammenhängenden Gründen: erstens lässt sich das Stehen nicht end-
los durchhalten, weil die Balance auf zwei Rädern prekär ist; zweitens
hat jeder der beiden Fahrer für den Fall, dass jenes wackelige Gleichgewicht in den Höhen der Steilkurve die Chance dazu bietet, die Alternative im Auge, doch als erster zu starten, und zwar so unvermittelt und
unvermutet, dass der andere den Anschluss ans Hinterrad verliert und
der Windschatten abreißt. Die Kunst, es dazu zu bringen, besteht darin, das Noch-nicht-los in ein Nicht-mehr-dran zu verwandeln. Fliegerrennen, das ist Artistik des versäumten Augenblicks. Politik vor Wahlen,
einschließlich der Nominierung von Kandidaten, folgt manchmal ihrer
Logik. Die Rennfahrer verbringen viel Zeit mit artistischen Stehversu-
chen in steilen Kurven.

Form und Stoff. »Herr K. betrachtete ein Gemälde, das einigen Gegen-
ständen eine sehr eigenwillige Form verlieh. Er sagte: Einigen Künstlern
geht es, wenn sie die Welt betrachten, wie vielen Philosophen. Bei der Be-
mühung um die Form geht der Stoff verloren. Ich arbeitete einmal bei einem Gärtner. Er händigte mir eine Gartenschere aus und hieß mich einen
Lorbeerbaum beschneiden. Der Baum stand in einem Topf und wurde
zu Festlichkeiten ausgeliehen. Dazu musste er die Form einer Kugel haben. Ich begann sogleich mit dem Abschneiden der wilden Triebe, aber
wie sehr ich mich auch mühte, die Kugelform zu erreichen, es wollte mir
lange nicht gelingen. Einmal hatte ich auf der einen, einmal auf der andern Seite zu viel weggestutzt. Als es endlich eine Kugelform geworden
war, war die Kugel sehr klein. Der Gärtner sagte enttäuscht: ›Gut, das
ist die Kugel, aber wo ist der Lorbeer?‹«
    Anfangs noch keine Kugel, am Ende kein Lorbeer mehr – dass un-
ter der Arbeit an der Form der Stoff zerstört wird, hat jeder schon einmal selbst erlebt, der einen Pfeil geschnitzt, einen Text geschrieben, eine
Arbeit rationalisiert, eine Karriere geplant, ein Leben entworfen hat.
Einem von ihnen hat Lichtenberg in den *Sudelbüchern* sein Denkmal

gesetzt: »Er schliff immer an sich, und wurde am Ende stumpf, ehe er scharf war.«

Negative Dialektik II. »Philosophie, die einmal überholt schien, erhält sich am Leben, weil der Augenblick ihrer Verwirklichung versäumt ward»? Diesen Augenblick hat es nie gegeben und sollte es nie geben, müsste doch wohl gerade Adorno sagen. Die politische Philosophie zumal erhält sich am Leben, weil sie den Augenblick ihrer Verwirklichung noch stets imaginiert hat.

XII. Ökonomie, Innovation & Entscheidung

Prometheische Scham. Günther Anders: Wir können immer mehr – mehr, als wir verantworten können. Erst konnten wir es noch nicht. Nun können wir es nicht mehr verantworten.

Rastlose Bewegung. Der Imperativ der Kapitalverwertung und des Wachstums lautet: Überbietung. Heute ist »gut genug« noch nicht gut genug, morgen das »besser« nicht mehr. *Immerzu* heißt es, wie in einer IBM-Werbung, »bettersmarterfastercheaper«. Und, versteht sich, »more«. Das nenne ich *Hyper*moderne, wie in »Hyperventilation«.

Zornige Rede an den Gott über dem Geldhimmel, Gott des Zahlen- und Räderwerks. »Du Tausender und Popanz, … was nämlich soll in dir noch übrig sein *vom oberen Schönen,* als das du dich hier ausgibst, das du dabei aber, dürres und stoffloses Gespenst, … in eine Zukunft des *Nimmermehr* verfrachtest, oder auch (betrügerisch) *verschiebst,* nennen wir sie ruhig weiterhin den *Geldhimmel* …« (Christian Enzensberger, *Nicht Eins und Doch*, S. 205 f; i. Orig. kursiv, mit Ausnahme des hier kursiv Gesetzen.)

»Der Prozess erlischt im Resultat.« Sagte gelegentlich Karl Marx. Wohl wahr, und dann können wir den Vorgang, während er abläuft, noch nicht ganz verstehen, weil wir das Resultat nicht kennen – aber später nicht mehr, weil er erloschen ist und nicht mehr zu sehen. »Ein Mythos«, sagte Roland Barthes, »wird begründet durch den Verlust der historischen Qualität der Dinge; in ihm verlieren die Dinge die Erinnerung daran, dass sie einst gemacht wurden. Die Welt betritt die Sprache als dialektisches Verhältnis zwischen Aktivitäten, zwischen menschlichen Handlungen. Sie verlässt den Mythos als harmonische Darstellung einer Essenz.« Um wieviel leichter, wenn doch der Prozess im Resultat erlischt.

Das Fließband, das Ford, 1913 auf Highland Park, erst eingeführt hat, *nachdem* er seine bahnbrechenden Produktivitätsverbesserungen erzielt hatte; Adam Smith' Stecknadelbeispiel; der Taylorismus und der berühmte Roheisenverlader Schmidt; *Human Relations* und Elton Mayos »große Erleuchtung«; Tom Peters' *In Search of Excellence* (»We faked the data«); *Lean Production* (»Kosten? Von allem die Hälfte«) – die erzählte Geschichte der Formen der Produktion ist eine Abfolge von Produktivitätsmythen, harmonischen Darstellungen einer Essenz.

Run. Schneeballsysteme, Börsenmanöver und der Handel mit Finanzderivaten sind bekanntlich Wetten. Wetten, dass *mein* Noch Nicht noch nicht ins Nicht Mehr umschlägt? Jagd, die uns jagt. Den Letzten beißen die Hunde. Zu spät fällt es allen wie Schuppen von den Augen.

Hase und Igel. Basel II, Basel III, Gelddrucken (»Fluten der Märkte«) »Bazooka«, Zinssenkungen, Basel IV, Rettungsschirme eins, zwei drei, Hilfspakete hier und da, Banken- und Staatenrettungen unter Verletzung der No-Bailout-Klausel, Ankauf notleidender Anleihen, Notbürgschaften und -kredite für Griechenland, Irland und Portugal, EFSM, EFSF, ESM, TARGET II, Troika-Berichte, Fiskalpakt, EBA, ESMA, EIOPA, *European Systemic Risk Board*, Bankenaufsicht via EZB, EZB-Anleihenkäufe, IWF-Hilfe, Bankenunion, Eurobonds. Noch stets rufen die Igel der Finanzmärkte: »Ick bün all dor.« Armer Hase Politik: Nie, noch-nicht-und-nicht-mehr, am rettenden Ufer.

Schattenbanken. Die Regulation der Schattenbanken – *special purpose entities* – ist auch 2015, acht Jahre nach Ausbruch der Krise, noch nicht einmal begonnen. Wenn es so weit ist, wird es *very special purpose entities* geben, im Schatten der Schattenbanken.

»Wir haben unterwegs ein paar Schattenbanken gesehen«, sagte Jens Weidmann zu George Soros. »Wenn ihr sie gesehen habt«, versetzte George Soros, »waren es keine Schattenbanken.«

Apotheose des Noch nicht/Nicht mehr. Dass man Banken erst, solange sie klein sind, noch nicht zähmen *muss*, und es dann, wenn sie »too big to fail« sind, nicht mehr *kann*; dass die Finanzmärkte erst noch nicht und dann nicht mehr ernstlich reguliert werden; und dass mit den Alan Greenspans, Bernie Bernankes und Larry Summers' dieser Welt ausgerechnet ein Totenvogel der Krise nach dem anderen wie Phönix aus ihrer Asche emporstieg: das ist die Erhebung des Noch nicht/Nicht mehr zum neuen Weltbauprinzip.

Seit Ausbruch der Finanzkrise sind die Banken *größer* geworden, JP Morgan etwa durch Übernahme von Mitbewerbern, die in der Krise, durch die Krise ins Schwächeln gerieten. Und *to big too fail* ist nicht nur die einzelne Bank, sondern das Banken- und Finanzsystem.

Fließende Grenzen im Recht (ein Beispiel). Darf die Europäische Zentralbank (EZB) Staatsanleihen via OMT-Programm (*Outright Monetary Transactions*) ankaufen oder ist das ein Fall von Fiskalpolitik, der auf die verfassungswidrige Aushöhlung des Haushaltsrechts des deutschen Parlaments hinausläuft? Da sind Europäischer Gerichtshof einerseits, das Bundesverfassungsgericht andererseits womöglich unterschiedlicher Ansicht. Gilt in der Frage des europäischen Haftbefehls und zugehöriger

Auslieferungspflichten die Auffassung des europäischen Parlaments/des EuGH oder die des Bundesverfassungsgerichts? Wie liegen da die Dinge bei Geldwäsche, bei der Antiterrorgesetzgebung, im Lebensmittelrecht oder bei Verjährungen? Wo liegen die Grenzen einer Übertragung von Hoheitsgewalt auf die Europäische Union? Die *Auslegung* einschlägiger Verträge ist Sache des EuGH, die Änderung solcher Verträge nicht. Sie ist Sache der Mitgliedsstaaten. Zwischen Auslegung und Änderung indes sind die Grenzen fließend. Das alles bringt das deutsche Bundesverfassungsgericht in folgende Bredouille: Es muss das Grundgesetz schützen, soll und will aber der europäischen Integration nicht im Wege stehen. (Und schon gar nicht möchte es eine Finanzkatastrophe lostreten.) Was tun also, wenn es danach aussieht, dass Kompetenzen der europäischen Gemeinschaft durch Verträge, Richtlinien, Verordnungen, Gerichte oder gar den EUGH, in Rechtsakten, die eine vertraglich nicht übertragene Kompetenz in Anspruch nehmen, überschritten werden? Solche Rechtsakte muss das Bundesverfassungsgericht zurückweisen. Um nun nicht in die Rolle des Störenfrieds der europäischen Integration zu geraten, »verlangt das Bundesverfassungsgericht eine gewisse Offensichtlichkeit der Vertragsverletzung«, wie es im *Handbuch des Staatsrechts* heißt. Das verschiebt das Problem fließender Grenzen der Zuverlässigkeit von Kompetenzübertragungen nur auf das Problem fließender Grenzen der Offensichtlichkeit und der strukturellen Bedeutsamkeit der Kompetenzverschiebung. Es droht ein Noch nicht/Nicht mehr der Gewährleistungsfunktion des Bundesverfassungsgerichts: Erst ist eine Zurückweisung noch nicht nötig (oder jedenfalls gerade noch vermeidbar), weil keine *erhebliche* Kompetenzverschiebung zu befürchten ist, bald aber ist sie nicht mehr möglich, weil sich das Kompetenzgefüge bereits erheblich verschoben hat, in lauter kleinen, unerheblichen Schritten. Paul Kirchhof hat beschrieben, wie so etwas geht:

> »Der Richter kann keinen Zukunftsbefund feststellen, der sich erst in einer langjährigen verfestigten Rechtsprechung deutlich entwickelt. Strukturell bedeutsame Kompetenzverschiebungen beginnen mit der Fehlentscheidung eines einzelnen Ausgangsfalls, werden in nachfolgenden Parallelentscheidungen zum Präzedenzfall, signalisieren später die vollzogene Strukturveränderung in ›ständiger Rechtsprechung‹.«

So kann der Parlamentsvorbehalt für die Entscheidungen über die Einnahmen und Ausgaben der öffentlichen Hand dauerhaft unterlaufen oder wie eine Salami beschnitten werden. Die Staatsfinanzen, sagt Kirchhof, werden »zur Stunde der Demokratie«, aber diese Stunde schrumpft und schrumpft – buchstäblich, wenn man an den Entscheidungs- und Zeitdruck denkt, dem die Parlamentarier inzwischen regelmäßig ausgesetzt werden – und droht zuletzt in der Kluft zwischen Noch Nicht und Nicht Mehr zu verschwinden.

Kreditwesen. Banken, die Bankrotteuren zu viel Geld geliehen haben, Betrogene, die dem Hochstapler Dietmar Machhold Millionen für die falsche Stradivari gezahlt haben, schweigen, solange es geht. Sie sagen sich:»Credo, ergo sum.« Das ist ein Mitmachen, begleitet von Noch-nicht-oder-nicht-mehr-Wahrhaben. (Süddeutsche Zeitung Magazin Nr. 21 vom 24.5.2013, S. 8–17: Sacha Batthyany und Mathias Ninck: *Der Geigenspieler*)

Zug um Zug. Was man nicht gleich sieht: *Jedem* Tausch, nicht erst solchen Varianten, bei denen auf Zeit gespielt wird, ist die Gefahr eines Noch nicht/Nicht mehr inhärent. *Do ut des?* Ja, aber selbst bei so genannten *armlength transactions*, selbst wenn Zug um Zug getauscht wird, weiß der respektive Nehmende erst noch nicht, ob er nicht über den Tisch gezogen wird, und später ist es oft zu spät.

Overconfidence. Die Leute sind darin hartnäckig, dass sie sich mehr Urteilsvermögen zutrauen, als an der Börse zu haben ist. Wenn aber viele sich, sozusagen, in die gleiche Richtung verirren und Internet-Werte kaufen, verwandeln sie ihren Irrtum in Wahrheit: Die Aktienwerte steigen wirklich. Da sie jedoch des Irrtums als Basis ihrer Treffsicherheit nicht innewerden, gehen sie mit gestärktem Selbstbewusstsein aus der Sache hervor. Erst sehen sie *noch* keinen Grund, ihre Selbstüberhebung zu bezweifeln, dann keinen *mehr*. Erst der Börsencrash belehrt sie eines Besseren – das große Nicht Mehr. Dann aber hilft es nicht mehr.

Rattenfalle. In H.F. Jones' Biographie des Samuel Butler findet sich folgende Passage:

»Butler ging zu Mr. Seebohm essen, wo er Skertchley traf, der ihnen von einer Rattenfalle erzählte, die Mr. Taylors Kutscher erfunden hatte.

Dunketts Rattenfalle

Mr. Dunkett fand, dass seine Falle eine nach der anderen versagten, und er war so verzweifelt darüber, wie das Getreide gefressen wurde, daß er beschloß, eine Rattenfalle zu erfinden. Er begann damit, sich so genau wie möglich in die Lage der Ratte zu versetzen.

»Gibt es irgend etwas«, fragte er sich,»in das ich, wäre ich eine Ratte, so großes Vertrauen setzen muß, daß ich es nicht anzuzweifeln könnte, ohne alles in der Welt anzuzweifeln und fürderhin unfähig zu sein, mich ohne Furcht in irgendeine Richtung zu bewegen?«

Er dachte eine Weile nach und fand keine Antwort, bis eines Nachts der Raum in hellem Glanz zu erstrahlen schien und er eine Stimme vom Himmel sagen hört:

»Kanalisationsrohre.«

Da wußte er, was er zu tun hatte. An einem gewöhnlichen Kanalisationsrohr zu zweifeln wäre dasselbe, wie aufzuhören, eine Ratte zu sein. Hier erweiterte Skertchley ein wenig und erklärte, daß im Inneren eine Feder versteckt wäre, das Rohr aber an beiden Enden offen sein müsse; wäre das Rohr an einem Ende geschlossen, würde eine Ratte natürlich nicht gerne hineingehen, denn sie könnte nicht sicher sein, wieder herauszukommen; wobei ich [Butler] unterbrach und sagte:

»Ah, genau das hat mich davon abgehalten, in die Kirche zu gehen.«

Als er [Butler] mir das erzählte, wußte ich [Jones], was in seinem Kopf vorging, und dass er, wäre er nicht in so respektabler Gesellschaft gewesen, gesagt hätte: »Genau das hat mich davon abgehalten, zu heiraten.«

Genau das hat die Zigarettenindustrie dazu bewogen, ihre Marketinganstrengungen bevorzugt an Jugendliche zu adressieren. In der Wirtschaft weiß man mit solchen Problemen auch sonst umzugehen. Dort baut man ständig Fallen, deren Ende man erst sieht, wenn es zu spät ist.

Aalreusenökonomie. (Arg-)List bei der Fallenstellerei ist keine *unique selling position* der Zigarettenindustrie. Mobilfunkanbieter, die Hersteller von Druckern und Druckerpatronen und von Staubsaugern und Filtern, Banken, die Anbieter von Kaffeefahrten und viele, viele andere verfügen über die ebenbürtige Kompetenz. Auch Versicherungen – siehe unten –, Nassrasierer, Kaffeepad-Maschinen und Kreuzfahrtschiffe sind Aalreusen.

Das Kerngeschäft der Wirtschaft ist das Noch nicht/Nicht mehr-Geschäft, spätestens John D. Rockefeller den Chinesen Öllampen geschenkt hat.

Kümmelblättchen (Three Card Monte). Man braucht, um etwas Geld zu verdienen, drei Spielkarten, sagen wir: zwei schwarze Buben und eine rote Dame, einen kniehohen Pappkarton und ein wenig Fingerfertigkeit als Geber. *Three Card Monte* geht wie das Hütchenspiel, nur mit Karten. Zu erraten ist die rote Dame, weswegen das Spiel in London, wo ich 1966 das erste und letzte Mal darauf hereinfiel, auch »Find the Lady« heißt. Man setzt, sagen wir, ein Pfund. Wer richtig getippt hat, bekommt zwei zurück. Gearbeitet wird mit ein, zwei Lockvögeln, die auf offensichtlich falsche Karten setzen, um mich zu animieren, und mit Lockspeise: Ein paar Mal lässt man mich gewinnen, um meine Gier anzufachen, und wenn ich dann richtiges Geld setze, ist die rote Lady jäh nicht mehr auffindbar. Das Prinzip lautet: Erst gibt es noch nicht genug, dann gar nichts mehr. Es ist dies ein allgemeines Prinzip des menschlichen Lebens.

Nun ein Sprung ins Jahr 1944. Wo würden die Alliierten die Invasion beginnen? Sie operierten vor dem D-Day mit Panzerattrappen in Schottland und bei Dover, Landemanövern in der Themse, gefälschten Funksprüchen und Doppelagenten, damit die Deutschen, die es *noch nicht* besser wissen konnten, auf Norwegen setzen würden, oder auf Pas-de-Calais, wo der Ärmelkanal am engsten ist – nicht auf die Normandie. Nicht auf die rote Lady.

Fallenstellerei. Fallen sind also Noch nicht/Nicht mehr-Vorkehrungen: erst noch nicht zu sehen, dann nicht mehr zu fliehen. Fallen à la Shakespeare (Hamlet, II/1, Z. 3): Der Lügenköder fängt den Wahrheitskarpfen. Die weniger gepflegte Version: das Fangeisen, das zugeschnappt und die blutige Vorderhand des Wolfes in Jean-Baptiste Oudrys Gemälde »Ein Wolf in der Falle« zerfetzt hat und sie nicht mehr loslassen wird (s. Iris Därmann: *Sterbende Tiere*).

Jean-Baptiste Oudry, Wolf in der Falle, 1732. Öl auf Leinwand, 130 x 162 cm. Staatliches Museum Schwerin. Abb. in: Oudrys Gemalte Menagerie. Porträts von exotischen Tieren im Europa des 18. Jahrhunderts, hg. von Kornelia von Berswordt-Wallrabe, München/Berlin 2008, S. 142.

List und Arglist. Das »über« in »überlisten« gilt dem Sprung über die Kluft zwischen einem Noch Nicht und einem Nicht Mehr. Noch hat der Kyklop nichts gemerkt, im nächsten Augenblick ist Odysseus schon entwischt. Der *homo oeconomicus* der modernen Institutionenökonomik aber ist, wie es heißt, »selfish with guile«, und »guile« heißt »List, Arglist«.

Hinterhalt, tief gestaffelt (Falltürspinne und Pistolenkrebs). Auch Spinnennetze sind Noch nicht/Nicht mehr-Vorkehrungen. Es gibt indes Spinnenarten, die nicht einfach Netze spinnen, sondern, nach dem Prinzip »Warum einfach, wenn's auch kompliziert geht?«, das Noch-nicht-und-noch-nicht der Entdeckung ihrer Falle durch eine ausgetüftelte Anordnung von Tarnungen vervollkommnen. So die Angehörigen der Familie der Braunen Falltürspinnen.

Sie graben *erstens* eine röhrenförmige Grube und kleiden sie mit Spinnseide aus.

Sie bauen *zweitens* einen Deckel für die Grube, den sie aus Spinnseide weben.

Sie verspinnen dabei *drittens*, im Dienste perfektionierter Camouflage, Material aus der Umgebung.

Sie verschließen *viertens* die Grube mit diesem gut getarnten Deckel.

Manchmal, *fünftens*, versehen sie ihn mit einer Art Scharnier *(sic).*

Sechstens halten sie den Deckel für die Jagd einen Spalt weit geöffnet.

Siebtens strecken sie die Vorderbeine durch den Spalt aus der Grube heraus, um

achtens Erschütterungen des Bodens, verursacht durch Beutetiere, feinfühlig wahrnehmen zu können.

Einige Arten verbessern die Wahrnehmungsmöglichkeiten *neuntens* dadurch, dass sie Signalfäden in der Umgebung der Grube anbringen, so dass Erschütterungen durch Beutetiere ins Innere »gemeldet« werden.

Sodann, *zehntens*, gibt es eine – mich deucht: besonders arbeitsscheue – Unterart, die gelernt hat, sich erst dann aus der Grube zu bequemen, wenn mindestens *zwei* nebeneinander angebrachte Signalfäden vibrieren. (Wenn es nur einer tut, wird es ein heruntergefallenes Blatt sein. Zwei künden von einem Objekt, das sich bewegt.)

Wenn nun das Beutetier nahe genug an der halbgeöffneten »Falltür« vorbeiläuft und/oder die Signalfäden ins Zittern bringt, springt die Braune Falltürspinne *elftens* aus ihrem Schlupfwinkel hervor, packt und überwältigt die Beute, schleppt sie sofort in die Röhre zurück und verspeist sie dort. Deckel auf, Spinne raus, Zugriff, Spinne rein, Deckel zu, das geschieht in einem winzigen Bruchteil einer Sekunde. Es ist mit bloßem Auge nicht wahrnehmbar. Man sieht nur: Eben war die Beute noch da, dann eine Art Zucken, und die Beute ist verschwunden. Man erschrickt schon als Zuschauer fast zu Tode. Dieses Erschrecken ereilt uns als ein *Déjà-vu*. Es ist ein paradigmatischer Fall jenes Ereilens und Ergreifens, das Canetti der Geschwindigkeit der Macht attestiert hat (s. oben, *Das Déjà-vu der Macht*, S. 117 f). Der einschlägige Anthropomorphismus würde lauten: Das ist heimtückisch. Hinterhältig. Hinter dem Noch Nicht lauert das »Halt«. Es ist kein Entkommen mehr. Wenn Ihnen das schon blitzschnell vorkommt, dann googeln Sie einmal die Videos zum Pistolenkrebs. Er sollte besser Kanonenkrebs heißen, weil er mit seinen Greifarmen einen Knall von bis zu 200 Dezibel erzeugen kann – ein Düsenjet bringt es auf 120 Dezibel. Die kleine Garnele stößt mit ihrer Knallschere einen Wasserstrahl aus, dadurch bildet sich eine dampfgefüllte Blase, die unter einem lauten Knall implodiert, begleitet von einem Lichtblitz, der Temperaturen von über 4.700 Grad Celsius erreicht. Im Zweiten Weltkrieg wurden die Sonarortungen der U-Boote davon ernsthaft gestört. Die Beutetiere, Krabben, Würmer und kleine Fische, denen sozusagen Hören und Sehen vergeht, werden durch den Druck betäubt. Das möchte man »Mit Kanonen auf Spatzen schießen« nennen.

Warum aber hören wir diesen Lärm nie? Nun, wir sind selten so tief unter Wasser, das außerdem den Knall dämpft. Da kommt einem die Frage des Bischofs Berkeley in den Sinn, ob der Baum, der im einsamen Wald umstürzt, ein Geräusch macht, wenn niemand da ist, es zu hören.

Bischof Berkleys Frage, leicht modifiziert. Georg Christoph Lichtenberg hat der Sache mit der Beobachtung ohne Beobachter noch einen weiteren Dreh gegeben und, wie man heute sagen würde, Bobachter erster und zweiter Ordnung unterschieden: »Wird man wohl vor Scham rot im Dunkeln? Dass man vor Schrecken im Dunkeln bleich wird, glaube ich, aber das erstere nicht. Denn bleich wird man seiner selbst, rot seiner selbst und anderer wegen.« Das scheint mir zweifelhaft, insofern die Anderen eine innere Instanz haben. So oder so aber, jedenfalls gilt: »Die Frage, ob Frauenzimmer im Dunkeln rot werden, ist eine sehr schwere Frage; wenigstens eine, die sich nicht bei Licht ausmachen lässt.« (Für Näheres siehe oben, Kapitel VIII.)

Was der Fall ist. Auf der Rückseite ihrer Verträge, im Kleingedruckten, im sehr, sehr klein und *blassgrau* Kleingedruckten, entsichern Versicherungen, was sie auf der Vorderseite versichern. *Allgemeine* Assekuranz, das bedeutet: die vielen besonderen Fälle sind nicht abgedeckt. Das konnten wir vorher noch nicht wissen und hinterher nicht mehr ändern.

Kunden reagieren auf diese Lage mit *moral hazard*. Ihre Moral, anfangs noch gar nicht gefragt, ist auf der Strecke geblieben.

Darauf reagieren Versicherungen, indem sie die Klauseln, die ausschließen, dass, was der Fall ist, der Versicherungsfall ist, noch strammer ziehen. Für die Versicherten gilt dann umso mehr das Prinzip: Wer andern keine Grube gräbt, fällt selbst herein. Die Folge: noch mehr *moral hazard*.

In Richard Doolings *Grab des weißen Mannes* erklärt Pete, Versicherungs-Mann, seinem Bruder Boone die Sache. Ungerechtfertigte Ansprüche werden sofort abgelehnt, gerechtfertigte Ansprüche etwas später. Die Leute versichern sich allerdings, weil sie denken, dass sie dadurch vor Katastrophen geschützt sind.

»Aber wir sind im Versicherungsgeschäft ... und ... *wissen*, dass es keinen Schutz vor Katastrophen gibt. Es ist völlig egal, was man tut – es gibt immer die Möglichkeit, dass irgendeine Katastrophe des Weges kommt und dir das Herz aus der Brust reißt und um die Ohren haut.«

»Mhmh«, sagte Boone, noch immer stirnrunzelnd.

...

»Und darum funktioniert eine Versicherung nur, solange es *keine* Katastrophe gibt«, führte sein Bruder ernsthaft aus. »Wir bieten keine Sicherheit. Wir bieten Seelenfrieden. Als Gegenleistung für seine Prämie bekommt der Kunde die Illusion, daß Geld ihn vor jeder nur denkbaren Katastrophe beschützen wird. Sobald die Prämie bezahlt ist und solange die Katastrophe sich *noch nicht* ereignet hat, darf der Kunde sich dem Wahn hingeben, daß das Geld den schrecklichen Dingen, die vielleicht passieren werden, den Stachel nehmen wird. (*Diese* Hervorh. G.O.) Dann geschieht tatsächlich etwas Schreckliches, die Illusion ist dahin, und es bleibt einem nichts anderes übrig, als sich jeden Morgen aus dem Bett zu pellen und irgendwie weiterzuleben.

...

Und darum lautet die erste Regel, die du dir merken mußt: Das Wesen einer Versicherung ist nicht, Forderungen zu erfüllen. Das Wesen einer Versicherung ist, dass man Prämien bezahlt. ...

Paß auf«, sagte Pete, »ich zeig dir mal, wie das geht.«

Er nahm das oberste Bündel zusammengehefteter Seiten.

»Aha, eine Feuerversicherung. Sieht so aus, als ob das Haus von diesem Typen abgebrannt ist. Also? Zahlen wir?«

»Ja«, sagte Boone. »Ich glaube schon. Oder nicht?«

»Doch, doch«, sagte Pete. »Wir zahlen. Manchmal. Dein Job ist es, darüber nachzudenken, wann wir *nicht* zahlen. Wir zahlen nicht für Schäden durch Abnutzung, Verschmutzung, Beschädigung durch Tiere, baulich Mängel und Veränderungen, ausgelaufenes Wasser, gefrorenes Wasser, Oberflächenwasser, Grundwasser, Vernachlässigung der Sorgfaltspflicht, vorsätzliche Zerstörung, mangelhafte Planung, Ausführung und Pflege, Erdbeben, kriegerische Handlungen und radioaktive Kontamination.«

»Das ist eine ganze Menge, wofür wir nicht zahlen«, sagte Boone.

»Stimmt«, sagte Pete und klopfte ihm auf den Rücken. ...»Wir haben hier einen Menschen, der sein verdammtes Haus hat abbrennen lassen, ohne einen Finger zu rühren ... Gepflegte Häuser brennen nicht ab. Wenn diese Pappnase Geld von uns will, wird er *beweisen* müssen, daß sein Haus nicht vernachlässigt oder verwahrlost war. Schreib ihm, daß sein Anspruch als ungerechtfertigt betrachtet wird, es sei denn, der Versicherte erklärt sich bereit, sein Haus in Augenschein nehmen zu lassen, damit festgestellt werden kann, ob das Objekt zur Zeit des Schadenseintritts ordnungsgemäß gepflegt war.«

»Moment mal«, wandte Boone ein. »Du hast gesagt, daß das Haus abgebrannt ist. Da gibt es also *nichts mehr* in Augenschein zu nehmen.«

»Genau«, sagte sein Bruder. »du wirst es schnell zu was bringen, wenn du erst mal gelernt hast, dich nur auf das Offensichtliche zu konzentrieren.«

Die Welt ist alles, was zum Fall wird.

Die Welt als Wille, die Welt als Falle. Nicht alle Fallen werden von hinterhältigen Fallenstellern gestellt. Odo Marquard, unermüdlicher Apologet des Zufälligen, hat einmal die Frage »Wie kam ich zur Philosophie?« so beantwortet:

>»Zufällig: Sie stieß mir zu. Ich kam in die Philosophie wie die Wespe in die Cola-Flasche: weil ich intellektuell naschhaft bin und die Philosophie süß zu sein schien ...«

Dass diese Cola-Flasche zumindest eine der Anforderungen erfüllt, die man an wohlgebaute Fallen stellen muss, nämlich: dass wir blindlings hineintappen, sieht man an Marquards Fortsetzung:

>»... und weil, als ich merkte, dass sie ernst und gefährlich ist, es *schon zu spät* war, noch herauszukommen.«

Kann es aber Fallen ohne Fallensteller wirklich geben? Ich meine: allerdings – wir müssen bloß das Schicksal, oder mit Marquard: den Zufall, als Hinter-Halt entlarven. Mich zum Beispiel hat der Zufall in die Betriebswirtschaftslehre gelockt, wenn es in diesem Fall auch nicht intellektuelle Naschhaftigkeit war, die mich an die Brust *dieser alma mater* trieb. Die Betriebswirtschaftslehre ist nicht süß, aber nahrhaft. Wie Haferschleim.

Fehler. »Fehler werden am Anfang gemacht und sind dann kaum noch zu korrigieren«, schreibt Frank Stauss in der Süddeutschen Zeitung (Nr. 228 vom 2./3.10.2013, S. 2) über den Bundestagswahlkampf der SPD und Peer Steinbrücks 2013. In der Tat: Wenn einem Fehler *unterlaufen,* weiß man, während man sie »macht«, noch nicht, dass es Fehler sind. Steinbrück lernte es, wenn überhaupt, erst an seinem Scheitern. Genauer müsste man sagen: Erst das Scheitern *machte* seine Fehler zu Fehlern – nachträglich.

Hindsight bias. Vom Rathaus kommend, sind wir allemal klüger. Dann unterlaufen uns, wie es im Theoriejargon heißt, Rückschaufehler. Heinz Nixdorf soll in den achtziger Jahren einen unterschriftsreifen Vertrag mit Apple zur Produktion von »Tischcomputern« mit der Begründung vom Tisch gewischt haben: »Wir bauen Lastwagen, keine Mopeds.« Ein Fehler? Nur im Rückblick. »Hindsight bias« bedeutet: Erst kann man es nicht besser wissen, dann sich nicht mehr vorstellen, dass man es erst noch nicht besser wissen konnte. (Näheres in: »I Knew It Would Happen: Remembered Probabilities of Once Future Things« von Baruch Fischhoff und Ruth Beyth.)

Fall, Zufall, Falle (Das Erdbeben von Chili). Den Fall des Erdbebens von Chili, eine wahrhaft unerhörte Begebenheit, in deren Verlauf es zum Einsturz nicht nur von Häusern, sondern auch von Gewissheiten kommt, nimmt Heinrich von Kleist als Paradigma für die Rolle des Zufalls. Darunter versteht er »ein irreguläres Zusammenfallen von Ereignissen, die selber aus dem Zerfall von Regeln resultieren« (Werner Hamacher). »Wo zwei Fälle einer Regel miteinander kollidieren, wird mit der Regel zugleich auch ihr Fall unter sie suspendiert«. Bei Kleist geht es nicht um glücklichen Zufall. Bei ihm hat der Zufall »den Charakter einer *Erkenntnisfalle*«. (Diese Hervorh. G.O.) »Die Reihe *Zufall ... einstürzte ... versank ... umzufallen ... einzustürzen ... Fall ... Fall... zufällige ... Zusammenschlag ... zusammenfiel ...* bindet das Wort *Zufall* in ein verbales Netz ein«, das aus *Kontingenz, Koinzidenz* und *Kollaps,* und nun auch: *Falle,* geknüpft ist. Es ist eine Falle für alle, die an ein notwendiges Wesen glauben, »das die Naturereignisse zu ihren Gunsten planvoll lenken soll.« Theodizee? Kein *fundamentum inconcussum* mehr.

Drogenabhängigkeit I. Von Drogen abhängig zu *werden,* geschieht, weil die Gefahr erst noch nicht sichtbar, dann nicht mehr abwendbar ist.

Von Drogen abhängig zu *sein,* heißt, heute noch nicht, morgen genau deshalb umso weniger aufhören zu können.

Alkoholiker werden rückfällig, *weil* sie es geschafft haben/geschafft zu haben glauben, trocken zu werden. Die Trockenheit des Alkoholikers ist stets Noch-nicht-Rückfälligkeit. Um damit zu beginnen, muss er am

Ende sein. Um hoffen zu können, muss er jede Hoffnung fahren lassen. »Du hoffst noch? Dann besteht noch keine Hoffnung.« »Du hoffst nicht mehr?« »Nein. *Einmal Alkoholiker, immer Alkoholiker.*« Das Ende als rechter Augenblick. Bill W., Mitbegründer der Anonymen Alkoholiker, sagt, dass die Irrtümer des Alkoholikers dieselben seien wie die »Kräfte, die heute die Welt *aus ihren Fugen* reißen.« Nicht nur Drogen aber wirken wie Drogen (s. unten, S. 46 f, *»Fortschritt«*).

Drogenabhängigkeit II. Immer bessere Hi-Fi-, besonders Konzertanlagen und MP3-Player bringen immer lautere Töne an das eben deshalb immer taubere Ohr des geneigten Hörers. Daher braucht es: noch lautere Töne und so weiter. In Deutschland, entnehme ich der *Süddeutschen Zeitung* (Nr. 62 vom 16.3.2009, S. 16), sind, geschätzt, 15 Millionen Menschen »von einer Hörminderung betroffen«. Daher kann die zuständige Branche Leuten »in fortgeschrittenem Lebensalter« optimal eingestellte Hörgeräte verkaufen.

Trojanische Pferde. Die Konsumenten sind wie die Bewohner von Troja. Sie holen *selbst* das Pferd – die Droge – in die Stadt: in den eigenen Körper.

Gesunde Entwicklung. Die medizinische Forschung und prädikative Gentests haben solche Fortschritte gemacht, dass es bald keine Gesunden mehr gibt, sondern nur noch Kranke und Noch-nicht-Kranke.

Gerätemedizin. In den Fortschritt namens Gerätemedizin ist vielleicht der einzelne Arzt und ist die Gesellschaft hineingeschliddert. Nun müssen sich die Investitionen rechnen. Diese Konsequenz hat man zuerst noch nicht gesehen (oder: eingeräumt), und nun ist da nichts mehr zu machen.

Pharmaindustrie. Das Motto der Pharmaindustrie lautet: »Indication follows innovation.« Kein Problem, die noch nicht existierende Krankheit zu konstruieren, zu indizieren und sodann zu »heilen«.

Immergrüne Patente. Um sich gegen – ungleich billigere – Generika zu schützen, bemüht sich die Pharmaindustrie oft und mit guten Erfolgen um Verlängerung des Patentschutzes, mangels echter Innovationen gerne auch mittels minimaler Veränderungen am zuvor patentierten Wirkstoff. Der Patentschutz, der eben noch auszulaufen drohte, tat es dann nicht mehr. Derlei heißt in der Branche »evergreening«. Man beachte das Wörtchen »ever«. Siehe auch oben, *»Das Schiff des Theseus«* (S. 81).

Beipackzettel. Die Listen der Risiken und Nebenwirkungen sind so lang, die Schreckensszenarien möglicher Risiken und Nebenwirkungen so entsetzlich, dass ich es inzwischen vorziehe, sie nicht mehr zu lesen.

Knappheit I. Knappheit heißt für den gemeinen Ökonomen: Von einem Gut gibt es noch nicht genug – noch nicht, aber bald, denn der Markt wird für die Erhöhung des Angebots, also für die Beseitigung der Knappheit sorgen. Das kommt vor. Tatkräftig aber sind die Unternehmen bemüht, jene Knappheit zu erzeugen, der abzuhelfen sie sich anheischig machen. Dann gibt es erst noch nicht und dann nicht mehr genug Medikamente.

Steuervermeidung. Die schönsten Steuern fallen erst noch nicht, dann aber nicht mehr an – dann, wenn die Gewinne in fremde Länder, seltsame Firmen, »hybride Finanzinstrumente« und auf anonyme Konten transferiert sind und das Ganze unter einem Netz komplizierter Gesetze, verschwiegener Vertragskonstruktionen und diskreter Absprachen mit den Finanzbehörden unsichtbar geworden ist. Die Konstrukteure sind die »Big Four« der Wirtschaftsprüfung und Unternehmensberatung: PricewatcrhouseCoopers (PwC), KPMG, Ernst & Young und Deloitte, zufriedene Kunden zum Beispiel die Deutsche Bank, Disney und Amazon. Die können das Honorar für PwC etc. von den Steuern absetzen.

Legalitätsprinzip à la Luxemburg. Das treuherzige Modell lautet: Steuergesetze regeln die Steuerpflicht. Das Luxemburger Modell arbeitet anders: Die Steuerpflichtigen und ihre Helfershelfer regeln die Steuergesetze. Die regeln *dann* die Steuerpflicht.

Knappheit II. Bei der Hervorbringung von Knappheit hilft Nietzsches Gesetz vom abnehmenden Grenznutzen *des Besitzens*: »der Besitz wird *durch das Besitzen* zumeist geringer.« (Hervorh. G. O.) Erst besitze ich das niegelnagelneue Auto noch nicht, dann, spätestens nach einer Woche, ist der Lack ab. Was derart vorbereitet wird, das ist, sagt Nietzsche, der »Drang nach neuem Eigenthum«. Davon leben ganze Industrien.

Siehe auch Georg Simmel:

»So lange wir nicht in der Lage sind, die Dinge zu kaufen, wirken sie noch mit ihren ganzen, ihren Besonderheiten entsprechenden Reizen auf uns; sobald wir sie, vermöge unseres Geldbesitzes, ganz selbstverständlich auf jede Anregung hin erwerben, verblassen jene Reize nicht nur aufgrund des Besitzes und Genusses selbst, sondern auch wegen des indifferenten, ihren spezifischen Wert verlöschenden Weges zu ihrem Erwerb.« (Mit Dank an Dietmar Jazbinski)

Rückstellungen. Mit in die Bilanz eingestellten Rückstellungen, lehrte uns Herr Ludwig in Buchhaltung II, Sommersemester 1965, ist es so eine Sache: Erst braucht man sie noch nicht. Wenn man sie braucht, sind sie meistens nicht mehr da, und zwar sind sie aus eben dem Grunde weg, aus dem sie gebraucht würden. Das finden Sie langweilig? Denken Sie einmal an die Rückstellungen der Atomindustrie für die bekanntlich *sehr* langfristigen Kosten des Rückbaus und der Entsorgung . Da geht es um 17 Milliarden Euro und mehr, die eines Tages vielleicht »weg sind«. Ent-Sorgung: was für ein Wort. Es verheißt ja: Noch sind wir die Sorge nicht los, aber bald.

Ontologie des Werdens. Wie schwer es doch fällt, angesichts eines Eisenbahn-, Tankstellen-, Telefon- oder Computernetzes sich zu vergegenwärtigen, dass sie nicht als Netz, noch nicht einmal als Beginn des Knüpfens eines Netzens begonnen haben. Am Anfang konnte es die Idee noch gar nicht geben, am Ende können wir uns nichts anderes mehr vorstellen.

Zufall, Abirrungen, Überraschungen, Kurswechsel, Scheitern, Zuspitzungen und, vor allem, nachträgliches Passendmachen der Welt, dies alles zeigt Neigung, im Orkus der Geschichte zu versinken – in der Kluft zwischen den Modalitäten des Gewordenen, sofern es in Begriffen des Seienden gefasst wird: noch nicht zu sein und, im nächsten Augenblick, nicht mehr anders vorstellbar zu sein, weil es nun ist.

Path dependence. Die QWERTY-Tastatur der Schreibmaschinen und Computer oder eine andere; diese oder jene Spurbreite von Eisenbahnen; zentrale Energieversorgung durch Kraftwerke oder dezentrale Generatoren für jeden Haushalt; Atomkraftwerke: Ja oder nein? Das weiß man erst noch nicht, aber später ist es nicht mehr (leicht) zu ändern. (Paul David)

Sudden closure. Die realisierte Möglichkeit hört auf, eine Möglichkeit zu sein – sie ist ja Wirklichkeit geworden. Bei dieser Gelegenheit verschwinden viele Alternativen in der Spalte zwischen Noch Nicht und Nicht Mehr. Wie die Welt aussähe, wäre eine andere Möglichkeit realisiert worden, konnten wir vorher noch nicht wissen und werden wir nun nie mehr erfahren. Das ist ein Pfahl im Fleische nicht nur, aber besonders der Ökonomen, die es andauernd mit solchen Problemen zu tun haben: Wie hätte sich das Bruttosozialprodukt der USA ohne die Erfindung der Eisenbahn entwickelt? Was würden Instantkameras kosten, gäbe es Wettbewerb anstelle des Polaroid-Monopols? Was wäre der Preis für Zigaretten, Benzin, Automobile, würde die Tabak-, Mineralöl-, Kraftfahrzeugsteuer erhöht? Was, wenn der Markt für Versicherungen, Speditionen, Banken, Telekommunikation in Deutschland frei zugänglich wäre für ausländische Wettbewerber? Hätten wir Vollbeschäftigung, wenn die Löhne niedriger wären? Viele Ökonomen neigen dazu, Probleme wie diese mittels scheinbar plausibler Gedankenexperimente vom Sudden-Closure-Typ anzugehen: Was wäre geschehen, wenn die Eisenbahnen in den USA 1890 stillgelegt worden wären? Was, wenn wir heute den Flugverkehr verbieten würden? Was, wenn wir die Mineralölsteuer auf einen Schlag um 300% erhöhen würden? Im Lichte von Sudden-Closure-Modellen erscheinen die Effekte der Realisierung von Alternativen dramatisch, das je gegebene als essentiell: Es geht nicht mehr ohne Eisenbahnen, Flugzeuge und billiges Benzin. Aber ohne Eisenbahnen, Flugzeuge und billiges Benzin lebten wir in einer anderen Welt, in einer Welt, in der es sich ohne Eisenbahnen, Flugzeuge und billiges Benzin womöglich ganz gut leben ließe. Der Trick liegt in der Plötzlichkeit. *Plötzlich* geht es tatsächlich heute noch nicht und eben deshalb morgen nicht mehr – morgen erst recht nicht mehr, weil unsere Abhängigkeit von Eisenbahnen, Flugzeugen und billiges Benzin noch gestiegen sein wird. (Donald McCloskey)

Allmählichkeit. Allmählichkeit ist das Gegengift wider die vorauseilende gedankliche Versenkung unserer Möglichkeiten in den Spalten zwischen Noch Nicht und Nicht Mehr – statt *sudden closure* die allmähliche Eröffnung möglicher Welten.

Masterplan. Das Gegenstück zu dem Wunsch nach unverzüglicher Verbesserung der Verhältnisse ist die Idee langfristiger Planung. Sie indes ist in großer Gefahr, sich der Unerträglichkeit des Noch Nicht nur auf inverse Weise zu entwinden: statt im *sudden-closure*-Modus, also durch Verleugnung der Beharrlichkeit des *status quo*, diesmal durch Verleugnung der Unerkennbarkeit der Zukunft. Auch Masterpläne haben es an sich, erst noch nicht und dann nicht mehr zu funktionieren und die Fenster derjenigen Möglichkeiten, die sich erst *unterwegs* auftun, zu früh zu verschließen und zu lange verschlossen zu halten. Auch dafür ist die Remedur Allmählichkeit: die allmähliche Verfertigung der Ideen im Handeln.

Beweislast. Das deutsche Betriebsverfassungsgesetz (§ 90, 91) schreibt vor, dass bei Änderungen von Arbeitsplätzen, Arbeitsaufgaben und Arbeitsumgebung die »gesicherten arbeitswissenschaftlichen Erkenntnisse« über die menschengerechte Gestaltung der Arbeit zu berücksichtigen sind. Das ist schön, aber was, solange es – noch – keine solchen Erkenntnisse gibt? Dann müssen sie noch nicht berücksichtigt werden. Staublungen in Bergwerken, Leukämien in Atomkraftwerken, Karzinome bei der Produktion von Lindan und *agent orange* – wie können nen darüber gesicherte arbeitswissenschaftliche Erkenntnisse vorliegen?

Zunächst ja noch nicht. Später aber tröstet es den Bergarbeiter und seine Kollegen nicht mehr. Denn seine Gesundheit ist »inzwischen« dahin. Inzwischen, das suggeriert eine Zwischenzeit. Es ist aber die Zeitfalte zwischen »Noch nicht« und »Nicht mehr«, in der hier der Arbeitsschutz verschwunden ist.

Positionale Güter. Ein Open-Air-Konzert am Rhein, Tracy Chapman singt, die Sonne scheint auf den Tanzbrunnen in Köln. Es ist warm, alle sitzen auf der Erde, alle sind es zufrieden. Dann aber stehen vorne einige auf, um besser sehen zu können. Zeitfalte heißt: Zeitgleich, aber zunächst noch unsichtbar, beginnt der Prozess der Zerstörung der Bedingungen der Möglichkeit, besser zu sehen, in diesem Falle eine Sequenz, ein negativer Dominoeffekt, bei dem einer nach dem anderen aufstehen muss, um wieder genauso gut sehen zu können wie zuvor. In der Ökonomie nennt man Güter, deren Wert derart von ihrer relativen Position zu anderen abhängt, positionale Güter (Fred Hirsch): das Eigenheim in der edlen Gegend, die begehrt ist, weil sie edel ist, edel aber, weil sie begehrt ist – und weil nicht Hinz und Kunz dahinkönnen; die bessere Ausbildung, die meine Arbeitsmarktchancen steigern sollen, die aber nur relativ zum Niveau der anderen besser ist et cetera. Auch am Arbeitsmarkt aber gilt: Wenn alle auf den Zehenspitzen stehen, kann niemand besser sehen. Die Bildungs- und Arbeitsanstrengungen des einzelnen produzieren und destruieren zugleich die besseren Arbeitsmarktchancen, wenn sich alle danach strecken. Das verleugnen die meisten Arbeitsmarktpolitiker. Das alte Bildungsniveau beschert den Arbeitsplatz noch nicht, das neue nicht mehr.*

Stehende Ovationen. Politikern, die derlei zu verleugnen pflegen, werden gelegentlich, wenn auch seltener und seltener, stehende Ovationen bereitet. Wie tröstlich anzunehmen, dass deren Genese eben jener umgekehrten Domino-Logik folgte; dass es nicht Begeisterung ist, die sich darin ausdrückt, sondern der Wunsch, dem Blick auf die Rockschöße des Vordermanns zu entrinnen.

Zu spät. Der erste Theoretiker der positionalen Güter war Georg Christoph Lichtenberg. »Wo alle Leute so früh als möglich kommen wollen,« schreibt er in den *Sudelbüchern,* »da muss notwendig bei weitem der größere Teil zu spät kommen.«

Werbung, verstärkt. Werbung wird so lange verstärkt, bis sie nicht mehr wirkt. Nun flüchtet sie in Camouflage – in Event-Marketing, *Celebrity-Placement e tutti quanti.*

---

* Entnommen aus: G. Ortmann: Kunst des Entscheidens, Weilerswist 2011, S. 150.

Fixe Kosten. Eugen Schmalenbach, der Begründer der Betriebswirtschaftlehre und einer der wenigen Ökonomen, die früh die Weltwirtschaftskrise voraussahen, hatte eine einfache Krisentheorie. Hohe Fixkosten – man denke an Stahlöfen, deren Kosten nicht sinken, wenn die Auslastung zurückgeht – waren für ihn die Wurzel des Übels. Die Stahlindustrie litt in den zwanziger Jahren unter Überkapazitäten (das ist heute noch so). Orthodox-ökonomisch »normale« Folge: Die Preise verfallen, die schlechtesten Maschinen, Fabriken, Anbieter arbeiten nicht länger rentabel, werden stillgelegt oder geschlossen, und ein neues Gleichgewicht zwischen Angebot und Nachfrage, bei derart reduzierter Produktion und stabilisierten Preisen, stellt sich ein. Bei sehr hohen Fixkosten indes funktioniert das nicht, eben weil die fixen Kosten ja bleiben. Das nennt man im Fachjargon Remanenz der fixen Kosten. Zwar wird der Nachfragekuchen klein und kleiner, aber *ich* reagiere darauf und auf den Preisverfall mit *Steigerung* der Produktion. So erhalte ich eine bessere Auslastung und komme in den Genuss der resultierenden Stückkostendegression. Die hohen Fixkosten verteilen sich auf mehr Tonnen Stahl. Die Tonne kann günstiger angeboten werden, und ich kann mir aus dem zwar schrumpfenden Kuchen ein größeres Stück sichern.

Leider sind auch die Konkurrenten nicht auf der Brennsuppe daher geschwommen gekommen. Sie machen es genauso. Alle zusammen gießen sie, wie Schmalenbach es formuliert hat, Öl ins Feuer der Krise. Das resultierende Nicht Mehr eines Gleichgewichts pflegt dann in Kartelle zu münden, heutzutage zum Beispiel ins berüchtigte Schienenkartell.

Asymptotische Annäherung? Der Idee der Chancengleichheit haftet etwas Paradoxales an, weil das Streben nach Gleichheit im Maße seines Erfolges den Maßstab verändert, an dem Ungleichheit gemessen wird. Man fühlt sich an Zenons Paradoxien erinnert. Aristoteles hat noch die Sklaverei für naturgemäß erklärt. Heute bereitet die Diskriminierung von Rauchern und Dickleibigen Sorge.

Rattenrennen. Die Ökonomie der Superstars, in die Fußballvereine, Sponsoren, Fernsehsender, Filmproduzenten und andere immer mehr Geld investieren, gehorcht der Logik von Rattenrennen. Jedes Mal winken starke Anreize. Das indes muss für die meisten unglücklich enden, erzeugt aber eine Jackpot-Mentalität. Die Leute flüchten aus »Normalberufen« dahin, wo solche besonderen Anreize wirken. Sie wollen Model, Primaballerina, Tennishero, Filmstar, Führungskraft, Staranwältin, Investmentbanker werden statt Ingenieurin, Bäcker oder Kindergärtnerin, und schrecken vor kostspieligen und gefährlichen Überholmanövern nicht zurück – vor plastischer Chirurgie, Doping, dem Ruin der Gesundheit, der Zerstörung der Familie, ultrateuren Schulen und Beratern etc. Indes: Bevor sie das alles tun, stehen ihre Chancen noch nicht besser, danach nicht mehr. Jeder einmal für fünfzehn Minuten berühmt, nicht einmal das kann funktionieren: Ruhm ist ein positionales Gut. Den meisten winkt er erst noch nicht und dann nicht mehr.

Soziales Dilemma. Das Richtige tun? Noch nicht, solange die Anderen es nicht auch tun, denn so lange sind die Ehrlichen ja die Dummen. So halten es auch jene Anderen. Dann ist bald kein Halten mehr.

Fundamentum inconcussum? Schlussbild: Am äußersten Rand einer frei im Raum schwebenden Platte (die wir, versteht sich, als Metapher für den schwankenden Grund nehmen dürfen, der uns *vielleicht* trägt) steht ein Mann – ein einziger Mann – und blickt auf das Objekt seiner Begierde, eine geheimnisvolle Kiste am gegenüber liegenden Rand. Auch nur ein Schritt auf diese Kiste zu würde bewirken, dass die Platte aus der Horizontale – ihrer prekären Balance – geriete und sich so neigte, dass die Kiste über den Rand rutschen und in den Abgrund stürzen würde. Die Platte: eben noch sicherer Grund, nun womöglich abschüssige Bahn. Schiefe Ebene. *Slippery slope.*

Das ist die letzte Szene aus dem Film »Balance«, der Christoph und Wolfgang Lauenstein 1990 den Oscar als bester animierter Kurzfilm eingebracht hat. Die Sache beginnt mit fünf Männern, die, mit teleskopartigen Angeln bewaffnet, offenbar vom Rand der Platte aus wie von einem Boot oder Floß aus auf Fischfang gehen wollen. Früh lernen die Männer (und die Zuschauer): Die Platte neigt sich, unter lautem Knarren, in Abhängigkeit von der Gewichtsverteilung, für welche die Männer durch die Schritte, die sie ergreifen, *nolens volens* selbst sorgen. Die geheimnisvolle Kiste – eine Schatztruhe? Man kann sie aufziehen wie eine Spieluhr, dann spielt sie blecherne Musik, aber vielleicht ist es ja die Büchse der Pandora? – ist der Fang eines der Angelnden. Sie erregt sogleich die Neugier und dass Begehren aller – und stört das empfindliche Gleichgewicht der Platte. Die Truhe rutscht auf schiefer Ebene hin und her (Still 1), und die Männer müssen hastige Schritte tun, um das Gleichgewicht zu wahren. Noch hat keiner von ihnen die Kiste an sich gebracht. Bald beginnt eine Art Wetteifern um die Kiste, dann Gerangel, dann heftiges Geschubse, immer dichter am Rande des Abgrunds. Einen nach dem anderen erwischt es, gestürzt oder gestoßen. (Still 2)

Als ein Verbliebener auf der Kiste sitzend bis an den Rand der Platte schliddert, droht auch ihm Absturzgefahr, und er muss sich beeilen, an den gegengesetzten Rand zu kommen. Dort hängt, über dem Abgrund sich mit letzter Kraft an den Plattenrand klammernd, der Vorletzte, den der Letzte mit nonchalantem Fußtritt in den Orkus befördert. Nun steht

Balance, Still 1

Balance, Still 2

dieser am einen, die Kiste aber am entgegengesetzten Rand seiner Welt. Das also ist das Schlussbild (Still 3). Die Kiste kann er endgültig nicht mehr erlangen. Was darin war, werden wir nie erfahren.

Balance, Still 3

Seit Descartes uns mit seinem radikalen Zweifel den Boden der Erkenntnis unter den Füßen weggezogen und uns ein neues unerschüttertes (*inconcussum*) Fundament beschert hat, nämlich eben jenen Zweifel als den unbezweifelbaren Grund des »cogito ergo sum«, ist, in der Erkenntnistheorie, aber auch in der Praxis, das Beben* nicht mehr zum Stillstand gekommen. Zwar setzte Descartes auf ein Nicht Mehr des erkenntniskritischen Zweifelns als dessen eigene Hervorbringung: Dass ich zweifle, also denke, kann ich nicht mehr bezweifeln. Das aber hat nie so recht überzeugt, und ob wir nun die Platte der Lauensteins als Metapher für die Fundamente der Erkenntnis, für das Raumschiff Erde, für doppelte Kontingenz und »die Gesellschaft«, für den Markt, für die Politik oder für Organisationen mit ihren mikropolitischen Kämpfen nehmen: es wird unübersehbar, dass wir Menschen uns mangels festen Bodens unter den Füßen nur am eigenen Schopf aus dem Sumpf ziehen können, so, wie die fünf Männer die Balance nur – allenfalls – selbst herstellen können, selbst *und gemeinsam. Bootstrapping.*

* S. Werner Hamacher: Das Beben der Darstellung. Kleists Erdbeben in Chili, in: ders., Entferntes Verstehen. Studien zu Philosophie und Literatur von Kant bis Celan. Frankfurt a. M. 1998, Suhrkamp, S. 235–279.

Vertigo IV. »Vertigo« handelt, wie der Name sagt, von Schwindel, auch körperlichem. Das ist eine Gleichgewichtsstörung, zumal in großer Höhe. Scotties Höhenangst aber droht den Sturz, vor dem er sich fürchtet, erst herbeizuführen.

»Leiningens Kampf mit den Ameisen« – so heißt eine Novelle von Carl Stephenson, die mich als Jungen stark beeindruckt hat, und zwar (wie mir aber erst viel später klar wurde), weil sie die unmöglich scheinende Figur des *bootstrapping* enthält. Das Fundament, auf dem wir stehen und gehen, können wir, so schien mir, unmöglich selbst bauen, denn um es bauen zu können, müssen wir doch auf einem mehr oder minder festen Grund stehen und gehen, den wir also immer schon voraussetzen müssen.

So dachte auch Leiningen, der Held in Stephensons Erzählung, der in Brasilien eine Musterplantage errichtet und, wie er glaubte, gegen *alle* möglichen Gefahren mit deutscher Gründlichkeit gesichert hatte. Nun aber, »zehn Kilometer in der Länge, zwei in der Breite«: Ameisen!

Milliarden von daumenlangen, rötlich-schwarzen Insekten mit kalt glänzenden Augen und riesigen Fresswerkzeugen, die sich, wo immer sie an Blattwerk, Haut oder Fleisch kamen, mit ihren höllischen Kiefern festbissen und in kürzester Zeit die gesamte Flora und Fauna zum Fraß nahmen. Ein Pampahirsch, über und über von Ameisen bedeckt, torkelte vorbei, »ein tierähnliches schwarzes Gebilde mit unförmigem Kopf und vier zitternden, immer wieder einknickenden Füßen.... Nach sechs Minuten waren nur noch die weißglänzenden Knochen des Hirsches zu sehen.« (S. 16)

Leiningen aber war gewappnet, die Plantage von zwei ringförmigen Gräben geschützt, einem vier Meter breiten Wassergraben und einem zweiten, inneren, ausbetoniert, der bei Gefahr über Zuflussröhren mit Petroleum gefüllt werden konnte, aus großen Zisternen. Leiningen – »Das menschliche Gehirn ist stärker als die Elemente« – »sog gleichmütig an einer Zigarre«. Er hatte »alle Vorsorge getroffen«. (S. 3) Denn wie sollten die Ameisen es schaffen, übers Wasser zu gehen, oder gar über das Petroleum? Doch dann

»... mußte er sehen, wie sich ... in einer Breite von 100 Metern eine Flut von Ameisen über die Böschung hinab ergoss, ein riesiger schwarz glänzender Wasserfall, der sich mit den schmutzigen Wogen des Grabens vermengte. Bald zappelten Tausende ertrinkend in der träge dahinschleichenden Flüssigkeit – aber ihnen folgten immer neue und neue Scharen, hielten sich an den Leibern ihrer ertrinkenden Kameraden über Wasser und dienten selbst wieder als Brücke.« (S. 9f)

Das Ameisenheer erzeugte und legte *aus sich selbst heraus* jenes Fundament, auf dem es unaufhaltsam vorankam, Pioniere als Pontons nutzend (und opfernd). Noch konnte sich Leiningen mit dem »Fehlen jeder Übergangsmöglichkeit« (S. 9) beruhigen, im nächsten Augenblick schon nicht mehr. *Bootstrapping*, sich am eigenen Schopf aus dem Sumpf ziehen, das bedeutet *Selbst*begründung. Es bedeutet: Das Fundament, das erst fehlt, muss nicht mehr vorausgesetzt, es muss nicht mehr im Voraus gesetzt werden. Die Ameisen bauen ihren Weg, indem sie ihn gehen.[*] Selbstorganisation.

---

[*] Vgl. Franz Kafka: »Eine heikle Aufgabe, ein Auf-den-Fußspitzen-Gehen über einen brüchigen Balken, der als Brücke dient, nichts unter den Füßen haben, mit den Füßen erst den Boden zusammenscharren, auf dem man gehen wird, auf nichts gehen als auf seinem Spiegelbild, das man unter sich im Wasser sieht ...« (Franz Kafka: Zur Frage der Gesetze und andere Schriften aus dem Nachlass. Ges. Werke in zwölf Bänden. Nach der kritischen Ausgabe hrsg. von H.-G. Koch. Bd. 7, Frankfurt a. M. 1994, S. 138) Zum *bootsstrapping* als Fachbegriff der Komplexitätstheorie s. Stuart Kauffman: *Der Öltropfen im Wasser*, München, Zürich 1996, S. 422 f.

Postscriptum
Stephensons Novelle stammt aus dem Jahr 1937. Über 75 Jahre später
gibt es dies zu lesen:

Elastisch

Ameisenflöße mit Federung

Wenn ein Hochwasser über eine Feuerameisenkolonie hereinbricht, ver-
haken sich die Insekten zu einem Floß. Damit können sie auf dem Wasser monatelang überleben. Der Maschinenbau-Student Zhongyang Liu
und der Biologe David Hu vom Georgia Tech Research Institute zeigten
jetzt, dass diese Flöße sehr elastisch sind. Drückt man mit einer Petri-
schale auf die verknoteten Ameisenkörper, passen sie sich der neuen Situation an. Sie gehen in den Ursprungszustand zurück, sobald der Druck
wieder nachlässt. Die Ameisenflöße sind folglich viskoelastisch ... Die
Flöße nehmen damit eine Form zwischen Festkörper und Flüssigkeit ein.
Diese Elastizität ist überlebensnotwendig, da die Flöße häufig von großen Regentropfen getroffen werden. »Der Verbund, den die Feueramei-
sen bilden, ähnelt einem Fachwerk und ist so dehnbar, dass sie Kräfte
von außen aushalten können«, sagt Liu. Der spezielle Verbund der Insekten könnte zudem die Materialforschung voranbringen.

Süddeutsche Zeitung Nr. 274 vom 27.11.2013, S. 16

Unsichtbare Hand à la Kleist. Eines Abends ging Kleist, in sich gekehrt,
»durch das gewölbte Tor, sinnend zurück in die Stadt. Warum, dachte ich, sinkt wohl das Gewölbe nicht ein, da es doch keine Stütze hat?
Es steht, antwortete ich, weil alle Steine auf einmal einstürzen wollen
– ...« (Brief vom 16. November 1800 an seine Braut Wilhelmine von
Zenge). Erst scheint noch kein Halten zu sein, dann kann die Schwer-
kraft den Sturz nicht länger bewirken – nicht, weil sie nicht mehr wirkt,
sondern weil sie ein Determinantengedrängel (Odo Marquardt) anrich-
tet. Eine Variante dieser Figur findet sich bei Bernard Mandeville und
Adam Smith. Die drängelnden Eigennützigen hindern *einander* daran,
die Wohlfahrt zum Einstürzen zu bringen.

Marktgläubige mögen indes bedenken: Ob das Gewölbe namens
Markt hält, hängt von der Statik ab. Für sie muss ein Baumeister Sorge tragen.

Panik. Ein Gegenstück zu Kleists Gewölbe ist die Panik, sei es an der
Börse, sei es bei Feuer im Theater. Die Leute kommen nicht mehr hinaus, weil alle auf einmal hinauswollen.

High Fidelity. Größere Pflüge pflügen tiefer und schneller, sind aber auch
schwerer und brauchen daher stärkere Traktoren. Stärkere Traktoren
sind ihrerseits schwerer, pressen daher den Boden fester zusammen, und

zwar bis in den Unterboden, der daher mittels eines noch größeren und schwereren Pflugs beackert werden muss, der noch tiefer pflügt, und sofort ad infinitum. *Genug* ist es erst noch nicht, dann nicht mehr. HiFi-Anlagen bestehen aus Tuner, Verstärker, Boxen und Recorder. Auch die Qualität dieser Komponenten reicht niemals aus. Ich hatte einen Freund, dessen Wohnzimmer sich in einem von Ferne an Kafkas »Verwandlung« gemahnenden Prozess mit immer größeren, leistungsstärkeren Geräten auffüllte, weil noch jedes Mal die Boxen dem Leistungsvermögen des Verstärkers, der Verstärker dem des Tuners, der Tuner dem des Recorders und schließlich der Recorder dem der Boxen nicht genügten. (s. auch »*Drogenabhängigkeit II*«, oben, S. 188).

Industrielle Reservearmee. Die Verausgabung von Arbeitskraft unter der Drohung von Arbeitslosigkeit gehorcht der Logik des Rattenrennens, insofern es Moment eines Verteilungskampfes ist: insofern der zu verteilende Kuchen »Beschäftigung« dadurch nicht vergrößert wird. Daher kann es über Jahrzehnte hinweg heißen: die Lohnzurückhaltung, die Rationalisierung, die Intensivierung der Arbeit genügt *noch* nicht. Sie genügt immerzu noch nicht, weil sie im nächsten Augenblick nicht mehr genügt, und dieses Nicht Mehr wird augenblicklich zum neuen Noch Nicht.

Am Rand. Der Mainstream der ökonomischen Theorie thematisiert Wettbewerb als schöpferischen Prozess und Rattenrennen als Randerscheinung. Nichts indes hindert uns, Konkurrenz als Rattenrennen zu beschreiben, das unvermeidlich an seinem Rande Kreationen und Produktionen zeitigt.

Die Entdeckung der Seide. Francis Bacon, schreibt Roland Barthes, habe daran erinnert, »dass die großen Erfindungen nicht aus einer Vervollkommnung der bekannten Dinge hervorgehen, sondern aus einer Mutation, etwas Unerhörtem, Andersartigem.« Für die Grenzen der Vervollkommnung hat Henry Ford ein Beispiel gegeben: »Wenn ich die Leute gefragt habe, was sie Neues wollen, haben sie gesagt: schnellere Pferde.«

Als Beispiel für ein Unerhörtes zitiert Barthes Bacon selbst: »Hätte ... jemand vor der Entdeckung der Seide gesagt, man habe eine Art Faden entdeckt, der zu Kleidern und anderen Gebrauchsgegenständen tauglich sei, darüber aber den leinernen und wollenen Faden an Feinheit und Festigkeit wie auch an Glanz und Weichheit überträfe, die Menschen hätten sogleich an irgendeine Pflanzenfaser, an das viel feinere Haar eines Tieres oder an die Federn und den Flaum der Vögel gedacht, aber auf das Gewebe eines kleinen Wurmes, das sich jährlich in solcher Menge neu bildet, wäre gewiß niemand gekommen.«

Barthes führt diesen Fall als Beispiel für eine Eingebung und für den *kairós* an, den energiegeladenen Augenblick. Neues aber, auch Seide, kommt erst in die Welt, wenn diese Eingebung in der Erinnerung und in der Praxis festgehalten, erprobt, wiederholt und im Zuge der Wiederholung modifiziert wird. Als bloße Eingebung ist es noch nicht Innovation (sondern bloß aufblitzender und verlöschender Kometenschweif), als Erinnertes, Festgehaltenes und Praktiziertes nicht mehr identisch mit dem ersten Ein-Fall.

Schlechte Nachrichten. SPIEGEL-Leser Dr. M. G. Koch in einem Leserbrief an den »SPIEGEL« Nr. 1, 46 (1992) vom 30.12.1991, S. 12, zum Thema AIDS, frühzeitige Warnungen davor und die Reaktionen darauf: »In klassischer Reinheit kann man studieren, wie eine schlechte Nachricht aufgenommen wird. Erst: ›Das ist nicht wahr.‹ Wenn dann bewiesen: ›Es mag ja wahr sein, aber es ist nicht wichtig.‹ Wenn später das Fazit vorliegt: ›Es mag ja wichtig sein, aber das ist doch nicht neu ...‹« In den Zeitspalten dazwischen entfällt, soll entfallen, die Notwendigkeit zu handeln.

Alter Wein. Dieser Umgang mit Neuem empfiehlt sich auch für wissenschaftliche Innovationen. Das ist nicht wahr – Das ist nicht wichtig – Das ist nicht neu: in diesem Dreischritt wird die Innovation in den Orkus der Zeitspalte abgesenkt. Altbacken. Alter Wein in neuen Schläuchen. Das Rad nicht noch einmal erfinden. Nichts Neues unter der Sonne. Nicht mehr.

Nil novi sub sole. »Im Kultus des Neuen«, sagt Adorno, »und damit in der Idee Moderne wird dagegen rebelliert, dass es nichts Neues mehr gebe.« Was Wunder, dass sich darunter ein Kultus des Alten regt, in dem dagegen rebelliert wird, dass es ständig Neues gebe – Neues, dessen Antlitz von Anfang an die Spuren allzu raschen Alterns trägt.

Schlangestehen. Die Schlangen an den Schaltern, an Theaterkassen, vor der Mensa, am Bibliotheksschalter und im Supermarkt sind in den letzten Jahrzehnten bemerkenswert konstant geblieben. Sollte aber nicht alles schneller gehen, wenn erst die Computertechnik...? Womöglich aber haben dieselben Computer, die helfen sollten, die Schlangen zu verkürzen, auch geholfen, das Personal an den Schaltern zu optimieren, und es dabei zu einem geheimnisvollen Gleichgewicht gebracht, in dem nur eines konstant bleibt: die Schlangen an den Schaltern?

Ignorance of ignorance. Das Ideal des Ökonomen ist vollkommene Information. Bevor wir es dazu gebracht haben, können wir das Optimum noch nicht erzielen.

Wenn wir es dazu gebracht hätten, sagt Albert Hirschman, könnten wir überhaupt nicht mehr handeln. Denn das vollkommene Wissen über all die dräuende Mühsal und Beschwernis auf unseren Wegen würde uns augenblicklich lähmen. Unwissenheit ist eine schützende Hand.

Wie sich seine Romane entwickeln, beschreibt Javier Marías so: »Ich muss mich vorantasten, und nichts würde mich mehr langweilen und abschrecken als von vornherein, zu Beginn eines Romans, genau zu wissen, wie dieser sein wird«. Und das sollte mit dem Buch des Lebens anders sein?

Am Anfang kennen wir es zum Glück noch nicht. Und dass es am Ende nicht mehr so aussieht, als hätte es anders kommen können, ist nichts als ein Taschenspielertrick der Illusionskünstler der Ökonomie, die es lieben abzuwarten, wie es kommt, um uns dann zu erklären, dass es so kommen musste, weil die ökonomische Vernunft es gebot. Auch dafür bietet Marías' Buchproduktion das Nötige: »Wenn das Buch abgeschlossen ist – das heißt, wenn die Erfindung abgeschlossen ist, wenn das Buch auf eine bestimmte Weise *ist*, die durch die Veröffentlichung unabänderlich wird –, scheint es unmöglich, dass es anders hätte sein können.« Zu erklären, dass und warum es *nicht* hätte anders sein können, ist diesmal das Geschäft der Literaturkritik.

Vollkommene Information (I). Wenn der Ökonom »vollkommene Information« sagt, meint er in Wirklichkeit eine recht beschränkte, in ihrer Beschränktheit aber durchaus *nicht* spezifizierte Informationsbasis von Entscheidungsträgern, die für die zu treffende Entscheidung »alles Nötige« wissen. Was aber alles nötig ist, das eben weiß man vor der Entscheidung noch nicht, und hinterher ist es zu spät. Der Begriff »vollkommene Information«, dieser Exorzismus der Ungewissheit, verdeckt daher nur recht und schlecht die Paradoxie des Suchens. Sein Sinn ist die Etablierung eines kontrafaktischen Ideals, das uns mit seiner Unerreichbarkeit versöhnen soll. Die modernen Krücken dieses Exorzismus heißen: Kenntnis der Erwartungswahrscheinlichkeiten und Maximierung des Erwartungsnutzens. Damit bleibt es beim finalen Gestus der Theorie, beim Versuch der endgültigen Verbannung der Ungewissheit; beim Versuch der Verleugnung des »Noch Nicht« – im Augenblick der Entscheidung wissen wir noch nicht alles Nötige – *und* des »Nicht Mehr« – nach der Entscheidung herrscht »uncertainty of the past.«

Vollkommene Information (II). Allwissenheit ist kein kontrafaktisches Ideal, sondern eine Denkunmöglichkeit. Drei komplementäre Bilder schweben mir vor. Das erste ist Oskar Negts und Alexander Kluges Bild von einem weißen Blatt Papier, auf das, nach und nach, alle Buchstaben, alle Sätze, alle Texte dieser Welt übereinander geschrieben werden, und das am Ende schwarz geworden sein wird. Erst können wir noch nichts, dann nicht mehr alles, schließlich alles nicht mehr lesen. Mit Bateson (Geist und Natur, 255) ließe sich, unter leichtem Wechsel der Metapher, resignierend oder vielmehr tröstend sagen: Wir sind endlich. »Die Tafel, auf der sich alle Informationen sammeln, muss abgewischt werden, und die schöne Schrift darauf muss sich in zufälligen Kreidestaub verflüchtigen.« Das besorgt der Tod.

Man mag einwenden: Kunststück, bei dieser Metaphorik der Druckerschwärze oder Kreide. Wenn ich das »Alles-Wissenkönnen«, das »Alles-Sehenkönnen« denken will, müsse ich mir zweitens die Dinge *durchsichtig* vorstellen, derart, dass ich den Buchstaben hinter dem Buchstaben, das Haus hinter dem Haus, das Blut unter der Haut sehen kann. Wenn aber alles vollkommen durchsichtig ist, sehe ich nichts mehr: eben noch, bei Negt und Kluge, alles schwarz, nun überhaupt nichts mehr.

Immer noch mag stören, dass Wissen hier in der Metaphorik des Sehens vorgestellt ist. Handelt es sich nicht aber um Sehen im übertragenen Sinne, nämlich um das Erfassen der Dinge aus allen Perspektiven in ihrer Komplexität? Auch das indes führt, drittens, nicht weiter als in Boninis Paradox: je realistischer und detaillierter die Karte der Welt, desto näher kommt sie der Unübersichtlichkeit, Unverständlichkeit und Unbeschreibbarkeit der Realität. Noch weiß ich nicht alles. Dann immer mehr. Bald gar nichts mehr.

Vollkommene Information III. Seit die Ökonomen ernstlich in Rechnung stellen, dass wir jedenfalls in die Zukunft nicht blicken können, beeilen sie sich, das Noch-nicht-möglich ohne Verzug durch ein Nicht-mehr-nötig abzulösen: durch das Konzept der Erwartung. Wir *wissen* zwar nicht, aber wir *erwarten* die Nutzen, um die es uns zu tun ist. Das indes, was wir Erfahrung nennen – »das Dementi der Erwartung durch das Veto einer Realität« (Odo Marquard) – hat darin, wie sich an Bankenskandalen in Frankfurt, Berlin, Hamburg oder New York studieren lässt, kaum noch Platz. »Die Menschen verwandeln sich zu erfahrungslosen Erwartern.«

Sichvorweg. Sorge, Scheu und Vorsicht gelten dem Augenblick, der vermieden werden *soll*. Das primäre Moment der Sorge, sagt Heidegger, ist das »Sichvorweg«.

Selbstbindung I. Selbstbindung heißt zu sagen: »Heute will ich der Verführung noch nicht nachgeben, aber vielleicht morgen. Daher treffe ich, wie Odysseus vor den Sirenen, heute Vorkehrungen dafür, dass ich es morgen nicht mehr kann.« *Diese* Vorsorge ist buchstäblich ein *Sich*vorweg. Sie ist ein weiterer Fall *absichtlichen* Versäumens, nämlich des *Vermeidens* eines *befürchteten, aber selbstbescherten* Augenblicks. Friedrich von Hayek hat es, mit Blick auf Verfassungen, so gesagt: »a constitution is a tie imposed by Peter when sober on Peter when drunk.«

Selbstbindung, verkehrt. Der Faustische Pakt ist das Negativ solcher Selbstbindung. Auch Peter Schlehmihl sagt sich: »Heute will ich der Verführung sogleich nachgeben – das Drüben kann mich wenig kümmern«. »Peter when sober« bindet »Peter when *dead*«.

Selbstbindung II (»Haushaltsklippe«). Die Mutter aller Selbstbindungen ist der *Budget Control Act* der USA von 2011. »Wir wissen heute schon, dass wir morgen zuviel neue Schulden werden machen wollen, also sorgen wir heute mittels *Fiscal Cliff* dafür, dass wir es morgen nicht mehr können.« Das mündet, wie inzwischen Jahr für Jahr zu sehen ist, in einen selbstbescherten Einigungszwang zwischen Kongress und Senat und vor allem zwischen Demokraten und Republikanern, dem diese, zwischen den Jahren, immer wieder noch nicht und noch nicht und noch nicht sich fügen – fast, bis es zu spät ist.

»Im Fluge treff ich, was fliegt!«: Jene Anlageberater mit den erstklassigen Ratschlägen muss man mit der Frage konfrontieren: »If you're so smart, why ain't you rich?« Solange sie so smart nicht sind, *können* sie ihre goldenen Tips noch nicht geben, sobald sie es sind, *werden* sie es nicht mehr tun. Das Wall Street Journal lässt jedes Jahr vier ausgewählte Experten gegen Dart-Pfeile antreten, die von Redaktionsmitgliedern auf die Zeitungsseite mit den Wertpapiernotierungen geworfen werden. Die Notierungen der per Dart-Pfeil ermittelten und der von den Experten empfohlenen Werte werden von der Redaktion verfolgt. Seit Jahren gewinnen die Dart-Pfeile gegen die Expertentipps.

Manchmal lässt die Redaktion die Dart-Pfeile auch von Schulkindern oder Schimpansen schleudern.

Enge. »Das Bewußtsein,« sagt irgendwo Hans Blumenberg, »ist seiner Natur nach eng.« »Ach Gott,« sagt der orthodoxe Ökonom, »Raum ist in der kleinsten Hütte.«

Backward masking (Libets halbe Sekunde). Ein gewitzter Taschendieb, wenn er Ihnen das Portemonnaie aus der Tasche gezogen hat, rempelt Sie sofort danach an. Damit nutzt er, auch wenn er es nicht weiß, was Neurophysiologen »backward masking« nennen. Das Rempeln, weil stärker, »maskiert« die schwächere Berührung, wenn es nur schnell genug geht. Das kommt daher, dass leider das Bewusstsein nicht nur eng ist, sondern auch langsam. Genauer: Es ist schnell, aber nicht schnell wie der Blitz. Es braucht Zeit – laut Benjamin Libet etwa eine halbe Sekunde, bis ihm zum Beispiel dämmert, dass ein kleiner Stromstoß den Thalamus oder die Hand gezwickt hat. Diese Verzögerung wiederum ist dem Bewusstsein naturgemäß nicht bewusst. Es bildet sich ein, des Stromstoßes *instantan* innegeworden zu sein. Mehr noch: Wenn zwei schwache Stromstöße in weniger als einer halben Sekunde aufeinander folgen, fühlt es sich nicht wie zwei Stöße an, sondern wie einer, aber ein etwas stärkerer, genauer: als ob *der erste* ein etwas stärkerer sei. Libets Versuchspersonen schienen den Effekt des zweiten Stromstoßes zu erleben, bevor er ihnen zustieß – eben als ersten, der nur stärker schien. Diese Illusion resultiert aus jener Verzögerung um eine halbe Sekunde, die das Bewusstsein braucht, um zu einer bestimmten Interpretation der Welt zu kommen – *und dabei das Resultat zurückzudatieren* und so den Eindruck der Simultaneität zu erzeugen.

Allgemeine Aufregung erregte Libet aber erst mit einem anderen, dem berühmten *free will experiment*. Steuert das Bewusstsein unser Entscheiden und Handeln, oder ist auch das eine Illusion? Versuchspersonen sollten den Arm ausstrecken und von nun an auf ein Signal hin den Finger heben. Mit einigem Aufwand wurde gemessen, wann sie dazu die Absicht gefasst hatten. Ergebnis: etwa zwei Zehntelsekunden vor dem Heben des Fingers. Aber ihre Gehirnaktivitäten hatten schon eine halbe Sekunde vor der Handlung eingesetzt – drei Zehntel *vor* der Entscheidung. Bewusstseinsprozesse haben eine Noch nicht/Nicht mehr-Struktur. Es sind Prozesse der allmählichen Verfertigung von Bewusstheit im Gehirn, dieser Werkstätte der »Repräsentation«, die aber in Anführungszeichen steht, weil sie weder den wirklichen Zeitablauf noch andere Details, etwa Zahl und Stärke der Stromstöße, korrekt darstellt – und schon gar nicht präsent macht, denn das Bewusstsein kommt ja, wenn es um sein eigenes Dämmern geht, notorisch zu spät. Der Prozess der allmählichen Verfertigung, der Bewusst*werdung*, ist, während er vonstattengeht, noch nicht bewusst, denn er geht ja erst noch vonstatten, und kann eben deshalb nachträglich nicht mehr zu Bewusstsein gebracht werden.

Ist also der freie Wille, die freie Entscheidung, eine Illusion? Oder ist vielmehr diese Libet-Lesart eine Illusion, Folge eines *backward masking* eines naturwissenschaftlichen Bewusstseins, das, elektrisiert von Libets Stromstößen, der Anstöße für die eigene Entscheidung zum Determinismus nicht mehr gewahr ist?

Vollkommene Information (IV). Auf vollkommenen Märkten sind alle vollkommen informiert. Das führte, wenn es denn denkbar wäre, entweder zu einer perfekten wechselseitigen Blockade der jeweiligen Konkurrenten oder zu einer Welt, in der den Handelnden nur noch abzuwickeln bliebe, was ohnehin geschieht und geschehen wird, und was sie ja ohnehin kennen. Es führt, zu Ende gedacht, zum Ineinsfallen dieser komplementären Unmöglichkeiten. In der wirklichen Welt ist für den Ökonomen noch nichts zu machen. In seinen Idealwelten bleibt nichts mehr zu tun. Finalität ist Stillstand. Sherlock Holmes wird von seinem Gegenspieler, dem Bösewicht und Mathematikgenie Moriarty, verfolgt. Um dessen Mordpläne zu durchkreuzen, steigt Holmes in den Zug von

London nach Dover. Er weiß, dass Moriarty das weiß und ihm daher in Dover auflauern wird. Daher steigt er schon in Canterbury aus. Moriarty aber, der doch ein Genie ist, könnte wissen, dass Holmes weiß, dass Moriarty weiß ... Daher ist es vielleicht besser, doch bis Dover zu fahren. Wenn aber Moriarty weiß, dass Holmes auch von diesem Wissen Moriartys weiß? Also doch Canterbury? Sie sehen das Problem. Es ist eine Art gegenseitiges *Two Card Monte*. Sir Arthur Conan Doyles Geschichte trägt den Titel »The Final Problem«. Vollkommene Information ist der Tod unserer Möglichkeiten. Philip Lahm vor der Frage »Abspielen oder Schießen?«

Arrows Informationsparadox. Dem Privatdetektiv, dem Journalisten, dem Konkurrenten des Marktführers wird eine, wie es heißt, kostbare Information angeboten. Wieviel soll er dafür zahlen? Das kann er schlecht sagen, solange er die Information nicht hat. Wenn er sie aber bekommen hat: warum sollte er dann noch zahlen?

Taking for granted. Selbstverständlichkeit ist der Feind der Aufmerksamkeit: in der Liebe wie in der Theorie. Zur Selbstverständlichkeit wird, womit wir immer rechnen können. Sobald wir immer damit rechnen können, brauchen wir nicht mehr darauf zu achten.

Die ökonomische Orthodoxie übersieht zum Beispiel die Moral wie Edgar Allen Poes entwendeten Brief.

Aufklärung II. Dass, wie Lichtenberg in den *Sudelbüchern II* bemerkt, »wir unsere Meinungen zu der Zeit sammeln, da unser Verstand am schwächsten ist, ...« ist wohl wahr. Es »verdient«, so fährt er fort, »in Absicht auf Religion in Betrachtung gezogen zu werden.« Und in Hinsicht auf Ökonomie, denn auch unsere ökonomischen Überzeugungen erwerben wir in jenen frühen Tagen. Es bedeutet, dass wir den Ausgang aus unverschuldeter Unmündigkeit nie ganz schaffen: erst nicht, weil wir noch zu jung und unsere Verstandeskräfte zu schwach, danach nicht mehr, weil sie nun von unseren Meinungen umstellt sind.

»Vertrauen ist der Anfang von allem.« Mit dem Vertrauen vorbei war es, als die Deutsche Bank mit dem Slogan warb: »Vertrauen ist der Anfang von allem.«

Kein Herz. Absolventen eines Ökonomie-Studiums belegen in der empirischen Forschung, betreffend die materialistische Orientierung der Probanden, Spitzenplätze. Die Frage ist: Verdirbt das Studium sie oder wählen besonders materialistisch eingestellte Studenten vorzugsweise das Fach Ökonomie? Antwort: Warum nicht beides? Dann wäre ihr

Idealismus ein Fall von »erst noch nicht, dann erst recht nicht mehr«. Robert H. Frank, Autor eines Buches mit dem für Ökonomen provozierenden Titel *Passions within reason* berichtet: »Someone once said of an economist friend, ›He wanted to become an accountant but didn't have enough soul.‹« (London 1988, S. 228)

Drawing by Ed Arno: © 1974 The New Yorker Magazine, Inc.

"I'd like you to meet Marty Thorndecker. He's an economist, but he's really very nice."

Quelle: Frank, Passions within reason, S. 229

In die Irre. Zwei zerstreute Professoren verlassen die Universität in Richtung Innenstadt. Jeder folgt dem anderen in der Überzeugung, der andere wisse, wie man zu dem Restaurant gelangt, in dem sie zusammen essen wollen. Tatsächlich weiß es keiner von beiden. Den Lehren der Theorie der doppelten Kontingenz zum Trotz kommen die beiden gleichwohl in Gang, folgen einer Art Flugbahn, der Fachausdruck lautet: Trajektorie, die scheinbar vom gemeinsamen Ziel bestimmt ist, obwohl sich in Wirklichkeit umgekehrt das »Ziel« erst aus der Flugbahn ergibt.

Das funktioniert selbst dann, wenn der eine von beiden dem anderen einen Schritt voraus ist. Während letzterer glaubt, »gezogen« zu werden, tut ersterer seine tastenden Schritte in dem Gefühl, »geschoben« zu werden, ein Gefühl, das sich scheinbar dadurch bestätigt, dass der

Hintermann, der ja glaubt, auf den rechten Weg geführt zu werden, keine Einwände gegen die »gewählte« Richtung erhebt.

Wie oft glauben wir – in der Politik, in der Ökonomie, im Alltag –, anderen zu folgen, die glauben, uns zu folgen? Den Anfang machend in der *Illusion*, es sei der Anfang? Erst noch nicht, dann nicht mehr zweifelnd? Ein »Ziel« erreichend, das niemand erstrebt hat?

Keynes' Spiel. Die Logik von Finanzspekulationen hat John Maynard Keynes als eine solche Logik interpretiert: als »Psychologie einer Gesellschaft von Individuen, von denen ein jedes danach strebt, die anderen nachzuahmen«. Das Spiel, mit dem er seine Theorie veranschaulicht hat, geht so: Tippen Sie für eine Gruppe von Objekten, auf welche Präferenzen die Gruppe der Spieler insgesamt durchschnittlich tippen wird, wenn jeder von ihnen dieser Regel folgt. Das scheint in eine Zirkularität und Unentscheidbarkeit zu führen, die im Prinzip derjenigen der Situationen doppelter Kontingenz gleicht. Abhilfe schaffen, auch an der Börse, Konventionen, die stabile Erwartungen und Erwartungserwartungen erlauben. Auch ohne solche Konventionen sind Aus-Wege möglich, im Sinne unintendierter Trajektorien.

Das ist ein beunruhigender Gedanke, weil er das Bild einer im Gleichschritt in den Abgrund marschierenden Gesellschaft evoziert, deren Mitglieder Zweifel erst-noch-nicht-und-dann-nicht-mehr haben.

Reputation. Reputation – sei es der Ruf, verlässlich zu sein, sei es der, solide Produkte zu verkaufen, sei es der, sich nichts gefallen zu lassen – gründet doch wohl auf Verhalten. Irritierend ist da schon, dass Verhalten seinerseits auf Reputation basiert. Schon sind wir im Strudel jener Zirkularität, die Fragen wie diese aufwirft: Wenn Verhalten die einzige Grundlage für Reputation ist, wie kann dann *erfolgreiche* Abschreckung funktionieren, die ja gerade dann erfolgreich ist, wenn es zu abschreckendem Verhalten nie kommt?

Die Antwort der Spieltheorie lautet: Der Erwerb von Reputation kann einer »Flugbahn« folgen, in der die Beteiligten einen Schritt nach dem anderen tun, Verhalten auf Reputation, Reputation auf Verhalten gründend, obwohl sie sich »eigentlich« erst mangels Reputation des anderen noch nicht verhalten, mangels Verhalten aber noch nicht Reputation zuschreiben können. Der Trick besteht darin, grundlos Reputation zu begründen, selbsttragend, so dass Zweifel erst noch nicht und dann nicht mehr *zum Tragen kommen* (und der anfängliche Mangel an Begründung nachträglich geheilt wird, was aber nichts daran ändert, dass es am Anfang ein Mangel war).

Nachträgliche Systematik. Als ich einmal ein paar *short cuts* aus der hier vorgelegten Sammlung von Noch nicht/Nicht mehr-Konstellationen einem seriösen betriebswirtschaftlichen Periodikum zur Publikation andiente, wandten zwei anonyme Gutachter – es war ein Doppelblind-*peer review* etabliert – ein, ich zitiere:»kann in der gegenwärtigen Form nicht überzeugen«,»sehr kursorisch geraten«,»eher essayistisch geschrieben«,»nicht immer systematisch mit bereits vorhandener Forschung verknüpft.«

Nun, dem fügte ich mich und arbeitete die kleinen, kurzen Stücke zu einem langen, systematischen, durch Systematisierungserfordernisse lang und länger gewordenen Aufsatz um. Die Ordnung, zu der ich schließlich gelangt bin, möchte ich Ihnen, liebe Leserin, lieber Leser, nicht vorenthalten. Es gibt, sortiert nach den Gesichtspunkten»intendiert/nicht-intendiert« sowie»selbstgemacht/fremdinduziert«,

1. inhärente Paradoxien (wie zum Beispiel»Elster-Zustände«, Zustände die man nicht intendieren kann, die man vielmehr durchs Intendieren verfehlt oder vereitelt: Natürlichkeit, Spontaneität und viele andere),

2. Noch nicht/Nicht mehr, unintendiert, aber selbstgemacht (wie zum Beispiel die Drogenabhängigkeit),

3. Noch nicht/Nicht mehr, unintendiert und fremdinduziert (etwa: »Wenn alle auf den Zehenspitzen stehen, kann niemand besser sehen«),

4. Noch nicht/Nicht mehr, intendiert und fremdinduziert: z.b. auf Zeit spielen, vollendete Tatsachen schaffen, Fallenstellerei, Steuervermeidung, und

5. Noch nicht/Nicht mehr, intendiert und selbstauferlegt (Selbstbindung; Odysseus vor den Sirenen).

Man kann auch danach unterscheiden, ob das»Aber Bald« erfreulich oder aber unerfreulich ist, und zwar für mich oder aber für Andere. Dann erhält man diese vier Fälle, mit jeweils zugehörigen, recht elementaren Einstellungen oder Verhaltensweisen: erfreulich für mich (Hoffen, Wünschen), erfreulich für Andere (Versprechen, Verheißen), unerfreulich für mich (Fürchten, Vorsorgen, Selbstbindung), unerfreulich für Andere (Drohen, Fallenstellen). Über all dies habe ich in dem so entstandenen Aufsatz ausführliche Ausführungen mit vielen weiteren Beispielen gemacht, aber, wie es so geht: Erst wurde der Text noch nicht angenommen, dann war er nicht mehr, was er einmal war. Ich will nicht sagen, dass der alte Text verhunzt war, aber vielleicht: verdörrt?*

---

* Siehe Günther Ortmann: Noch nicht/nicht mehr. Zur Temporalform von Paradoxien des Organisierens, in: *Managementforschung 23* (2013): Organisation von Temporalität und Temporärem, hrsg. von J. Koch und G. Schreyögg, Wiesbaden, S. 1–48.

Drohungen. Drohungen, genauer gesagt: *strategischen* Drohungen, die durch Wort oder Tat an andere gerichtet werden, ist, anders als Verheißungen, eine Noch nicht/Nicht mehr-Struktur *von Haus aus* inhärent. Verheißungen sollen sich ja ihrer inneren Logik nach erfüllen. (Davon zehren selbst falsche Verführer.) Drohungen aber, auch Drohungen im Rahmen von Erpressungen, setzen ihrer Operationslogik nach – es ist eine Logik der Abschreckung – darauf, *nicht* wahrgemacht werden zu müssen: erst noch nicht, weil sie nur Drohungen sind, dann nicht mehr, weil und wenn sie wirken. Der Strafrechtler Lothar Kuhlen sagt »bedingte Drohungen« dazu, weil der Drohende dem Bedrohten Bedingungen stellt. (Anders liegen die Dinge bei unbedingten Drohungen – Charles Bronson droht Henry Fonda in »Spiel mir das Lied vom Tod« tödliche Rache oder vielmehr die Begleichung einer offenen Rechnung an – und im Falle desjenigen Bedrohlichen, das nicht von einem Akteur intendiert ist – das einfach *dräut*: Es ist noch nicht, kann aber jederzeit eintreten; *sein* Nicht Mehr ist bloße, bei Kafka: hoffnungslose Hoffnung.)

Das Projekt der Moderne. Die Welle schlägt nur nicht über uns zusammen, weil und solange wir in jedem gegebenen Augenblick schon etwas weiter davongetragen worden sind – getragen von den aufgetürmten Bedingungen der Unmöglichkeit dessen, dass es »so weiter geht«. Die moderne Gegenfigur zu Benjamins Engel des Fortschritts ist der Surfer. Zurück darf er nicht schauen. Land kann er nicht gewinnen, ohne ins Wasser zu gehen. Surfer geben den berüchtigtsten Wellen Namen. Vor Hawaii gibt es eine, die *Jaws* heißt, wie die Kiefern des Hais.

Sisyphos in Tijuana. Ein Video zeigt eine Siedlung am Rande von Tijuana, Nordmexiko. Eine Straße, eher ein Sandweg, der einen Hügel hinaufführt. Hinter dem Hügel wartet, eingezäunt, das Land der unbegrenzten Möglichkeiten. Ein roter VW-Käfer schafft es mit Ach und Krach ein Stück bergauf – zur Musik einer Blaskapelle, die einen Danzón einübt. Jedesmal aber bleibt der Käfer – man denkt: erschöpft – stehen und rollt wieder bergab, um es wieder und wieder zu versuchen. Solange die Kapelle spielt, schafft er es bergauf. Verspielt sie sich oder bricht sie ab, rollt er wieder herab. Was will uns der Künstler, Francis Alÿs, damit sagen? Es ist eine »Metapher für Mexikos vieldeutige Affäre mit der Moderne«, schlägt er vor. »Ein Schritt vor, zwei Schritte zurück.« Wieso nur Mexikos? Und worauf spielt Alÿs an? Gewiss auf Sisyphos – »angestemmt, dass der Angstschweiß/Seinen Gliedern entfloß und Staub sein Antlitz umwölkte« (Odyssee XI, Z. 599 f) –, aber was soll hier die Kapelle? Erinnert sie nicht an eine andere, die weiterspielte, immer weiter, weil ein Kapitän den Augenblick der Rettung versäumte?

Aus: Franz Kafka: Briefe an Milena.
Erweiterte und neugeordnete Ausgabe, hrsg.
Von Jürgen Born und Michael Müller, Frankfurt a. M. 1997, S. 158

Alles noch. Immer wieder.

Es kann alles noch sein.
Noch nie war das Schlimmste ganz da.
Wir haben noch Augen, zu schauen.
Wir haben noch Arme, Häuser zu bauen.
Aber das Schlimmste ist immer ganz nah.

Für uns kann alles noch sein.
Manches, was man nicht hat, wird man noch haben.
Alles wird aus sein, was man noch haben kann.
Aber immer wird irgendwo einer im Schutt graben
und die Stirn und den Arm finden von einem steinernen Mann.

Es wird alles noch sein.
Es wird alles noch aus sein.
Aber immer wieder wird einer noch Mut haben
und sagen: »Fangen wir an!«
Und es wird wieder ein Haus sein.

Ernst Jandl: Immer wieder

Zur Nachlese

Nachträgliches Vorwort: Noch nicht. Nicht mehr. Friederike Mayröcker: Das Herzzerreißende der Dinge, Frankfurt a. M. 1990, S. 30; »Ich habe nichts zu sagen. Nur zu zeigen« steht im Fragment N 1a, 6 des Passagen-Werks: Walter Benjamin: Gesammelte Schriften, Band V.1: Das Passagen-Werk. 2. Aufl., Frankfurt a.m. 1982, S. 574; Roland Barthes: Das Neutrum. Vorlesung am Collège de France 1977–1978, Frankfurt a. M. 2005, S. 39

I. Zeuggebrauch: Noch nicht/Nicht mehr-Maschinen

Störfälle. Anna Echterhölter, Iris Därmann (Hrsg.): Konfigurationen. Gebrauchsanweisungen des Raumes, Zürich, Berlin 2013, S. 18 f; Martin Heidegger: Sein und Zeit. Siebzehnte Auflage, Tübingen 1993, S. 72 ff, hier S. 75; Jean Luc Nancy: Der Sinn der Welt, Zürich, Berlin 2014, S. 99; *Tücke des Subjekts.* Baudelaire zitiere ich in der Übersetzung von Walter Benjamin: Gesammelte Schriften, Bd. IV.1, Frankfurt a. M. 1972, S. 81
Durchlauferhitzer. Thomas C. Schelling: Micromotives and Macrobehavior, New York, London 1978, hier S. 83 ff
In Nullkommanichts (Herr Pong und der Widrigkeitsfänger). Sibylle Lewitscharoff: Pong redivivus, Berlin 2013, S. 20
Zuckerstreuer (»Süßer Heinrich«). Slavoj Žižek: Mehr-Genießen, Lacan in der Popkultur. Wo Es war No. 1, 2. Aufl., Wien 1997, hier S. 41–44

II. Die schwarzen Löcher des Alltags

Natürlicher Schwund (Hommage à Murphy). Sigmund Freud: Zur Psychopathologie des Alltagslebens. Über Vergessen, Versprechen, Vergreifen, Aberglaube und Irrtum, Frankfurt a. M. 1954
Die Permanenz meines Chaos: Friederike Mayröcker: Das Herzzerreißende der Dinge, Frankfurt a. M. 1990, S. 33.
Procrastination. George A. Akerlof: Procrastination and Obedience, in: The American Economic Review 81 (2), 1991, S. 1–19; zu kaum merklichen Verschiebungen der Verhaltenszumutungen auch Philip G. Zimbardo: A Situationist Perspective on the Psychology of Evil. Understanding How Good People are Transformed into Perpetrators, in: A.G. Miller (Hrsg.): The Social Psychology of Good and Evil, New York 2004, S. 21–50; zu Milgram und »ganz normalen Organisationen«: Stefan Kühl: Ganz normale Organisationen. Organisationssoziologische Interpretationen

simulierter Brutalitäten, in: Zeitschrift für Soziologie 34 (2), 2005, S. 90–111; kritisch dazu: Thomas Klatetzki: Keine normalen Organisationen, in: Zeitschrift für Soziologie 36 (4), 2007, S. 302–312

How to be a Jewish mother I-IV. Dan Greenburg: How to be a Jewish mother. A very lovely training manual. 20th anniversary ed., S. 16, 15, 13, 14, 18–24

Das Murmeln des Brunnens I. Carossa zit. Nach Hans Blumenberg: Die Vollzähligkeit der Sterne, Frankfurt a. M. 1997, S. 13

Das Murmeln des Brunnens II. Ludwig Wittgenstein: Denkbewegungen. Tagebücher 1930–1932/1936–1937. Teil 1: Normalisierte Fassung. Hrsg. von I. Somavilla, Innsbruck 1997, S.19; Carossa zit. nach Hans Blumenberg: Die Vollzähligkeit der Sterne, Frankfurt a. M. 1997, S. 14

Großstadtlärm. Friedrich Nietzsche: Also sprach Zarathustra I-II. Kritische Studienausgabe, Bd. 4, München 1900, hier S. 136

Das Murmeln des Brunnens II. Ludwig Wittgenstein: Denkbewegungen. Tagebücher 1930–1932/1936–1937, hrsg. von I. Somavilla, Innsbruck 1997, S. 19

Observer, 17. Februar 1980. Jon Elster: Subversion der Rationalität, Frankfurt a. M. 1987, hier S. 164

Blackout. Harry Rowohlt: Pooh's Corner II. Neue Kolumnen, Rezensionen, Zürich 1997

Fünf Karrieren. Max Horkheimer, Theodor W. Adorno: Dialektik der Aufklärung: Philosophische Fragmente, Frankfurt a. M. 1969, hier S. 62

Unliebsame Erledigung. John Perry: The Art of Procrastination: A Guide to Effective Dawdling, Lollygagging and Postponing, New York 2012; dtsch.: Einfach liegenlassen. Das kleine Buch vom effektiven Arbeiten durch gezieltes Nichtstun, München 2012.

Familie Kapielski. Thomas Kapielski: Davor kommt noch. Gottesbeweise IX-XIII, Berlin 1998; und ders.: Danach war schon. Gottesbeweise I-VIII, Berlin 1999, hier S. 155; Douglas R. Hofstadter: Gödel, Escher, Bach. Ein Endloses Geflochtenes Band, Stuttgart 1985, S. 23

Hommage à Pooh. Harry Rowohlt: Pooh's Corner. Meinungen eines Bären von sehr geringem Verstand. Gesammelte WWerke 1997–2009, Zürich 2009, S. XX

Vorsicht, différance. Erving Goffman: Das Individuum im öffentlichen Austausch. Mikrostudien zur öffentlichen Ordnung, Frankfurt a. M., S. 189, Fußnote 28

Gehen. Gabriele Brandstetter: Über Gehen und Fallen. Fehltritte im Tanz, Lücken in der Choreographie, in: F. Ph. Ingold, Y. Sánchez (Hrsg.): Fehler im System. Irrtum, Defizit und Katastrophe als Faktoren kultureller Produktivität, Göttingen 2008, S. 170–185, hier S. 179

Stolpern I. Italo Svevo: Zenos Gewissen, Zürich 2010, S. 144

Stolpern II. Piet Hein zit. in Karl E. Weick: Der Prozeß des Organisierens, Frankfurt a. M. 1985, S. 7

Das fatale Requisit. Walter Benjamin: Ursprung des deutschen Trauerspiels. Ges. Schriften, Bd. I, Frankfurt a. M. 1980, S. 311

Vergessen und Erinnern. Giorgio Agamben: Die Macht des Denkens. Ges. Essays, Frankfurt a. M. 2013, S. 224, 221

In der Badewanne. Arthur Schopenhauer: Ges. Werke, Bd. 5: Parerga und Paralipomena: kleine philosophische Schriften, Teil 2, Kap. 31, Stuttgart u.a. 1965, § 396, S. 765

Negative Dialektik I. Theodor W. Adorno: Negative Dialektik, Frankfurt a.m. 1966, S. 369

Storch und Stachelschwein (Hommage à Robert Walser). Robert Walser: Sämtliche Werke in Einzelausgaben. Bd. 17, Zürich und Frankfurt a. M. 1986, S. 379

Auf dem Wege nach Swim-two-Birds. Harry Rowohlt: Pooh's Corner. Meinungen und Deinungen eines Bären von geringem Verstand, München 1993, S. 152 f, 55

Golden Rules. Elmore Leonhard: Elmore Leonhard's 10 Rules of Writing, New York 2007

Wenig und viel. Odo Marquard: Apologie des Zufälligen, Stuttgart 1986, hier S. 29; John Donne: (aus *The Prohibition*), zit. n. Jon Elster: Subversion der Rationalität, Frankfurt a. M., New York 1987, S. 149

Frau Holle. Jon Elster: Subversion der Rationalität, Frankfurt a. M. 1987, S. 141–209

Die Göttin der Gelegenheit. Aleida Assmann: Let it be. Kontingenz und Ordnung in Schicksalsvorstellungen bei Chaucer, Boethius und Shakespeare, in: G. v. Graevenitz, O. Marquard (Hrsg.): Kontingenz, München 1998, S. 225–244, hier S. 225, Fußnote 2; Dietrich Boschung: Kairos als Morphom der Zeit – eine Fallstudie, in: G. Blamberger, D. Boschung (Hrsg.): Morphomata. Kulturelle Figurationen: Genese, Dynamik und Medialität, München 2011, S.47–90

Jede Sekunde die kleine Pforte, durch die der Messias... Walter Benjamin: Über den Begriff der Geschichte. Anhang B, in: ders.: Gesammelte Schriften, Bd. I.2. Werkausgabe Bd. 2, Frankfurt a. M. 1980, S. 704; Giorgio Agamben: Die Zeit, die bleibt. Ein Kommentar zum Römerbrief, Frankfurt a. M., 4. Aufl. 2012, S. 82 ff

III. Ökonomie des Begehrens

Aufschub der Begierde. John Maynard Keynes: Economic Possibilities for our Grandchildren, in: Nation and Athenaeum 48 (1930), S. 321–332, hier S. 330

Ein Trost. Harry Rowohlt: Pooh's Corner II. Neue kolumnen, Rezensionen, Filmkritiken, Zürich 1997, S. 138

Post decision regret. Harry Rowohlt: Pooh's Corner, München 1993, S. 261 f

Gier. Karl Kraus: Aphorismen. Sprüche und Widersprüche. Schriften, Bd. 8, Frankfurt a. M. 1986, S. 276

Mimesis des Begehrens. Jean-Pierre Dupuy, Francesco Varela: Kreative Zirkelschüsse: Zum Verständnis der Ursprünge, in: Paul Watzlawick, Peter Krieg (Hrsg.): Das Auge des Betrachters. Beiträge zum Konstruktivismus, München 1991, S. 247–275, S. 255

Vertigo I. Slavoj Žižek: Mehr-Genießen. Lacan in der Popkultur. Wo Es war No. 1, 2. Aufl., Wien 1997, S. 27, 17; Jacques Derrida: Die Schrift und die Differenz, Frankfurt a. M. 1972, S. 311

Achill und die Schildkröte. Slavoj Žižek: Der Erhabenste aller Hysteriker. Psychoanalyse und die Philosophie des deutschen Idealismus, 2. Aufl., Wien, Berlin 1992, S. 24

Crowding out. Bruno Frey: Markt und Motivation. Wie Preise die (Arbeits-) Moral verdrängen, München 1997; Karl Marx: Grundrisse der Kritik der politischen Ökonomie, Frankfurt, Wien o. J., S. 184

Bedarfsdeckung. Albert Speer: Spandauer Tagebücher, Frankfurt a. M., Berlin, Wien 1978, S. 145

Du machst mich schwach. Julian Barnes: In die Sonne sehen, München 1991, S. 170

»Sei doch spontan!« Ebd., S. 88 f

Four-lettered words I. Michel Serres: Die fünf Sinne. Eine Philosophie der Gemenge und Gemische, Frankfurt a. M. 1998, S. 89 f

Four-lettered words II. Ernst Jandl: Gesammelte Werke. Erster Band. Gedichte 1, Darmstadt 1985, S. 464

Mängel. Karl Kraus: Aphorismen. Sprüche und Widersprüche. Schriften, 8d–8, Frankfurt a. M. 1996, hier S. 23 f

IV. Das Noch Nicht und Nicht Mehr der Liebe

Lohengrin, Superman, Batman. Slavoj Žižek: Verweile beim Negativen. Psychoanalyse und die Philosophie des deutschen Idealismus II, Wien 1994, S. 165; Alois Hahn: Stichwort »Geheimnis«, in: Chr. Wulf (Hrsg.): Vom Menschen. Handbuch Historische Anthropologie, Weinheim, Basel 1996, S. 1105–1118, hier S. 1112

Diese ganze Annäherungs- und Liebeshinsicht. Christian Enzensberger: Eins nach dem andern. Gedichte in Prosa, München 2010, S. 53 f, 54

Tiefe Trauben II. Paul Watzlawick: Anleitung zum Unglücklichsein, 2. Aufl. München, Zürich 1997, S. 97 ff; Jean Paul Sartre: Das Sein und das Nichts, Reinbek 1952, S. 471; Franz Kafka: Der Prozeß. Roman in der Fassung der Handschrift. Ges. Werke in zwölf Bänden, hrsg. von H.-G. Koch, Bd. 3, Frankfurt a. M. 1994 (Fischer), S. 63

Gesetz des Lebens. Robert Walser: Aus dem Bleistiftgebiet. Band 1. Mikrogramme 1924–1925. Prosa, Frankfurt a. M. 1990, S. 74

Wie ein adlernasenbegabter Mädchenbändiger. Martin Walser, ebd., S. 73–75
Schüchtern. Erving Goffman: Interaktionsrituale. Das Verhalten in direkter
Kommunikation, Frankfurt a. M. 1986, S. 121, Fußnote 9
Unheilbar I. Friedrich Nietzsche: Menschliches, Allzumenschliches I und II.
Kritische Studienausgabe, Bd. 2, München 1988, S. 239
Schneeköniginnen. Nietzsche, ebd., S. 663
Gradiva, beschwingt. Sigmund Freud: Der Wahn und die Träume in W. Jen-
sens *Gradiva,* in: Studienausgabe, Bd. X: Bildende Kunst und Literatur,
Frankfurt a. M. 1982, S. 9–85
True lies. Jacques Derrida: Falschgeld. Zeit geben I, München 1993, hier S.
210, 215
Falschgeld. Baudelaires *Das falsche Geldstück* zit. Nach Derrida, ebd. S. 221
Die Gabe der Liebe. Derrida, ebd., S. 24
Carte blanche, oder: Neunundneunzig Nächte. Roland Barthes: Fragmente
einer Sprache der Liebe, Frankfurt a. M. 1986, S. 100 f
Swann und Odette. Bernhard Waldenfels: Deutsch-Französische Gedanken-
gänge, Frankfurt a. M. 1995, S. 993; Marcel Proust: Auf der Suche nach
der verlorenen Zeit, Bd. 1: Unterwegs zu Swann, Frankfurt a. M. 1991
Erste Liebe. Proust, ebd., S. 352
Dazwischen I. Jacques Derrida: Dissemination, Wien 1995, S. 238, 231; Ger-
hard Neumann: Rilkes Dinggedicht, in: D. Ottmann (Hrsg.): Poesie als
Auftrag, Würzburg 2001, S. 143–161, hier S. 144
Dazwischen III. Jaques Derrida: Dissemination, Wien 1995, S. 230
Phantomschmerz. Roland Barthes: Fragmente einer Sprache der Liebe. 5.
Aufl., Frankfurt a. M. 1986, S. 99 f
Happy End? Javier Marías: Der Gefühlsmensch. 3. Aufl., München, Zürich
1997, S. 176 f
Sommerliebe. Maarten ›t Hart: Das Wüten der ganzen Welt, Zürich, Ham-
burg 1997, S. 232
Herzschmerz. Georg Christoph Lichtenberg: Schriften und Briefe. Erster
Band: Sudelbücher I, München 1968, S. 39 (Heft A, # 134)
Blanc. Bernhard Waldenfels: Deutsch-Französische Gedankengänge, Frank-
furt a. M. 1995, S. 393 f; Hans Robert Jauß: Zeit und Erinnerung in Mar-
cel Prousts »A la recherche du temps perdu«, Frankfurt a. M. 1986, S.
141–155
Entdeckung der Einsamkeit. Friedrich Nietzsche: Also sprach Zarathustra.
Kritische Studienausgabe, hrsg. von G Colli und M. Montinari. 3. Aufl.,
München 1993, S. 138
Ein Schwur zuviel. Peter Hacks: Der Schuhu und die fliegende Prinzessin.
Ein Märchen, Berlin 2010, S. 72, 74

V. Zeit, Leben & Tod

(Motti, drei Zitate von Friederike Mayröcker). Interview/Süddeutsche Zeitung Magazin Nr. 37 vom 14.9.2012, S. 46 f; Das Herzzerreißende der Dinge, Frankfurt a. M. 1990, S. 82

Noch. Arturo Pérez-Reverte: Jagd auf Matunin, München 1999, S. 299

Paradoxie des Anfangs. Philip G. Herbst: Alternatives to Hierachies, Leiden 1976, S. 104 f

Gefahren der Idee vom Fluß der Dinge. Bertolt Brecht: Me-ti/Buch der Wendungen. Ges. Werke 12. Prosa 2, Frankfurt a. M. 1967, S. 417–585, hier S. 525 f

Das Sein und das Nichts. George Spencer Brown: Laws of Form, Neudruck der 2. Aufl., New York 1979

As time goes by I. Christian Enzensberger: Nicht Eins und Doch. Geschichte der Natur, Berlin 2013, S. 187; Kurt Aebli: Tropfen. Gedichte, Wien 2014, S. 29

As times go by II. Jean-Luc Nancy: Der Sinn der Welt, Zürich, Berlin 2014, S. 96

Immer-und-immer-noch-nicht-nicht-mehr. Blaise Pascal: Gedanken, Stuttgart 1987, S. 55; Seneca für Gestreßte, ausgewählt von Gerhard Fink, Frankfurt a. M. 2000, S. 14

Vita brevis. Hans Blumenberg: Lebenszeit und Weltzeit, Frankfurt a. M. 1986; Odo Marquard: Zeit und Endlichkeit, in: ders.: Skepsis und Zustimmung. Philosophische Studien, Stuttgart 1994, S.45–58

Blinder Fleck. Vilaynur S. Ramachandran, Sandra Blakeslee: Die blinde Frau, die sehen kann, Reinbek 2002, S. 155

Zeitpunkt. Niklas Luhmann: Soziale Systeme. Grundriß einer allgemeinen Theorie, Frankfurt a. M. 1984, S. 421

Deadline. Niklas Luhmann: Zeit und Handlung – Eine vergessene Theorie, in: Zeitschrift für Soziologie 8(1) 1979, S. 63–81, hier S. 77; ders.: Die Knappheit der Zeit und die Vordinglichkeit des Befristeten, in: ders.: Politische Planung. Aufsätze zur Soziologie von Politik und Verwaltung, 4. Aufl., Opladen 1994, S. 143–164

Ruinen. Georg Simmel: Die Ruine. Ein ästhetischer Versuch. Gesamtausgabe, Bd. 8, Frankfurt a. M. 1993, S. 124–130; Karl Heinz Bohrer: Plötzlichkeit. Zum Augenblick des ästhetischen Scheins, Frankfurt a. M. 1981, S. 115 ff; Walter Benjamin: Einbahnstraße, in: ders.: Gesammelte Schriften, Bd. IV.1, Frankfurt a. M. 1972, S.83–148, hier S. 123

Der Schnitt am Hals der heiligen Cäcilie. Marcel Beyer: Der Schnitt am Hals der heiligen Cäcilie, in: Süddeutsche Zeitung Nr. 272 vom 26.11.2014, S. 14

En kairõ, erst noch nicht, dann nicht mehr. Roland Barthes: Neutrum. Vorlesungen am Collèges de France 1977–1978, Frankfurt a. M. 2005, S. 284

Zu früh, zu spät. Émile Durkheim: Die Regeln der soziologischen Methode, Frankfurt a. M. 1984, S. 106

In toter Stille tiefer Mitternacht. Walter Benjamin: Ursprung des deutschen Trauerspiels. Ges. Schriften, Bd. I.1, Frankfurt a. M. 1980, S. 313 f

Mitternacht, systemtheoretisch. Niklas Luhmann: Soziale Systeme. Grundriß einer allgemeinen Theorie. Frankfurt a. M. 1984, S. 421

Ex negativo. Ernst Jandl: Gesammelte Werke. Zweiter Band, Gedichte 2, Darmstadt 1985, S. 291

Mein heißes Herz. Ludwig Wittgenstein: Denkbewegungen. Tagebücher 1930–1932/1936–1937, hrsg. v. Ilse Somavilla, Innsbruck 1997, hier S. 189 f

Mein antizipatorisches Naturell. Durs Grünbein: Koloss im Nebel. Gedichte, Frankfurt a. M. 2012, S. 30

Ironie der Wiederholung. Walter Benjamin: Das Passagen-Werk. Ges. Schriften, Bd. V.2, Frankfurt a. M. 1982, S. 1054

Die Macht der Gewohnheit. Walter Benjamin: Einbahnstraße, in: Gesammelte Schriften, Bd. IV.1, Frankfurt a. M. 1980, S. 83–148, S. 119 f

Ein Mann der Tat. Robert B. Parker: Promised Land, New York 1987, S. 109

Omen, Amulette und Orakel. Odo Marquard: Glück im Unglück. Philosophische Überlegungen, 3. Aufl., München 2008

Perlmanns Schweigen. Friedrich Nietzsche: Jenseits von Gut und Böse. Kritische Studienausgabe, Bd. 5, 3. Aufl., München 1993, S. 9–243, hier S. 86, § 68; Pascal Mercier: Perlmanns Schweigen, 17. Aufl., München 1997

Wunderblock. Sigmund Freud: Die Verdrängung, in: Studienausgabe, Bd. III, Frankfurt a. M. 1982, S. 103–118, hier S. 107; ders.: Notiz über den »Wunderblock«, ebd., S. 363–369, hier S. 368 f

It's a wonderful life. Stephen Jay Gould: Zufall Mensch. Das Wunder des Lebens als Spiel der Natur, München 1994, S. 363

Herbstzeitlose. Gerhard Neumann: »Zuversicht«. Adalbert Stifters Schicksalskonzept zwischen Novellistik und Autobiographie, in: Walter Hettche u.a. (Hrsg.): Stifter-Studien. Ein Festgeschenk für Wolfgang Frühwald zum 65. Geburtstag, Tübingen 2000, S. 162–187, hier S. 187

Ein Funken Hoffnung. Walter Benjamin: Über den Begriff der Geschichte, in: Ges. Schriften, Bd. I.2., Frankfurt a. M. 1980, S. 691–704, hier S. 694 f

Schwacher Messianismus. Jacques Derrida: Limited Inc., Wien 2001, S. 99

Dieser gespaltene Augenblick. Gerhard Neumann: »Zuversicht«, a.a.O., S. 176, 178 ff; Jacques Derrida: Limited Inc., a.a.O., S. 98 f

Keine stills. Edmund Husserl: Analysen zur passiven Synthesis. Aus Vorlesungs- und Forschungsmanuskripten 1918–1926. Hrsg. von M. Fleischer (Hua XI); Iris Därmann: Tod und Bild. Eine phänomenologische Mediengeschichte, München 1995, hier S. 339

Ein unbeschriebenes Blatt. Michael Balint: Angstlust und Regression, Stuttgart o.J (1960); Javier Marías: Der Gefühlsmensch, 3. Aufl., München, Zürich 1997, S. 175

»...als ob es den Tod nicht gibt«. In: Herlinde Koelbl: Im Schreiben zu Haus. Wie Schriftsteller zu Werke gehen, München 1998, S. 142.

Noch ein Frühling. Martin Heidegger: Sein und Zeit, 17. Aufl., Tübingen 1993, S. 236 f und *passim*

Zirpt Gegenwart wie ein Insekt. Walter Benjamin: Ges. Schriften, Bd. IV.1, Frankfurt a. M. 1980, S. 75 f

Immer noch nicht mehr (Stirring stills). Samuel Beckett: Immer noch nicht mehr, Frankfurt a. M. 1991

Zwei Zeitlupen. Don DeLillo: Unterwelt, 5. Aufl., Köln 1998, S. 11–71, bes. 71

Letzter Wille. Friederike Mayröcker: Gesammelte Gedichte 1939–2003, Frankfurt a. M. 2004, S. 485

Das war's. Shel Silversteins *Never* zit. nach: Harry Rowohlt: Pooh's Corner II, Zürich 1997, S. 180

Und dann? Robert Gernhardt: Testament, in: Gesammelte Gedichte 1954–2004, Frankfurt a. M.2005, S.169

VI. 1945. 1968. 1989

1945. Helmuth Plessner: Die verspätete Nation, Frankfurt a. M. 1995

Filius ante patrem. Gerhard Neumann,»Zuversicht«. Adalbert Stifters Schicksalskonzept zwischen Novellistik und Autobiographie, in: Walter Hettche u.a. (Hrsg.): Stifter-Studien. Ein Festgeschenk für Wolfgang Frühwald zum 65. Geburtstag, Tübingen 2000, S. 162–187, hier S. 183

Kollektivschuld. Wolfgang Bittner (Hrsg.): Vor der Tür gekehrt, Göttingen 1986, S. 78; Protokoll der Wannsee-Konferenz, 20. Januar 1942 (Besprechungsprotokoll S. 166–180, Faksimile des Hauses der Wannsee-Konferenz, Berlin)

Stichworte zur geistigen und polizeitaktischen Situation der Zeit um 1968. Wolfang Harich: Zur Kritik der revolutionären Ungeduld. Eine Abrechnung mit dem alten und dem neuen Anarchismus, Basel 1971

Nachträglicher Ungehorsam. Odo Marquard: Abschied vom Prinzipiellen, Stuttgart 1982, S. 12

Schlafende Hunde (Ad kalendas graecas). Norman Paech: *Die Revolution frißt ihre Kinder.* Gilles Deleuze: Unterhandlungen. 1972–1990, Frankfurt a. M. 1992, S. 244 f

Schlafende Hunde (Ad kalendas graecas). Norman Paech: Wehrmachtsverbrechen in Griechenland, in: Kritische Justiz 32 (3) 1999, S. 380–397, hier S. 391; s. jetzt auch: Hagen Fleischer: Schuld und Schulden, in: Süddeutsche Zeitung Nr. 71 vom 26.3.2015, S. 11

Typisch deutsch. Friedrich Nietzsche: Jenseits von Gut und Böse. Kritische Studienausgabe, Bd. 5, 3. Aufl., München 1988, S. 9–243, hier § 240, S. 180; Hervorh. i. Orig. gesperrt

Überleben. Durs Grünbein: Koloss im Nebel. Gedichte, Frankfurt a. M. 2012, S. 41

Gähnende Höhen. Alexander Sinowjew: Gähnende Höhen, Zürich 1981

VII. *Wissen als Déjà-vu*

(Alle Literaturhinweise im Text)

VIII. *Forschung – Berührung des Unberührten*

(Motti, zwei Zitate). Jean-Luc Nancy: Corpus, Berlin 2003, S. 81; Novalis: Werke, Tagebücher und Briefe Friedrich von Hardenbergs, hrsg. von H.-J. Mähl und W. Samuel, Bd. 2: Das philosophisch-theoretische Werk, München, Wien 1978, S. 329, zitiert nach Jaques Derrida: Berühren, Jean-Luc Nancy, Berlin 2007, S. 87, 373

Jean Baudrillards Paradoxie objektiver Wissenschaft. Jean Baudrillard: Agonie des Realen, Berlin 1978, S. 17

Dorothy Sayers' Paradoxie objektiver Wissenschaft. Zitiert nach Alfred Kieser: Anleitung zum kritischen Umgang mit Organisationstheorien, in: ders. (Hrsg.): Organisationstheorien, Stuttgart, Berlin, Köln 1993, S. 1–35, hier S. 1;

Georg W. F. Hegel: Phänomenologie des Geistes. Werke 3, Frankfurt a. M. 1970, S. 22; Karl Kraus: Aphorismen. Sprüche und Widersprüche. Pro domo et mundo. Nachts, Frankfurt a. M. 1986, S. 33

Die Eule der Minerva à la Nietzsche. Friedrich Nietzsche: Zur Genealogie der Moral, in: Kritische Studienausgabe, Bd. 5, 3. Aufl., München 1993, S. 245–412, hier S. 247

Heinz von Foersters Paradoxie objektiver Wissenschaft. Von Foersters Diktum wird wird referiert von Lynn Segal: Das 18. Kamel oder Die Welt als Erfindung. Zum Konstruktivismus von Heinz von Foerster, München, Zürich 1986, S. 9

Karl Weicks Paradoxie objektiver Wissenschaft. Karl E. Weick: Der Prozeß des Organisierens, Frankfurt a. M. 1985, S. 45

Gregory Batesons Paradoxie objektiver Wissenschaft. Gregory Bateson: Ökologie des Geistes. Anthropologische, psychologische, biologische und epistemologische Perspektiven, Frankfurt a. M. 1981, S. 16

Paradoxie der Ethnologie. Jean Baudrillard: Agonie des Realen, Berlin 1978, hier S. 16

Paradoxie intendierter Unberührtheit. Baudrillard, ebd.

Paradise lost. Jacques Derrida: Die Schrift und die Differenz, Frankfurt a. M. 1972, S. 311, 323; Bernhard Waldenfels: Antwortregister, Frankfurt a. M. 1994, S. 460

Unaufhörlichkeit. Maurice Merleau-Ponty: Le philosophe et la sociologie, in: Signes, Paris 1960; zit. nach Bernhard Waldenfels: Topographie des Fremden. Studien zur Phänomenologie des Fremden I, Frankfurt a. M. 1997, S. 101

Der Prozess der Zivilisation. Georg Forster: Werke in vier Bänden, Leipzig o.J., Bd. 1, S. 281; zit. n. Jan Philipp Reemtsma: Mord am Strand. Allianzen von Zivilisation und Barbarei. Aufsätze und Reden, Hamburg 1998, S. 26

Performativer Selbstwiderspruch I. Max Horkheimer, Theodor W. Adorno: Dialektik der Aufklärung. Philosophische Fragmente, Frankfurt a. M. 1969, S. 231; Claude Lévi-Strauss: Traurige Tropen, Frankfurt a. M. 1978, S. 175, 201 ff; Harry Rowohlt: Pooh's Corner, Zürich 1993, S. 52

Self destroying prophecy. Douglas R. Hofstadter: Gödel, Escher, Bach – ein Endloses Geflochtenes Band, Stuttgart 1985, S. 164

Oskar Morgensterns Paradoxie objektiver Ökonomik. Oskar Morgenstern: Descriptive, Predicitve and Normative Theory, in: Kyklos 25 (1972), S. 699–714, hier S. 706 f

Émile. Jean Jacques Rousseau: Émile oder über die Erziehung, zit. n. Jacques Derrida: Grammatologie, Frankfurt a. M. 1983, hier S. 244; für Derridas Kritik s. ebd., 244 ff

Betwixt and beween. Gilles Deleuze: Die Falte. Leibniz und der Barock, Frankfurt a. M. 2000; Jacques Derrida: Dissemination, Wien 1995, bes. S. 247 ff, 255 ff

Berührung und Schmutz. Christian Enzensberger: Größerer Versuch über den Schmutz, München 1968, S. 14; Elias Canetti: Masse und Macht, Frankfurt a. M. 1980, S. 9

IX. »Sei doch Du selbst!« Aporien der Pädagogik

Entkommen à la Jandl. Ernst Jandl: Gesammelte Werke. Erster Band, Gedichte 1, Darmstadt 1985, S. 303

Kontrastprogramm. Ebd., S. 719

Zur Vernunft kommen. Maurice Merleau-Ponty: Phänomenologie der Wahrnehmung, Berlin 1966, S. 407

Lernen. Albert O. Hirschman: Development Projects Observed, Washington 1967

Die Quintessenz des Zen. Raymond Smullyan: Wie heißt dieses Buch? Braunschweig 1983, S. 72; zit. n. Jan Elster: Subvention der Rationalität, Frankfurt a. M., New York 1987, S. 165

Paradoxie der Pädagogik. Melanie Klein: Die Rolle der Schule in der libidinösen Entwicklung des Kindes, in: Internationale Zeitschrift für Psychoanalyse, IX Jg. (1923), S. 323–344, hier S. 329 f; zit. n. Oskar Negt, Alexander Kluge: Geschichte und Eigensinn, Frankfurt a. M. 1981, S. 1071

Kindermund. Ludwig Wittgenstein: Über Gewißheit. Werkausgabe, Bd. 8, Frankfurt a. M. 1984, S. 132, § 61

Berliner Schnauze. Ludwig Wittgenstein: Bemerkungen über Farben, ebd., S. 106, § 317

X. Paradoxien des Organisierens

Problemlösung. Robert Walser: Aus dem Bleistiftgebiet, Frankfurt a. M. 1990, S. 75

Aussitzen. Karl E. Weick: Der Prozeß des Organisierens, Frankfurt a. M. 1985, S. 38 f

Regeln folgen. Günther Ortmann: Regel und Ausnahme. Paradoxien sozialer Ordnung, Frankfurt a. M. 2003; Alfred Schütz: Der sinnhafte Aufbau der sozialen Welt. Eine Einleitung in die verstehende Soziologie, Frankfurt a. M. 1974, bes. S. 252 ff, 261 ff

Der falsche Daumen des Panda. Stephen Jay Gould: Der Daumen des Panda, Frankfurt a. M. 1989; ders.: Bravo, Brontosaurus. Die verschlungenen Pfade der Naturgeschichte, Hamburg 1994, S. 65 ff

Nach dem Gesetz. Gilles Deleuze: Kritik und Klinik. Aesthetica, Frankfurt a. M. 2000, S. 48; Sigmund Freud: Das Unbehagen in der Kultur, in: ders.: Studienausgabe, Bd. IX: Fragen der Gesellschaft. Ursprünge der Religion, Frankfurt a. M. 1982, S. 191–270, hier S. 255

Uncertainty of the past. James G. March, Johan P. Olsen: Ambiguity and Choice, Bergen 1976

Unmerkliche Veränderung. G. Ortmann: On drifting rules and standards, in: Scandinavian Journal of Management 26, 2010, S. 204–214

Kognitive Dissonanz I. Lionel Festinger: A Theory of Cognitive Dissonance, Evan Stone, Ill., 1978

Glass Ceiling, oder: Geschlossene Gesellschaft. Niklas Luhmann: Funktionen und Folgen formaler Organisation. Mit einem Epilog, 4. Aufl., Opladen 1995, S. 318

Mode. Friedrich Nietzsche: Menschliches, Allzumenschliches II. Kritische Studienausgabe, Bd. 2, München 1988, S. 468, § 209; Giorgio Agamben: Nacktheiten, Frankfurt a. M. 2010, S. 30 f; Giorgio Agamben: Nacktheiten, Frankfurt a. M. 2010, S. 29 ff

Managementmoden I. Thomas J. Peters, Robert H. Waterman: Auf der Suche nach Spitzenleistungen. Was man von den bestgeführten Unternehmen lernen kann, 10. Aufl., Landsberg

Managementmoden II. Friedrich Nietzsche: Menschliches, Allzumenschliches II, a.a.O., S. 465

Kierkegaards Paradoxie der Wiederholung. Sören Kierkegaard: Die Wiederholung, Hamburg 1991; S. 23; Elisabeth Strowick: Passagen der Wiederholung. Kierkegaard – Lacan – Freud, Stuttgart 1999

Derridas Paradoxie der Wiederholung. Jacques Derrida: Limited Inc., Wien 2001, S. 89

Nachträglichkeit II. Karl E. Weick: Der Prozeß des Organisierens, Frankfurt a. M. 1985, z.B. S. 155

Ein Trost (Das Noch nicht/Nicht mehr des Kannitverstan). Alois Hahn: Konsensfiktionen in Kleingruppen. Dargestellt am Beispiel von jungen Ehen, in: Fr. Neidhardt (Hrsg.): Gruppensoziologie, Perspektiven und Materialien, Opladen 1983, S. 210–232
Drei Küsse. Alfred Schütz: Der sinnhafte Aufbau der sozialen Welt. Eine Einleitung in die verstehende Soziologie, Frankfurt a. M. 1974, S. 74 ff
Verzögerungen. Bernhard Waldenfels: Deutsch-Französische Gedankengänge, München 1995, S. 9; Quellen des von ihm Zitierten dort.
Die Vorläufigkeit von Verträgen. Oliver Hart: Firms, Contracts and Financial Structure, Oxford 1995, S. 24 f
Über die Falte II (Der Zauberlehrling als »korporativer Akteur«). Gunther Teubner: Ist das Recht auf Konsens angewiesen? Zur sozialen Akzeptanz des modernen Richterrechts, in: H.-J. Giegel (Hrsg.): Kommunikation und Konsens in modernen Gesellschaften, Frankfurt a. M. 1992, S. 197–211, hier S. 200; Ted Nace: Gangs of America. The Rise of Corporate Power and the Disabling of Democracy, San Francisco 2005; Thomas Matys: Legal Persons – »Kämpfe« um die organisationale Form, Wiesbaden 2011; Gilles Deleuze: Die Falte. Leibniz und der Barock, Frankfurt a. M. 2000, S. 173 ff
Die Wunde schließt der Speer nur, der sie schlug. Slavoj Žižek: Verweile beim Negativen. Psychoanalyse und die Philosophie des deutschen Idealismus II, Wien 1994, S. 146 ff
Organisationspersönlichkeit: Slavoj Žižek: ebd., S. 176 f; ders.: Mehr-Genießen, Wien 1987, hier S. 89 f; Chester Barnard: Die Führung großer Organisationen, Essen 1970, S. 221; Slavoj Žižek: Liebe Dein Symptom wie Dich selbst, Berlin 1991, S. 22 ff
Vorauseilender Gehorsam. Charles Simic: Ein Buch von Göttern und Teufeln. Gedichte, München, Wien 1993, S. 8

XI. Der Lorbeer der Politik

(Motto) Peter Rühmkorf: Paradiesvogelschiß. Gedichte, Reinbek bei Hamburg 2008, S. 41
Die Indianereinstellung à la Hobbes und Locke. Thomas Hobbes: Leviathan, Hamburg 1996, S. 107, 171, 208 ff; dazu Iris Därmann: Die Maske des Staates. Zum Begriff der Person und zur Theorie des Bildes in Thomas Hobbes' *Leviathan*, in: dies.: Figuren des Politischen, Frankfurt a. M. 2009, S. 80–97; John Locke: Zwei Abhandlungen über die Regierung, Frankfurt a. M. 1998, II § 32; Thomas Harriot: A briefe and true report of the new found land of Virginia, New York 1903
Der Anfang der Demokratie. Jacques Derrida: *Das andere Kap – Die vertagte Demokratie. Zwei Essays zu Europa*, Frankfurt a. M. 1992
Gleitende Bewegung. (Batesons Frosch:) Gregory Bateson: Geist und Natur. Eine notwendige Einheit, Frankfurt a. M. 1987, S. 122

Verlorener Posten. Walter Benjamin: Einbahnstraße. Ges. Schriften, Bd. IV.1, Frankfurt a. M. 1980, S. 83–148, S. 121

Broken Windows. James Q. Wilson, George E. Kelly: Broken Windows. The Police and Neighborhood Safety, in: The Atlantic Monthly, March 1982

Das Schöne am Ozonloch. Niklas Luhmann: Die Wissenschaft der Gesellschaft, Frankfurt a. M. 1990, hier S. 654; Naomi Oreskes, Erik M. Conway: Challenging Knowledge: How Climate Science Became a Victim of the Cold War, in: R. N. Proctor; L. Schiebinger (eds.): Agnotology. The Making and Unmaking of Ignorance, Stanford, CA, 2008, S. 55–89

Alexanders Flasche, slow motion. Wallace zit. nach: Matthias Glaubrecht: Am Ende des Archipels. Alfred Russel Wallace, Berlin 2013, S. 45

Das sechste Sterben. Elisabeth Kolbert: Das sechste Sterben. Wie der Mensch Naturgeschichte schreibt, Frankfurt a. M. 2015

Shifting baselines. Andrea Sáenz-Arroyo u.a.: Rapidly Stiftung Environmental Baselines Among Fishers of the Gulf of California, in: Proceedings of the Royal Society B 272 (1575), 2005, S. 1957–1962

Urmensch und Spätkultur. Arnold Gehlen: Urmensch und Spätkultur. Philosophische Ergebnisse und Aussagen, 6., erw. Auflage, Frankfurt a. M., Bonn 2004, S. 55 ff

Form und Stoff. Bertolt Brecht: Geschichten vom Herrn Keuner, in: ders.: Gesammelte Werke, Band 12. Prosa 2, Frankfurt a. M. 1967, S. 373–415, hier S. 385; Georg Christoph Lichtenberg: Schriften und Briefe. Erster Band: Sudelbücher I, 3. Aufl., München 1980, S. 928 (Heft L, # 559)

Negative Dialektik II. Theodor W. Adorno: Negative Dialektik, Frankfurt a. M. 1966, S. 15

XII. Ökonomie und Innovation

Prometheische Scham. Günther Anders: Die Antiquiertheit des Menschen. Erster Band: Über die Seele im Zeitalter der zweiten industriellen Revolution, 5. Aufl., München 1980

Zornige Rede an den Gott über dem Geldhimmel, Gott des Zahlen- und Räderwerks. Christian Enzensberger: Nicht Eins und Doch. Geschichte der Natur, Berlin 2013, 205 f (i. Orig. kursiv, mit Ausnahme des hier kursiv Gesetzten)

»Der Prozeß erlischt im Resultat«. Näheres zur erzählten Geschichte der Produktion s. G. Ortmann: Formen der Produktion. Organisation und Rekursivität, Opladen 1995, S. 9 ff; Roland Barthes: Mythen des Alltags, 2. Aufl., Frankfurt a. M. 1970, hier S. 130; »The Real Confessions of Tom Peters«, in: Business Week, Dec. 3, 2001, S. 46

Fließende Grenzen im Recht (ein Beispiel). Josef Isensee, Paul Kirchhoff (Hrsg.): Handbuch des Staatsrechts der Bundesrepublik Deutschland. Bd. X: Deutschland in der Staatengemeinschaft, 3. Aufl., Heidelberg 2012, S. 380, RN 189, S. 190, RN 191

Rattenfalle. Butler nach H.F. Jones: zitiert und kommentiert bei Gregory Bateson: Ökologie des Geistes, Frankfurt a. M. 1981, S. 313 f

Fallenstellerei. Iris Därmann: Sterbende Tiere, in: Katalog der Unordnung. 20 Jahre IFK, Hrsg.: Helmuth Lethen, Internationales Forschungszentrum Kulturwissenschaften an der Universität Linz, Wien 2013, S. 58–63, hier S. 59

Bischof Berkeleys Frage, leicht modifiziert. Georg Christoph Lichtenberg: Schriften und Briefe, Zweiter Band: Sudelbücher II, 3. Aufl., München 1991, S. 420

Was der Fall ist. Richard Dooling: Grab des weißen Mannes, München, Wien 1998, S.37–40 (Hervorh. G.O.)

Die Welt als Wille, die Welt als Falle. Odo Marquard: Endlichkeitsphilosophisches. Über das Altern, Stuttgart 2013, S. 19 (Hervorh. G.O.)

Hindsight bias. Baruch Fischhoff; Ruth Beyth: I Knew It Would Happen: Remembered Probabilities of Once Future Things, in: Organizational Behavior and Human Performance 13 (1975), S. 1–16; für einen deutschen Überblick: Daniel Kahneman: Schnelles Denken, Langsames Denken, München 2012, S.250–258

Fall, Zufall, Falle (Das Erdbeben von Chili). Werner Hamacher: Das Beben der Darstellung, in: ders.: Entferntes Verstehen. Studien zu Philosophie und Literatur von Kant bis Celan, Frankfurt a. M. 1998, S. 235–279, hier S. 248 f, 251, 253

Drogenabhängigkeit I. Gregory Bateson: Die Kybernetik des »Selbst«: Eine Theorie des Alkoholismus, in: ders.: Ökologie des Geistes. Anthropologische, psychologische, biologische und epistemologische Perspektiven, Frankfurt a. M. 1981, S. 400–435

Knappheit II. Friedrich Nietzsche: Die fröhliche Wissenschaft. Kritische Studienausgabe, Bd. 3, München 1988, S. 386, § 14; Georg Simmel: Philosophie des Geldes, Leipzig 1900, S. 248

Path dependence. Paul A. David: Clio and the Economics of QWERTY, in: American Economic Review 75 (1985), S. 332–337

Sudden Closure. Donald McCloskey: If You're So Smart. The Narrative of Economic Expertise, Chicago, London 1990, S. 91 ff

Positionale Güter. Fred Hirsch: Die sozialen Grenzen des Wachstums, Hamburg 1980

Zu spät. Georg Christoph Lichtenberg: Schriften und Briefe. Erster Band: Sudelbücher I, 3. Aufl. München 1980, S. 913 (Heft L, § 432)

Der Flug der Vögel. Herbert A. Simon: The New Science of Management Decision, New York 1960, hier S. 22; Übersetzung G.O.

Fixe Kosten. Eugen Schmalenbach: Die Betriebswirtschaftslehre an der Schwelle der neuen Wirtschaftsverfassung. Vortrag anläßlich der Tagung der Betriebswirtschaftler an deutschen Hochschulen am 31. Mai 1928 in Wien, in: Zeitschrift für handelswissenschaftliche Forschung 22 (1928), S. 241–251; Sönke Hundt: Stahlindustrie und fixe Kosten, in: ders.: Beiträge zur Kritik der Betriebswirtschaftslehre. Schriftenreihe der Hochschule für Wirtschaft Bremen, Bd. 21, Bremen 1981, S. 69–118

Rattenrennen. George A. Akerlof: The Economics of Caste and Rat Race and other Woeful Tales, in: Quarterly Journal of Economics 90 (1976), S. 599–617

Unsichtbare Hand à la Kleist. Odo Marquard: Apologie des Zufälligen, Stuttgart 1986, S. 134

Die Entdeckung der Seide. Roland Barthes: Das Neutrum. Vorlesung am Collège de France 1977–1978, Frankfurt a. M. 2005, S. 285 f

Nil novi sub sole. Theodor W. Adorno: Minima Moralia. Reflexionen aus dem beschädigten Leben, Frankfurt a. M. 1976, S. 316

Ignorance of ignorance. Albert O. Hirschman: Development Projects Observed, Washington 1967

Vollkommene Information II. Oskar Negt, Alexander Kluge: Geschichte und Eigensinn, Frankfurt a. M. 1981, S. 1128; Gregory Bateson: Geist und Natur. Eine notwendige Einheit, Frankfurt a. M. 1987, hier S. 255; Edmund Husserl: Die Krisis der europäischen Wissenschaften und die transzendentale Phänomenologie. Ges. Schriften, Bd. 8, Hamburg (Meiner) 1992, S. 53

Vollkommene Information III. Odo Marquard: Skepsis und Zustimmung. Philosophische Studien, Stuttgart 1994, S. 76 f, 81

Sichvorweg. Martin Heidegger: Sein und Zeit, 17. Aufl., Tübingen 1993, S. 236

Selbstbindung I. Friedrich Hayek: The Constitution of Liberty, Chicago 1960, hier S. 180; Jon Elster: Ulysses Unbound. Studies in Rationality, Precommitment, and Constraints, Cambridge, MA, 2000, S. 88 ff

Backward masking (Libets halbe Sekunde). Sehr lesenswert auf 15 Seiten, mit wichtiger Literatur von und zu Libet: John McCrone: Benjamin Libet's half second. In: dichotomistic. http://www.dichotomistic.com/ mind_readings_chapter on libet.html; Zugriff: 23.5.2015

Vollkommene Information IV. Oskar Morgenstern: Wirtschaftsprognose. Eine Untersuchung ihrer Voraussetzungen und Möglichkeiten, Wien 1928

Arrows Informationsparadox. Kenneth J. Arrow: Essays in the Theory of Risk-Bearing, Amsterdam 1971, S. 152

Aufklärung II. Georg Christoph Lichtenberg: Schriften und Briefe. Zweiter Band: Sudelbücher II, 3. Aufl., München, Wien 1991, hier S. 179 (Heft H, # 15)

Keynes' Spiel. John M. Keynes: The General Theory of Employment, in: Quarterly Journal of Economics 51 (1937), S. 209–223

Reputation. David M. Kreps, Robert Wilson: Reputation and Imperfect Information, in: Journal of Economic Theory 27 (1982), S. 253–279

Drohungen. Lothar Kuhlen: Drohungen und Versprechungen, in: R. Hefendehl; T. Hörnle; L. Greco (Hrsg.): Streitbare Wissenschaft. Festschrift für Bernd Schünemann, Berlin, New York 2014, S. 611–629

Bildnachweise

Titelbild: Still aus: Harold Lloyd: *Safety Last!* (1923). Abdruck mit freundlicher Genehmigung von Harold Lloyd Entertainment, Inc.

S. 23: Dan Greenburg: *How to be a Jewish Mother. A Very Lovely Training Manual*, Los Angeles 1984: Price/Stern/Sloan, S. 14

S. 51: James Thurber: *Vintage Thurber. A Selection of the Best Writings and Drawings of James Thurber*, Vol. I, London 1963: Penguin, S. 247

S. 53: Still aus: Alfred Hitchcock: *Vertigo* (1958)

S. 59: James Thurber: a.a.O., S. 288 f

S. 70: James Thurber: *The Middle-Aged Man on the Flying Trapeze*, New York 1935: Harper & Brothers, S. 144

S. 111: Schabowskis Sprechzettel: dpa Picture Alliance GmbH

S. 130: Karl E. Weick: *Der Prozeß des Organisierens*, Frankfurt a.M. 1985: Suhrkamp, S. 45

S. 156: *Süddeutsche Zeitung* Nr. 119 vom 25./26.5.2013, S. V2/2

S. 182: Kornelia von Berswordt-Wallrabe (Hrsg.): *Oudrys gemalte Menagerie. Porträts von exotischen Tieren im Europa des 18. Jahrhunderts*, München 2008, Berlin: Deutscher Kunstverlag, S. 142

S. 195 f: Stills aus: Gebrüder Lauenstein: *Balance* (1989)

S. 197: Still aus: Alfred Hitchcock: *Vertigo* (1958)

S. 207: *Süddeutsche Zeitung* Nr. 134 vom 13.6.2012

S. 208: Robert H. Frank: *Passions Within Reason. The Strategic Role of the Emotions*, London, New York 1988: Norton, S. 229

S. 213: Jürgen Born, Michael Müller (Hrsg.): *Franz Kafka: Briefe an Milena*. Erweiterte und neugeordnete Ausg., Frankfurt a. M. 1986: Fischer, S. 158.

Weitere Bücher von Günther Ortmann im Verlag Velbrück Wissenschaft:

Kunst des Entscheidens
Ein Quantum Trost für Zweifler und Zauderer

216 Seiten, br. · 2. Auflage 2014 · ISBN 978-3-942393-10-2
© Velbrück Wissenschaft

Für's Zweifeln und Zaudern gibt es überraschend gute Gründe, besonders diesen: Entscheidungen sind genau dann nötig, wenn gute Gründe fehlen. Das macht aus vernünftigen – gut begründeten – Entscheidungen ein Paradoxon. Mit Heinz von Foerster zu reden:»Only those questions that are in principle undecidable we can decide.«

Ein Brevier mit Trostreichungen für Manager, Berater, Supervisoren, Coaches, Entscheidungstheoretiker und alle, die an Entscheidern oder am Entscheiden zu verzweifeln drohen.

* * *

Organisation und Moral
Die dunkle Seite

320 Seiten, br. · 2. Auflage 2015 · ISBN 978-3-938808-81-8
© Velbrück Wissenschaft

Wir können mehr – weit mehr! –, als wir verantworten können. Das hatte Günther Anders (1980) noch vor allem auf die technischen Möglichkeiten der Menschen gemünzt. Die Menschen stehen in»prometheischer« Scham vor der glitzernden Perfektion, dem glänzenden Funktionieren ihrer Maschinen – und ihrer Organisationen. Auch unsere organisatorischen Möglichkeiten verhelfen uns zu mehr Können, als wir verantworten können.»Organization matters«, diese Formel, mit der sich Organisationsforscher in aller Welt etwas mühsam der Relevanz ihres Gegenstandes zu vergewissern trachten, ist die Untertreibung des Jahrhunderts. Vor allem aber macht nicht nur Organisation im Singular, also das Organisieren und die Organisiertheit, einen gewaltigen Unterschied, sondern es sind heutzutage zumal Organisationen im Plural, also die sozialen Systeme als korporative Akteure (mit ihrem Eigensinn), die»etwas ausmachen«:»organizations matter«.